böhlau

Die Rosenthals

Der Aufstieg
einer jüdischen Antiquarsfamilie
zu Weltruhm

Mit Beiträgen von

Elisabeth Angermair, Jens Koch,

Anton Löffelmeier, Eva Ohlen

und Ingo Schwab

Böhlau Verlag Wien · Köln · Weimar

Die Deutsche Bibliothek – CIP-Einheitsaufnahme
Ein Titeldatensatz für diese Publikation ist bei Der Deutschen Bibliothek erhältlich

ISBN 3-205-77020-X

© 2002 by Böhlau Verlag Ges. m. b. H., Wien · Köln · Weimar
http://www.boehlau.at

Gedruckt auf umweltfreundlichem, chlor- und säurefreiem Papier.

Druck: Berger, A-3580 Horn

Inhalt

Das Antiquariat Jacques Rosenthal

Der Kosmos der Rosenthals: Bücherkenner, Künstler und Wissenschaftler

ELISABETH ANGERMAIR

Generationenwechsel in den Antiquariatshäusern Rosenthal

Vertreibung – Emigration – Deportation: Das Schicksal der Familienzweige und ihrer Firmen während der NS-Zeit

Grußwort

Beinahe siebzig Jahre sind es nun her, dass meine Brüder, Schwestern und ich München verlassen haben. Als Dreizehnjähriger musste ich meine geliebten Lederhosen aufgeben, denn in Florenz, wo ich hinzog, hätten mich meine italienischen Schulkameraden schön ausgelacht. Als die zwei einzigen *tedeschi* im florentinischen *ginnasio* hatten es mein Bruder Felix und ich in den ersten Monaten auch ohne Lederhosen schwer genug!

Dank unserer engen Familienverbindung zu Italien, den jahrzehntelangen internationalen geschäftlichen Beziehungen der Firma Jacques Rosenthal und, ganz besonders, der Vorsorge meines Vaters Erwin ist uns durch unsere frühe Auswanderung das Schlimmste erspart geblieben – nicht so den Nachkommen Ludwig Rosenthals, die, wie ja die meisten, die wahren Dimensionen des Unheils nicht bald genug erkannt hatten. Mein Weg und der meines Bruders Felix führte (mit vielen Umwegen) nach Kalifornien, Albis (eigentlich heißt er in der Geburtsurkunde Albrecht, aber in all diesen Jahren habe ich diesen offiziellen Namen nie gehört …) nach England, die Schwester Gabriella zog nach Jerusalem und Nicoletta nach England.

Bis 1945 blieb Deutschland für uns ein verachtetes, verwünschtes Land. Dann kam die Nachkriegszeit und ganz entgegen unserer Erwartungen fingen bald wieder Kontakte mit Deutschland an: alte Schulfreunde tauchten auf, man knüpfte wieder (etwas vorsichtig) lange unterbrochene Beziehungen mit Kolleginnen und Kollegen an, es kam zu Begegnungen mit neuen und jüngeren Antiquaren, die dann, wie das ja oft in unserem Beruf der Fall ist, zu Freundschaften gediehen. Anfangs hatte man bei Besuchen in Deutschland noch eine Art von Unbehagen, aber auch das verschwand mit der Zeit, nicht zuletzt vielleicht, weil wir alle noch Deutsch mit einem Münchner Akzent sprechen.

Niemand von uns hätte je geträumt, dass unsere alte Heimatstadt unsere Familie mit einer so eindrucksvollen Dokumentation ehren würde. Heute mehr als je ist Versöhnung unsere einzige Hoffnung in dieser Welt. All denen, die sich, wie die Organisatoren dieses Projekts, um Versöhnung bemühen, gebührt unsere Unterstützung und unsere Dankbarkeit.

Berkeley, April 2002   BERNARD ROSENTHAL

Vorwort

Die vorliegende Publikation schließt gleichzeitig mehrere stadtgeschichtliche Lücken. Zum einen erfahren wir etwas über eine bedeutende Münchner jüdische Familie des 19. und 20. Jahrhunderts, deren Beitrag zur Buchforschung und Buchkultur in Deutschland nicht hoch genug geschätzt werden kann. Zum anderen wird im Zusammenhang mit der Familie Rosenthal auch dem klassischen Münchner Antiquariatshandel die längst verdiente kulturgeschichtliche Würdigung zuteil. Auch wenn heute der gezielte Buchkauf über das Internet einfacher und billiger geworden ist, so kann den echten Bücherfreund nach wie vor nur das im Ladengeschäft oder in der Auktion erworbene historische Buch zufrieden stellen. Nur in diesen Schatzkammern des Geistes verbinden sich Ästhetik und Wissensdurst, nur in Regalen und auf den Vorlagetischen findet man endlich das, was man nie gesucht hat.

Das Münchner Antiquariat von Jacques und Ludwig Rosenthal hat seinen durch sorgfältige Forschung erworbenen exzellenten Ruf über die schweren Jahre der Naziverfolgung und des Zweiten Weltkrieges hinaus bewahrt. Bis auf den heutigen Tag sind seine zahlreichen Spezialkataloge im Fachhandel unersetzliche wissenschaftliche Nachweise geblieben. Doch nicht allein Kollegen und Sammler konnten vom Niveau dieses Hauses profitieren. Das Beispiel Otto Hupp zeigt, dass gerade die erneut ins Bewusstsein gerückten Vorlagen der alten Meister des Buchdrucks und der Buchillustration die in der ersten Hälfte des 19. Jahrhunderts im Verfall begriffene Typographie reformierten und veredelten. Auch Papierqualität, Formate und Bindetechniken wurden wieder am Anspruch der Wiegendrucke gemessen; München als innovatives Verlagszentrum des frühen 20. Jahrhunderts ist nicht vorstellbar ohne den Hintergrund einer blühenden Antiquariatslandschaft.

Das von einem Team des Stadtarchivs erarbeitete Buch „Die Rosenthals – Der Aufstieg einer jüdischen Antiquarsfamilie zu Weltruhm" will selbst zu einem Monacensium werden. Es soll helfen, die Dankesschuld dieser Stadt bei all denen zu mindern, deren Sorge und Liebe den Wunderwerken des Buchdrucks galt und noch immer gilt.

Dieses Buch hätte nicht geschrieben werden können ohne die wohlwollende Unterstützung der heute weit in die Welt verstreut – den Vereinigten Staaten, den Niederlanden, Großbritannien, der Schweiz, Frankreich und Israel – lebenden Mitglieder der Familie Rosenthal.

Stellvertretend für diese alle seien genannt Bernard Rosenthal in Berkeley, sein Bruder Albi in Oxford und Edith Petten-Rosenthal in Leidschendam. Auch die Nachkommen vieler ehemaliger Mitarbeiter des Antiquariats Jacques Rosenthal haben das Projekt gefördert, indem sie Dokumente zur Verfügung stellten und an ihren Erinnerungen teilhaben ließen.

Eine entscheidende Anregung zu diesem Buchprojekt verdanken wir auch Jens Koch, dessen Vater Hans Koch nach dem Rückzug der Familie die Firma Jacques Rosenthal mit Einverständnis und im Sinne des Gründers fortführte; die in seinem Besitz befindlichen Unterlagen lieferten für dieses historische Vorhaben ein solides, da auf Quellen gestütztes, Fundament.

Zahlreiche Archive, Bibliotheken, Forschungseinrichtungen und wissenschaftliche Sammlungen in aller Welt haben uneigennützig in ihren Beständen nach Spuren der Rosenthals gefahndet. Ein besonderer Dank gilt darüber hinaus Frau Eva Ohlen, die mit Recherchen in Bibliotheken und Archiven viel zum Gelingen dieses Buches beigetragen hat.

München, am Welttag des Buches   RICHARD BAUER
23. April 2002   Direktor des Münchner Stadtarchivs

Der Münchner Antiquariatsbuchhandel
in der ersten Hälfte des 19. Jahrhunderts

Zum Begriff des Antiquars

Es war im März 1855, als die Münchner Buchhändler gegen den Antiquar Jakob Oberdorfer wegen „Gewerbsübergriffs" mit Beschwerden und Denkschriften zu Felde zogen und vor städtischem Magistrat und staatlichen Regierungsbehörden den lästig gewordenen Konkurrenten zu bändigen suchten:

„Man ist in Bayern, ganz besonders aber in München, seit langer Zeit gewohnt gewesen, den Bücher-Antiquar für nichts mehr als einen Bücher-Trödler zu halten und war allerdings bis in die Mitte der vierziger Jahre der Betrieb des hiesigen Antiquarsgeschäftes darauf beschränkt, zufällig auf dem Platze vorkommende Bücher zu kaufen und wieder zu verkaufen, ohne dass eine regelmäßige Verbindung mit auswärtigen Geschäften oder eine Bezugsquelle von aussen hergestellt oder versucht worden wäre. Die hiesigen Antiquare ließen sogar die zahlreichen und werthvollen Doubletten der hiesigen Hofbibliothek ganz unbeachtet und sahen ruhig zu, wie auswärtige Antiquare diese Schätze ihnen vor der Nase wegkauften. Das Antiquargeschäft wurde dem Tändlergeschäft analog betrieben. Ich füge schließlich noch hinzu, dass den Antiquaren in München seit dem Jahre 1806, dem Gründungsjahre des ältesten hiesigen Antiquargeschäftes, Firma Clemens Steyrer, niemals wegen Verkaufs eines nicht aufgeschnittenen oder rohen Buches auch nur das mindeste in den Weg gelegt worden ist und mag dieses fast fünfzigjährige Herkommen bei der Entscheidung der Frage nicht ohne Gewicht sein."[1]

Ob es sich bei diesen Auseinandersetzungen um Differenzen handelte, die das Gewerbe der Buchhändler insgesamt oder doch nur ihr einflussreicher Wortführer, der akademische Buchhändler Georg Franz, mit dem Jakob Oberdorfer in wechselseitigen Beschuldigungen und Erwiderungen ausfocht, bleibt für uns offen. Zu fragen haben wir allerdings, ob diese Vorwürfe nicht doch in irgendeiner Weise eine gewisse Berechtigung besaßen? Freilich konnten sie derart pauschal formuliert weniger den gleichfalls nicht allzu feinfühligen Oberdorfer treffen. Aber war es nicht vielleicht doch so, dass die Münchner Antiquare, die Händler der gebrauchten Bücher in der Residenzstadt an der Isar, es versäumten, den Blick ins Reich, nach Norden oder gar gen den noch liberaleren Westen, und damit entschiedener auf das Geschäft zu richten?

Handelte es sich schlicht um infam vorgetragene Rhetorik oder stützte sich Franz auf allgemein bekannte Erfahrungen, die im Kreise des an Gewicht gewinnenden Buchhandels sowie bei städtischem Magistrat und Aufsicht führenden Regierungsbeamten gewonnen worden waren?

Eine Antwort auf diese sich aus dem Aktenstudium ergebende Frage zu finden, fällt nicht leicht. Die Gründe dafür sind schnell genannt: Landläufig werden die *Antiquare* gerne als die Personen verstanden, zu deren Geschäft das Handeln mit dem Vergangenen, dem ins Geheimnisvolle Entrückten gehört. Man sah sie als die Vermittler einer sich der klaren Ratio entziehenden Geschichte, wobei die Erkundung des Überlieferten in ihren Magazinen und Katalogen kaum zu begrenzen sein dürfte – und auch die Suche nach prüfbaren und gleichzeitig aussagekräftigen Quellen zu ihnen, den Antiquaren selbst, erweist sich für den hier in Augenschein genommenen Zeitraum als ein recht dornenvolles Unterfangen, zumal autobiographisches Material nur schwer oder gar nicht zu recherchieren ist.

Der zwischen dem Buchhändler Franz und dem von ihm angegriffenen Antiquar Jakob Oberdorfer ausgebrochene Zwist rührt natürlich von einem enger werdenden Marktgeschehen und gewinnt damit auch an Schärfe: Franz wirft seinem Konkurrenten nicht nur die Überschreitung der allgemein für den Handel geltenden Regeln vor, sondern er maßt sich eine qualifizierende Bewertung des anscheinend in Verruf gekommenen Geschäftsgebarens an: Bloße „Bücher-Trödler" und „Tändler" seien die Münchner Antiquare gemessen an den auswärtigen Händlern. Diese hingegen seien, so wird zumindest unterstellt, in der Lage bzw. verfügten wohl über die dafür erforderlichen Kenntnisse, die wahren Schätze vom billigen Kram zu unterscheiden.

Handelte es sich bei den Einlassungen des Franz um billigen Spott oder haftete an diesen Anwürfen doch ein Quäntchen Wahrheit? Was stellten sich die Zeitgenossen unter einem Antiquar vor, in welchen begrifflichen und praktischen Zusammenhang stellten sie sein berufliches Handeln? Wer wurde so genannt – und wer verfügte dann über dieses Verständnis?

Angesichts der gewerblichen Auseinandersetzung bietet sich eine Überprüfung des zweibändigen von Anton Schlichthörle nahezu zeitgleich verfassten Werkes über die Gewerbebefugnisse in der Königlichen Haupt- und Residenzstadt München an. Die Auskunft, die uns Schlichthörle erteilt, ist knapp und kennzeichnet, vergleichen wir die Ergiebigkeit seiner sonstigen Beiträge, eine sehr reduzierte Vertrautheit mit unserem Sujet: „I. Antiquare: Das Gewerbe der *Antiquare* (in älteren Zeiten ‚gebundene Buchführer' genannt) scheint erst im vorigen Jahrhunderte dahier entstanden zu sein. Die Befugnisse derselben bestehen in dem Handel mit gebrauchten gebundenen Büchern; übrigens liegen Präjudizien hierüber nicht vor."[2] Eine ähnlich gedrängte Beschreibung dieses besonderen Bücherhandels bietet der sächsische Hofbibliothekar Johann Christoph Adelung im „Grammatisch-kritischen Wörterbuche des Hochdeutschen": „… ist der *Antiquar* zunächst 1. derjenige, welcher mit alten Büchern handelt, allerdings 2. auch ein Liebhaber und Kenner der Alterthümer, ein Alterthumskundiger, Alterthumsforscher."[3] Adelung begibt sich mit seinem zweiten Aspekt in die Nähe von Johann Heinrich Zedler, der fast 70 Jahre zuvor den *Antiquarius* als denjenigen beschrieben hatte, „welcher über das Antiquarium [= ‚Ort, wo rare und alte Sachen aufgehoben wurden'] und geschriebene Urkunden gesetzt war. Ingleichen derjenige, welcher alte Bücher abschrieb …"[4] Ist hier durch die Beschäftigung mit dem Geschriebenen bereits das Vertrautsein mit dem Vergangenen angelegt, wurde der Antiquar zumindest in den literarisch gebildeten Kreisen bald zum kundigen Führer für die Antike schlechthin:

„… Vom Meere her war ein antikes Tor in Felsen gehauen. Die noch bestehenden Mauern stufenweis auf den Felsen gegründet. Unser Cicerone hieß Don Michael Vella, *Antiquar,* wohnhaft bei Meister Gero in der Nähe von St. Maria …

Als ich auf schwarze, feste Steine aufmerksam ward, die einer Lava glichen, sagte mir der *Antiquar,* sie seien vom Ätna, auch am Hafen oder vielmehr Landungsplatz stünden solche …", vertraut Goethe seinem Tagebuch unter dem 26. April 1787 nach seinem Besuch von Agrigent an.[5]

Gleichfalls aus Italien, allerdings eine Generation später, berichtet August von Goethe seinem Vater aus Florenz von seiner Begegnung mit Antiquaren, wobei sich bei ihm der semantische Gehalt des Begriffes recht entscheidend verschoben hat:

„Es war 2 Uhr geworden und ich ging noch auf den Piazza Vecchio, gleich neben der Galerie und besah mir dort die schon erwähnten neueren Statüen. Wie gratioes ist der Perseus von Cellini! Nun besuchte ich noch einige *Antiquare,* sie haben schöne Sachen aber ich bin nur bei 5 gewesen und habe keine Spur von Medaillien für unsere Sammlung gefunden. Auch die kleinen Trödler besuche ich und krame in ihrem Wust, da findet man doch manchmal was. Alles rüstete sich zum Aufbruch und ich merkte erst dass es schon drei Uhr war. Ich ging noch einige Straßen durch; stöberte bei den kleinen *Antiquaren* herum und fand ein Köpfchen in Bronce das mich in Erstaunen setzte, ich fragte nach dem Preiß; man forderte 2 Paul. Ich bot, ob mir gleich das Herz pochte, für Begierde es zu besitzen, ½ Paul. und erhielt es. Es muß ein Portrait seyn und aus dem 16ten Jahrhundert. Ich hielt es erst für ein Portrait von Dürer in seiner Jugend, aber das scheint es nicht zu seyn, vielleicht entziffern Sie es od. Meyer …" [Florenz, Mittwoch den 30. August].[6]

Diese Ambivalenz im Sprachgebrauch zwischen dem kundigen, mit der Überlieferung des Ortes vertrauten *Cicerone*[7] und den sich von den einfachen Trödlern abhebenden *Händlern,* die das Begehren des an Antike und Antiquitäten interessierten Italienreisenden zu wecken verstanden, kommt in der im Jahre 1824 erschienenen Allgemeinen deutschen Real-Encyclopädie für die gebildeten Stände eher etwas modifiziert zum Ausdruck: *„Antiquare* nennt man einmal diejenigen Gelehrten, welche sich mit dem Studium der Antiquitäten beschäftigen, dann auch diejenigen, welche ausschließlich mit ältern und gebundenen Büchern handeln …"[8]

Hier verbinden sich Gelehrter und Händler in der Person des Antiquars und die Beschäftigung mit der Antiquität wird zum Studium der Geschichte bzw. einer sich neu definierenden Wissenschaft: „… Alterthümer, *Antiquitäten,* nennt man die von der Geschichte abgesonderte Wissenschaft, welche den politischen, gottesdienstlichen, literarischen und häuslichen Zustand der alten Völker, oder auch der neuen, insofern sie ihre Verfassung verändert, und also einen neuern Zustand der Dinge erhalten haben, darstellt …"[9]

Das gebildete Bürgertum, zumal in seiner Leidenschaft für das mit der Antike verbundene Italien, knüpfte weiterhin im 19. Jahrhundert gerne an dieses Verständnis des gelehrten Fachmannes,[10] zunächst für die Historie allgemein und spezieller noch für das klassische Altertum an: „… Die Beneventer *Antiquare,* welche im 18. Jahrhundert die Altertümer ihrer Vaterstadt mit großem Fleiß beschrieben haben … Die *Antiquare* der Gegenwart erhoben sich … zu der philologischen Anstrengung einer griechischen Inschrift, welche sie auf das Postament dieses Obelisken setzten."[11] Vor dem Hintergrund freilich eines ab der Mitte des 19. Jahrhunderts stärker auf den Markt fixierten Gewerbes verschob sich der deutsche Sprachgebrauch im Unterschied zu Italien, Frankreich und England zugunsten einer mehr den Handel mit dem gebrauchten Buch in den Vordergrund stellenden Bedeutung.[12] Der Begriff wurde strenger definiert und gewann an Stabilität: „… *Antiquar,* bei den Römern ein Nachahmer der veralteten (voraugusteischen) Literatursprache, ein Altertümler; im Mittelalter ein Kenner und Abschreiber von Büchern in veralteter Schrift; seit der Renaissance ein Gelehrter, der sich mit dem Studium der Antiquitäten, namentlich alter Kunstwerke, beschäftigt, in diesem Sinne noch jetzt bei den Franzosen (antiquaire), Engländern (antiquary) und

Italienern (antiquario) gebräuchlich; nach jetzigem Sprachgebrauch einer, der mit gebrauchten Büchern, alten Kunstblättern oder auch mit Antiquitäten handelt ..."[13] Bezeichnenderweise trat neben diese stringente Begriffsbestimmung in den lexikalischen Abhandlungen eine sich erweiternde Darstellung des *Antiquariatsbuchhandels,* mit dem 17. Jahrhundert in Westeuropa einsetzend bis hin zum Geschäftsgebaren des Modernen Antiquariats. Im Jahre 1928 sehen wir ein endgültiges Kippen der anfänglich so unentschiedenen Definition,[14] die Aufgabe der ursprünglichen Balance zwischen Gelehrsamkeit des Faches an sich und den Erfordernissen des Geschäftes: „Antiquar: Einkäufer und Verkäufer von alten und seltenen oder gebrauchten Buchdruckkunsterzeugnissen. Geistige Voraussetzung für die Ergreifung des Antiquarberufes ist ein gutes Gedächtnis; dazu kommt als körperliche Erfordernis vor allem ungeschwächte Sehfähigkeit. Die allgemeine buchhändlerische Ausbildung ist erwünscht, also ist höhere Schulbildung unentbehrlich ..."[15] So fixiert sich die Vorstellung über das Antiquariatsgewerbe sehr sachlich auf den Zweig des Buchhandels, „der sich mit dem Ein- und Verkauf einzelner Exemplare von kostbaren alten oder seltenen, oder auch nur aus zweiter Hand (franz. livres d'occasion, engl. secondhand books, ital. libri d'occassione) stammenden Erzeugnissen des Buchdrucks, von alten Kunstblättern, Handschriften und Autographen sowie ganzer Büchersammlungen (Bibliotheken) beschäftigt".[16] Die einzelnen Bücher wie auch komplette Sammlungen werden vielfach bei Bücherauktionen verkauft. Auf der anderen Seite bilden die sachlich geordneten Lagerkataloge mit festen Verkaufspreisen ein wichtiges Vertriebsmittel der Antiquare. Die Kataloge großer Firmen, die ihre Geschäfte inzwischen weltweit im Sinne der *global players* führen, stellen oft bibliographisch vollständige Übersichten ganzer Wissensgebiete dar. Als zuverlässige Beschreibungen seltener Stücke werden sie so selbst zum unentbehrlichen wissenschaftlichen Instrument bibliographischer Forschungen.

Die Quellen

Die für unseren Zeitraum in Frage kommende Literatur ist schnell gesichtet und damit eine doch recht disparate Quellenlage angezeigt.[17]

Der mit der Säkularisierung einsetzende Strom von bis dahin in Klosterbibliotheken verwahrten Büchern und die damit einhergehende Etablierung der Antiquare bei zunehmender gesellschaftlicher Reputation[18] klingt plausibel, konnte aber bislang für München nicht nachgewiesen werden. Untersucht wurde bislang in erster Linie die nach dem ersten Viertel des Jahrhunderts einsetzende Belebung des allgemeinen Münchner Buchhandels, Hinweise auf dessen Antiquariatshandel besitzen für die frühen Jahre des 19. Jahrhunderts in der Literatur eher anekdotischen Charakter: „Tandlerei mit alten Büchern war das Zubrot des früheren Kammerdieners und hofbefreiten Zahnarztes Franz Joseph Ehrentreich, und auch die Hofkistlerswitwe Sabina Esterlin handelte mehr als 50 Jahre lang mit allerlei Scharteken – während des Sommers im Hofgarten und im Winter beim Eingang der Maxburg.“[19]

Bei der Suche nach archivischen Quellen sollten wir uns immer die Frage stellen: Aus welchen Gründen können Magistrat oder gegebenenfalls die staatliche Verwaltung aktiv geworden sein? In dem uns interessierenden Bereich bietet sich daher die Durchsicht der im gewerblichen Bereich anfallenden Akten an, hinzu kommen Meldeunterlagen und Konzessionserteilungen. Bei regulären Genehmigungsverfahren erteilen die meist nur einzelne Blätter umfassenden Unterlagen allenfalls knappe Angaben zur Person des Petenten.[20] Gleichfalls in diesen eher registerhaften Bereich gehören die schriftlich geführten Matrikel im Einwohnerwesen.[21] Bei tatsächlicher Sachaktenführung handelt es sich in der Regel um mit der Ausübung des Gewerbes verbundene Streitigkeiten,[22] die stets nur singuläre Spitzen in Konfliktfällen anzeigen, den normalen Geschäftsablauf, das tägliche Treiben im Handwerk und Gewerbe nur in Ausnahmefällen zur Sprache bringen.

Ergänzend konnten wir für einzelne Jahre nach 1800 Adressbücher durchsehen, deren Aussagewert freilich nicht allzu weit trägt. Als sinnvoll hat sich dagegen eine Überprüfung der in der Münchner Politischen Zeitung gedruckten Anzeigen erwiesen sowie eine Untersuchung der Geschäfts- und Jahresberichte des Historischen Vereins von Oberbayern. Geschäftsunterlagen der nachgewiesenen Antiquariate sind für den hier behandelten Zeitraum bislang kaum ermittelt worden.[23]

Das Umfeld

Um die Geschäfte, das Handeln, die Eigentümlichkeiten der Münchner Antiquare zu beschreiben, dürfen die lokalen Bedingungen, denen sich dieses besondere buchhändlerische Gewerbe zu stellen hatte, nicht außer Acht gelassen werden.

Die Stadt an der Isar wandelte sich seit der ersten Hälfte des 19. Jahrhunderts ganz entscheidend und die nachfolgenden Jahre sollten die unterschiedlichen Wechsellagen eines Urbanität gewinnenden Lebens und dessen Erscheinungsformen noch verstärken. Betroffen von den sich beschleunigenden Zeiten ist das Antiquarsgewerbe allemal und in vielfältiger Weise gewesen. München durchlebte in den letzten Jahren des 18. bis in die Mitte der zweiten Hälfte des 19. Jahrhunderts den Wandel „von der alten Residenz- und jungen Königsstadt … zur stürmisch expandierenden Haupt- und Großstadt der Gründerjahre, von der Bürgerstadt der Händler und Handwerke zum Standort für Dienstleistung und Produktion, vom Mittelpunkt Altbayerns zu einem der herausragenden Zentren Mitteleuropas".[24] Der sich angesichts des rasanten demographischen Wachstums (40.000 Einwohner um 1800, 100.000 um 1850, 159.000 um 1859, 1900 ca. 500.000)[25] entfaltende Handel, das nach freien Verkehrsformen suchende Gewerbe, Kultur und Kunst erfahren durch Gemeindeverwaltung und staatliche Bürokratie Hemmnisse und Förderung zugleich. Die in München geltenden Gewerberechte spiegeln diese Ambivalenz im gesamten behandelten Zeitraum wider: Bereits 1769 wurde von einem an offenen Lösungen interessierten Magistrat ein „Bürgervergleich" geschlossen. Dem zünftisch orientierten Handwerk kam man in Form der Aufrechterhaltung realer Gewerberechte als „Existenzsicherung" entgegen und war gleichzeitig mit der Gewährung personaler Gewerbe-Konzessionen um flexible Lösungen bemüht;[26] den einsetzenden wirtschaftlichen Wandel kennzeichnet eine erste Reform 1825, die in den Jahren nach 1830 bei den im Gewerbe ganz allgemein auftretenden Dissonanzen bis zur endgültigen Liberalisierung im Jahre 1868 ein verstärkt einsetzendes behördliches Eingreifen zur Folge hatte. Auf die Erweiterung des Marktgeschehens durch den Anschluss Bayerns an den Deutschen Zollverein und den seit 1840 einsetzenden Ausbau der Eisenbahn mit der Strecke München–Augsburg und der sich daraus abzuleitenden Beschleunigung in Kommunikation und Transport sei hier nur am Rande hingewiesen.

Die Phasen der Reform und einer von der staatlichen Bürokratie angeschobenen Modernisierung wechselten mit den Zeiten monarchischer Dominanz. Die Stadt erfuhr einen gerade vom Hof gesteuerten kulturellen Aufschwung, es seien hier genannt die Gründung der Akademie der Wissenschaften 1759, 1808 die der Bildenden Künste und, auch dies für unsere Thematik sicherlich mit von Belang, 1826 der Umzug der Universität von Landshut nach München.[27] Der Ausbau zur Landeshauptstadt bedingte die Vermehrung einer hoch qualifizierten Beamtenschaft, der die Pflege von Kultur, Wissenschaft und Bildung, Literatur und Künsten zur prägnanten Lebensform gedieh.

„Eine untergeordnete Gattung des Buchhandels": Johann Nepomuk Peischer

Das Studium des behördlichen Handelns in seiner ganz spezifischen Form von Akten und Einzelblättern scheint den Blick auf das historische Geschehen insofern zu verengen, als die zur Schriftlichkeit gelangten Vorgänge in der Regel Streitfälle, Beschwerden, Widersprüche und Einwendungen dokumentieren. So überrascht es nicht, dass einer der wenigen Faszikel, der in der archivischen Überlieferung Münchens speziell die Antiquare betrifft, in erster Linie diese Dimension des Unfriedens betont, dem das Gewerbe ausgesetzt war: „Beschwerden gegen die *Antiquare* wegen Gewerbebeeinträchtigungen …" zeigt der Aktentitel an.[28]

Der Akt behandelt den Zeitraum von 1799 bis in die sechziger Jahre des 19. Jahrhunderts, wobei überwiegend die vierziger und fünfziger Jahre eine Rolle spielen. Der älteste Betreff vom 25. Juli 1799, eine von ihrem Direktor Lorenz von Westenrieder unterschriebene Weisung der „Churfürstlichen Bücher-Censur-Spezial-Commission" an den Münchener Polizeidirektor von Baumgarten, unterstreicht, dass es nötig sei, „nachdem die Erfahrung lehrt, dass in Dultzeiten von denen sogenannten Kupfer- und Bilderhändlern sehr anstößige, allen Wohlstand und Sittlichkeit beleidigende Bilder öffentlich zur Schau ausgestellt und verkauft werden …, gedachte Händler warnen [zu] lassen und im Übertretungsfalle selbe zur ordnungsmässigen Ahndung [zu] ziehen …".

Sind die Antiquare so bereits behördlicherseits schon in den Bereich des heutigen Antiquitätenhandels gerückt, so zeigt auch der weitere Inhalt des Faszikels die Unsicherheit, mit der Behörden sich dem ihnen eher obskuren Gewerbe näherten. 1827 nämlich fordert die Kammer des Innern den Magistrat der Stadt München auf, „binnen acht Tagen anzuzeigen, ob die Bewilligungen für Antiquars-Konzessionen früher dahier ebenso wie für Gewerbe, dann unter welchen Voraussetzungen, erteilt worden, ferner, ob die Antiquare zur Entrichtung einer besondern Abgabe verbunden seyen". Die Antwort, im Juni 1827 an die Regierung expediert, überliefert uns eine der ersten amtlichen Definitionen des Gewerbes: „… Eine untergeordnete Gattung des Buchhandels ist der Antiquarhandel, nemlich die Befugnis, nur mit alten oder doch schon gebrauchten gebundenen Büchern zu handeln. Es muß auch der Bücherantiquar dieselben Eigenschaften wie der Buchhändler besitzen, da in wissenschaftlicher Beziehung weder das Alter noch der Einband der Bücher in Anschlag kommen kann. Die Eigenschaften eines Bücher-Antiquars, welche derselbe nothwendig besitzen soll, haben wir in dem das Gesuch des Johann Peischer um Verleihung einer Antiquars-Concession betreffend, am 9.04.1824 erstatteten Bericht, auf welchen wir uns kürze halber beziehen, umständlich auseinander gesetzt ..." Hinsichtlich der angesprochenen „Eigenschaften eines Bücher-Antiquars", die im Zusammenhang mit Johann Peischer wohl schon genauer dargelegt worden waren, lässt uns leider die Überlieferung im Stich: Der zur Verfügung stehende Einbürgerungsakt Peischers mit dem obligatorischen Ansässigmachungs- und Verehelichungsgesuch aus dem Jahre 1825 geht auf den erwähnten Bericht nicht ein. Stattdessen erhalten wir die für derartige Akten typischen Informationen: „Johann Nepomuk Peischer, konzessionirter Bücher-Antiquar, legt behufs seiner Ansässigmachung die Militär-Entlassungs-Bescheinigung, seinen Taufschein, dann den Taufschein seiner Braut und ebenso ein Dienstzeugnis mit der Bitte vor, ihm die Ehelichung der Magdalena Ringleb, Schneiderstochter von Kitzingen", zu bewilligen. Er selbst, ein Lodersohn von Schongau, geboren 1787 und katholisch, verfügt über ein Vermögen von 1.500 Gulden, seine gleichfalls katholische Braut immerhin über 1.000 Gulden. Der Akt schließt mit dem Wiederverehelichungsgesuch Peischers: Nach dem Tod der Magdalena, sie stirbt im Jahre 1842 *wegen Abzehrung,* heiratet Peischer 1843 die Kleidermacherin Susanna Berger, die 1812 zu Miesbach geborene Tochter eines Schullehrers.[29]

Dem Familienbogen Peischers verdanken wir weitere Informationen: Ursprünglich war er als Regierungskanzleigehilfe tätig gewesen und hatte nach der schon angesprochenen Ansässigmachung am „23. März 1830 die Bewilligung zur Errichtung" einer „Auctions-Anstalt für Bücher, jedoch mit Ausschluß von Kunstgegenständen als Landkarten und Kupferstichen ertheilt" bekommen.[30] Bereits 1825 war ihm vom Magistrat „nebst seinem Bücherhandel auch die Führung eines Lese-Institutes" genehmigt worden, ausgestattet mit „wissenschaftlichen Werken aller Art und zum Unterricht und Schulen geeigneten Klassikern und Wörterbüchern, jedoch mit Ausschluß von Schauspielen und Romanen".[31] Nach seiner Niederlassung in München hatte Peischer zunächst im Tal Petri Nr. 524 Quartier genommen, wechselte dann, die genauen Daten stehen leider nicht fest, erst zum Hofgraben Nr. 233, dann zur Hofstatt 1061, schließlich in das Fingergässel 1544, bevor er das Haus am Hofgraben als Eigentum erwarb. 1846 verzichtete er auf die ihm erteilte Antiquars-Konzession und verkaufte im Juli für 17.000 Gulden sein Haus am Hofgraben. Am 18. Januar 1847 kaufte er für 4.800 Gulden ein Haus an der Dachauer-Straße, das allerdings zwei Jahre später, wenige Monate vor seinem Tod (24. 9. 1849), wieder für 4.500 Gulden verkauft wurde.

Seine Frau, der zunächst eine Lizenz als Kostgebin gewährt wurde, hatte offensichtlich die auf sie zukommenden wirtschaftlichen Schwierigkeiten nicht gemeistert.[32]

Johann Nepomuk Peischer selbst scheint sich seine durch den Hauskauf manifestierte wirtschaftliche Unabhängigkeit gut verdient zu haben. Im Oktober 1846 begründet er gegenüber den städtischen Behörden sein Vorhaben, dem Handlungs-Commis Paul Zipperer aus München seine Gewerbe-Konzession überlassen zu wollen: „… Im Jahre 1824 wurde mir die Concession zur Führung einer Antiquars-Buchhandlung verliehen, welches Geschäft ich seither auch betrieben habe. Mein vorgerücktes Alter, mit welchem auch … fortwährende Kränklichkeit verbunden ist, macht es mir jedoch allmählich unmöglich, dieses Geschäft selbst zu betreiben und die Kosten für Aufstellung eines eigenen Geschäftsführers würden den Ertrag dieses Geschäftes absorbieren, eine Verpachtung desselben als einer persönlichen Commission ist mir nicht gestattet, … [so bleibt] mir nichts anderes übrig, als meinen nicht unbedeutenden Verlag entweder en masse und zwar – um nicht länger die Miethzinsen für das zur Aufstellung nöthige Local bestreiten zu müssen – um jeden Preis los zu schlagen, oder eine öffentliche Versteigerung abzuhalten … nun bietet sich mir aber Gelegenheit dar, dass der Buchhandlungsgehilfe und Hausbesitzer Paul Zipperer von hier, welcher um die Verleihung meiner durch Verzicht erledigt werdenden Concession zur Führung eines Antiquarsgeschäftes nachsuchen wird … meinen Verlag um den Preis von 2.000 Fl. bar abzulösen …" Peischer, der von der Behörde über die Unstatthaftigkeit eines bedingten Verzichtes belehrt wird, verweist darauf, wohl auch um die Beamten zum Einlenken zu bewegen, auf seine persönliche Ehrenhaftigkeit und die in seiner Biographie erfahrene bürgerliche Anerkennung: „… seit dem Jahre 1825 Bürger zu München, tadelloser Leumund …, fünf Jahre Stelle als Distriktsvorsteher, 7 Vormundschaften über 19 Pupillen, neun Jahre verpflichteter Stadtgerichts-Bücher-Schätzer …"[33] Das Gewerbe und der Handel mit den gebrauchten Büchern war zur rentierenden Grundlage seiner Existenz geworden, wobei sein antiquarischer Erfolg ganz entscheidend von den Faktoren einer sich entfaltenden Öffentlichkeit abhing: Zentrales Medium des städtischen Büchermarktes wurde die lokale Zeitung, die freilich auch als Anzeigeorgan auswärtiger Handels- und Gewerbeunternehmen genutzt wurde.

Peischer macht spätestens in den 1840er Jahren nahezu jährlich auf eine Bücherauktion aufmerksam, die er, sobald es ihm zur Verfügung stand, im Haus am Hofgraben abhielt. Gleichfalls nutzen konnte Peischer, wie übrigens auch sein Kollege Steyrer[34], für Versteigerungen das Haus eines Mitgliedes des Stadtrates, des Instrumenten-Fabrikanten Schnetter, in der Prannersgasse Nr. 26[35]: „Auction / einer grossen theologischen und historischen Bibliothek, / welche in München montags den 8. März 1841 und an den folgenden Tagen durch den Unterfertigten in der Prannersgasse Nr. 26

1

Die Heirat mit der Antiquarswitwe Ehrenreich sicherte dem „Kunstschriftsteller" Georg Kaspar Nagler die ersehnte bürgerliche Existenz.

im Hause des Herrn Instrumenten-Fabrikanten Schnetter zu ebener Erde gehalten werden wird.

Diese Bibliothek, welche einen Theil der von Herrn Geh.-Rath und Ritter E.G. Freiherrn v. Moll hinterlassenen großen Bücher-Sammlung bildet, besteht aus 5.000 – 6.000 Bänden. Sie umfaßt hauptsächlich die theologische und historische Literatur des 16ten, 17ten und 18ten Jahrhunderts und ist in dieser besonders reich an Schriften der Jesuiten und überhaupt der Reformationszeit. Eine sehr bedeutende Anzahl theologischer und kirchenhistorischer Abhandlungen, die je nach ihrem gleichartigem Inhalte in Convolute geordnet, auf Pagina 45 und Pagina 190 des Katalogs verzeichnet sind, bieten ein besonderes Interesse dar. Auch einige werthvolle historische Handschriften finden sich am Schlusse des Katalogs verzeichnet.

Der Katalog kann durch den Unterfertigten oder die literarisch-artistische Anstalt in München[36] bezogen werden. Ebenso werden alle Aufträge, die man an die genannte Buchhandlung oder direct an den Unterfertigten richtet, sorgfältig ausgeführt werden. Joh. Nep. Peischer / Antiquar und Auctionator."[37]

Peischer wird im Laufe seiner geschäftlichen Tätigkeit sicherlich über 100 Kataloge, d. h. Verzeichnisse der von ihm angebotenen Bücher, vorgelegt haben,[38] leider konnten bislang davon nur vereinzelte ermittelt werden.[39] Diese Kataloge waren Grundlage der avisierten Versteigerungstermine. Sie boten den bibliographischen Nachweis des Angebotes und setzen uns, parallel zu den Anzeigen in der Presse, zum einen über Thematik und Qualität dieses Büchermarktes in Kenntnis. Zum anderen signalisieren die meist namentlich ausgewiesenen Vorbesitzer der angepriesenen Bibliotheken den spezifischen Bildungsstandard und die Sammlungsgepflogenheiten des in der Regel der höheren Beamtenschaft zuzurechnenden Personenkreises.

Sind auf Seiten des Verkaufes gewisse Zufälligkeiten des Kauferwerbes wie etwa Besonderheiten der Nachlasser von Bibliotheksbeständen für Gehalt und inhaltliches Schwergewicht bestimmend, so spielt auf der anderen Seite bei der Katalog- und Anzeigengestaltung auch die vermutete Publikumserwartung eine Rolle. Angepriesen werden gerne „Impressen vom XV. und XVI. Jahrhundert"[40], „medicinische und naturhistorische Schriften … größere und werthvollere Werke" bzw. „alle Zweige der Literatur".[41] Dazu geben diese Bücherverzeichnisse werbend Einblick in die propagierten geschäftlichen Gepflogenheiten: „Aufträge besorge ich pünctlich und billig … Der Unterzeichnete übernimmt und besorgt den Verkauf sowohl größerer als kleinerer Büchersammlungen im Auctions-Wege, und wird diesem Geschäfte die möglichste Aufmerksamkeit, Thätigkeit und Treue widmen …", bekundet Peischer u. a. in einem

„Auszug aus der Auctions-Ordnung zur Wissenschaft und Darnachachtung".[42] Indiziert wird zudem das professionelle Netz, in dem sich der Bücher-Antiquar bewegt, wenn er auch auf die Übernahme von Bestellungen durch andere in München ansäs- sige und dem Bücherantiquariat zumindest nahe stehende und Sicherheit verspre- chende Personen verweist: so auf „Prof. Stöger", den „Auctionar Clemens Steyrer sen.", die Antiquare Clemens Steyrer jun., Aloys Gschwendner und Dr. Nagler, den Commissionär J. Maurer. Zusätzlich bietet er Verbindungen an nach Amberg, Ansbach, Aschaffenburg, Augsburg, Bamberg, Bayreuth, Berlin, Karlsruhe, Coburg, Erlangen, Frankfurt, Fürth, Gotha, Göttingen, Halle, Heilbronn, Innsbruck, Leipzig, Mannheim, Memmingen, Nürnberg, Prag, Regensburg, Salzburg, Stuttgart, Tübin- gen, Ulm, Wien, Würzburg, Zürich.[43] Es wird angesichts der Quellenlage offen blei- ben, in welche dieser Städte Peischer tatsächlich regelmäßige Geschäftsverbindungen pflegen konnte, gleichwohl wird ein beachtlicher Rahmen sichtbar, der weit über die Grenzen des Königreichs Bayerns hinausweist. Vor diesem großräumigen sich abzeich- nenden Hintergrund wird auch die offensichtliche Geschäftigkeit plausibel, die es ihm erlaubte, nahezu im halbjährigem Turnus öffentliche Versteigerungen zu organisieren: „… Fortwährend übernehme ich sowohl ganze Bibliotheken als auch verkäufliche Bücher im Einzelnen zu angemessenen Preisen, so wie ich auch zu allen antiquarischen Aufträgen, zur Verfertigung und Taxation von Bücher-Verzeichnissen etc. mich bestens empfehle."[44]

„… mehrere hundert Flaschen Markobrunner und Hochheimer Wein, und eine Bibliothek …": Vater und Sohn Klement Steyrer

Peischer empfiehlt in seinen Katalogen für Bestellungen antiquarischer Bücher auch Vater und Sohn Steyrer. Klement Steyrer, katholischer Konfession, wurde 1776 am 23. November in München geboren und hatte mit seiner aus der Pfalz stammenden Frau Anna, geborene Bierle, sechs Kinder.[45] Das älteste, gleichfalls Klement getauft und am 15. Oktober 1807 geborene, übernahm mit 22 Jahren das väterliche Geschäft: „… auf Grund der Übernahme des Büchervorrates seines Vaters als Bürger und Antiquar …"; zudem wurde „ihm ferner vom Magistrat am 13. April 1830 die Errichtung einer neuen Bücher-Versteigerungs-Anstalt bewilligt".[46] Zu Klement Steyrer senior, auf den Meldeunterlagen ohne weitere Kommentierung als „Antiquar" bezeichnet, lassen sich hinsichtlich seiner Handelsgeschäfte kaum weiterführende Unterlagen ermitteln. Sein

Bruder, der 1774 geborene und mit der 1772 zu Augsburg geborenen Marie Anna Patz, verheiratete Joseph, war zunächst als „Buchhalter" tätig.[47] Ein späterer Eintrag des Familienbogens erweitert seine Tätigkeit: „nun Antiquar": Noch mit knapp 60 Jahren, nämlich am 21. Oktober 1831, erlangte Joseph Steyrer vom Magistrat die Bewilligung: „… die von seinem Bruder Antiquar Klement Steyrer schenkungsweise erhaltene Sammlung von 10.000 Kupferstichen in einem offenen Laden vorderhand auf die Dauer von zwei Jahren zu verkaufen, wobei ihm jedoch der Handel mit neuen Kupferstichen untersagt wurde." Gleichzeitig wurde er daher bei der Behörde als „Antiquar" registriert.[48] In dem uns interessierenden Wirkungsfeld des Bücher-Antiquars spielt er allerdings keine weitere Rolle.[49]

Klement Steyrer senior scheint es jedoch gelungen sein, nicht nur seinen Bruder am Erfolg seines Geschäftes teilhaben zu lassen. Auch seinen Kindern konnte er allesamt den Weg in gutbürgerliche Verhältnisse ebnen. Steyrer Klement junior übernahm das väterliche Geschäft, ihm war es möglich, 1850 für 27.500 Gulden an der Residenzstraße Hausbesitz zu erwerben.[50] Der 1809 geborene Sohn Benno wurde zunächst „Regierungs-Rechnungs-Kommissär" und avancierte dann zum Rentbeamten in Kipfenberg, die Tochter Katharina (* 1813) ehelichte 1841 August Helmsauer, Professor an der Kgl. Landwirtschafts-Central-Schule zu Schleißheim;[51] Sohn Karl (* 1818) promovierte als Mediziner und arbeitete als Regimentsarzt. Einzig über das Schicksal der 1811 geborenen Nanette ist bislang nichts bekannt.

Auch wenn der Name Klement Steyrer bei den Münchner Buchhändlern mit der Gründung des ältesten Bücher-Antiquariats in Erinnerung gebracht wurde,[52] so kennen wir dessen geschäftliche Aktivitäten allerdings erst aus später einsetzenden Versteigerungsanzeigen, die uns das gemeinsame Wirken von Vater und Sohn Steyrer belegen. Die in der Münchner Politischen Zeitung angezeigten Texte dokumentieren dabei auch die breite Palette der angebotenen Objekte: Als es am Sonnabend, den 1. Oktober 1842, in der Prannersgasse Nr. 16, im Hause des schon erwähnten Instrumenten-Fabrikanten Schnetter, zur Bücher-Versteigerung des Nachlasses des Direktors der Zentralgemäldegalerie, des im Jahr zuvor verstorbenen Georg von Dillis, kam, wurde eine Büchersammlung angepriesen: „vorzüglich antiquarischen und artistischen Inhalts". Hinzu kamen dann noch „… einige … andere werthvolle … Büchersammlungen theologischen, juridischen, historischen, belletristischen, medicinischen und zwar besonders anatomischen und physiologischen Inhalts aus verschiedenen Nachlässen, dann eine Parthie Landkarten, Kupferstiche und Lithographien". Verzeichnisse waren bei „Antiquar Steyrer in der Perusagasse Nr. 44 zu haben", organisatorisch tätig war weiterhin: „Cl. Steyrer, sen., verpfl. Bücherschätzer des k. Kr.- und Stadtgerichts."[53] Die Steyrer'schen Anzeigen sprechen ganz offensichtlich eine Käuferschicht an, die neben den finanziellen Voraussetzungen auch das Bedürfnis nach einem kunstgeprägten Ambiente und dem Zur-Schau-Stellen einer kultivierten Weltläufigkeit verband: „… eine Büchersammlung – 3500 Werke der deutschen, französischen, englischen und italienischen Literatur aus verschiedenen Fächern. Theologie, Philosophie, Geschichte, besonders bayerische, Literär- und Kunstgeschichte, Reisen, Mathematik, Medicin, Naturgeschichte, Belletristik – ferners Kupferwerke nebst einer Partie Stahlstiche, Lithographien und Radirungen gegen gleich baare Zahlung … bei Antiquar Steyrer in der Residenzstraße Nr. 10 zu haben und auswärts durch jede Buchhandlung zu beziehen. Besonders bemerke ich nachstehende Werke: Eine große Auswahl Reisen in englischer Sprache, die Mailänder Sammlung italienischer Klassiker, die Prachtwerke: Description de l' Egypte mit 894 Kpftf. – Hamilton, Etruscan, Greek and Roman antiquities. – Das Journal : Le Moniteur 1789–1829. – Ree's Cyclopedia. 39 vol. Dictionnaire d' hist. Naturelle, 36 vol. – Arrabida, Flora Fluminensis mit 1640 Steintaf. – Schrank, Flora Monacensis. Mit 400 col. Stf. – Flora Deutschlands 141 Hefte. – Froriep's Notizen aus dem Gebiete der Natur- und Heilkunde 78 Bände. Auctionator Cl. Steyrer, sen."[54]

Dieses auf den vermuteten Publikumsgeschmack ausgerichteten Feilbieten wirft auf der anderen Seite ein Licht auf Lebensstil, Selbstpräsentation und letztlich auch auf das bürgerliche Gehabe einer sich in München mit den Jahren erweiternden gesellschaftlichen Schicht: „… wird im Hause Nr. 3/3 am Rindermarkt der Mobiliar-Rücklaß des kgl. Medicinalraths Dr. Fuchs gegen Baarzahlung öffentlich versteigert. Derselbe besteht in Meublemant … mehrere hundert Flaschen Markobrunner und Hochheimer Wein, und eine Bibliothek, größtenteils medicinische Werke. Der Wein wird in größeren oder kleineren Parthien jedesmal um 11 Uhr mittags ausgeboten, und die Bücherversteigerung, wovon gedruckte Verzeichnisse bei Antiquar Steyrer in der Residenzstraße und im Auctions-Locale unentgeltlich zu haben sind, beginnt am Freitag den 23. April …"[55] Die von den Antiquaren organisierten Auktionsanzeigen setzten auf das gesellschaftliche Renommee der jeweiligen Nachlasser und profitierten von der Bekanntheit und dem guten Klang dieser Namen. Da wurde „eine werthvolle Büchersammlung ... im gräfl. Rechberg'schen Palais an der Hundskugel Nr. 7" „des königlich bayerischen Oberhofmeisters Karl Grafen von Rechberg" angepriesen,[56] es kamen die Büchersammlungen „des königlichen Oberkonsistorialrathes Dr. K. Fuchs und des königlichen Staatsrathes Egid v. Kobell" zur Auktion,[57] der Nachlass der

„quiesz. königl. Hofbibliotheks-Kustos Jakob Rott"[58] und „des königl. Geheimen Rathes, Reichsarchivsdirektors etc., Joseph Frhrn. v. Hormayr"[59] konnte ebenso ersteigert werden wie der des „königl. Bayer. Kämmerers und Oberappellationsgerichts-Rathes, Otto Frhrn. v. Fuchs, am Maximiliansplatze im Hause des königl. Baurathes Himbsel"[60]. Als sicherlich auch für die Verhältnisse der Zeit exzeptionell soll hierzu abschließend die Bücher-Versteigerung Steyrers vom 7. März 1853 wiedergegeben werden: „Aus dem Rücklasse des Dr. J. A. Schmeller, königl. Univ.-Professors und Hofbibliothekars, wird eine besonders an Linguistik und mittelalterlicher Literatur sehr reichhaltige Bücher-Sammlung den 7. März 1853 und die folgenden Tage … in der Theresienstraße Nr. 2 über 2 Stiegen … verkauft. Das Verzeichnis ist bei Auktionator Steyrer (Residenzstraße Nr. 16) zu haben."[61]

Vater und Sohn Steyrer war es, modern ausgedrückt, dank einer geschickten Platzierung ihres Angebotes über die Jahre hinweg gelungen, sich gut und anscheinend unbeschadet auf hohem Niveau im lokalen Geschäft zu positionieren. Querelen mit möglichen Konkurrenten, Anfeindungen von Seiten eines um seine Geschäfte besorgten Buchhandels oder von den städtischen Behörden veranlasste Maßnahmen sind nicht nachweisbar. Von den insgesamt sechs Kindern des älteren Steyrer war Klement Steyrer junior derjenige, der ohne Probleme nach dem Tod seines Vaters 1847 die Geschäfte weiterführte. Bereits 1843 hatte er seinen Laden in die Residenzstraße 16 verlegt, erwarb dann 1850 das gesamte Haus für 27.500 Gulden, um es allerdings bereits zwei Jahre später für immerhin 32.000 Gulden zu verkaufen. Das Haus des Vaters an der Brunnstraße Nr. 1190 hielten die Kinder bis zum Verkauf 1861, danach zog Klement Steyrer junior mit seiner Schwester Karoline zunächst in die Frühlingstraße Nr. 18, 1867 in die Theresienstraße Nr. 83. Im Alter von 89 Jahren starb Klement Steyrer am 28. November 1896.[62]

Es ist bedauerlich, dass uns detaillierte Geschäftsunterlagen zu den antiquarischen Gepflogenheiten der beiden Steyrers fehlen. Von einem nicht zu unterschätzenden Gewinn wird ohne Zweifel diese sich über zwei Generationen erstreckende Tätigkeit gewesen sein: in einem auf Vertrautheit mit den lokalen Gegebenheiten, auf das Anknüpfen an persönliche Bekanntschaften, ja, bei einer die Persönlichkeit in den Vordergrund schiebenden Profession, war diese Generationenfolge eine glückliche Ergänzung des sicherlich auch individuellen Geschicks.

„… für die Gegenwart vor Mangel geschützt, doch nicht zufrieden …“: Vater und Sohn Ehrentreich und Georg Kaspar Nagler

Die beiden Steyrers waren nicht die einzigen und auch nicht die ersten Antiquare in München, bei denen das Geschäft vom Vater an den Sohn weitergegeben wurde. Oben haben wir bereits auf den „privilegirten Zahnarzt“, den „von Donauwörth gebürtige[n] Würthssohn“ (Franz) Joseph Ehrentreich, hingewiesen,[63] dem 1793 die Ansässigmachung mit der Konzession gewährt wurde, mit gebundenen Büchern zu handeln. Das Vermögen, über das er und seine Frau Monika, geb. Rieg, „Salzstösslers Tochter“, verfügten, wurde mit 200 Gulden angegeben.[64] 1808 erwarb er für 5.500 Gulden das Haus Altenhofstraße Nr. 1, das für 7.500 Gulden 1823 an seinen 1766 in München geborenen Sohn Joseph abgetreten wurde. Bereits am 17. Juni 1817 wurde „mit polizeilicher Bewilligung die Concession seines Vaters“ auf ihn übertragen und er „vom Magistrat am 16. 12. 1823 als Bürger und Antiquar aufgenommen“.[65] Mit dem Geschäft übernahm er die Obhut für seine taubstummen Geschwister Johanna und Margarethe. Das Gewerbe nährte die Familie und es liegt in der Logik der „realen Gewerberechte“, dass dieses „der Existenzsicherung der Witwen und Waisen“ dienende Konstrukt[66] auch das Heiratsverhalten der Konzessionsinhaber beeinflusste. Als Joseph Ehrentreich die Konzession seines Vaters übernahm und Johanna Kromann heiratete, war er knapp 30 Jahre älter als seine 1794 geborene Frau. Schon kurz nach seinem Tode im Jahre 1826 ging Johanna eine zweite Ehe ein, sie heiratete am 3. Juli 1827 den um fast zehn Jahre jüngeren Georg Kaspar Nagler (* 1. 1. 1803). „Nagler … erhielt … die Heyrathslicenz mit der Wittib Ehrentreich und wurde dahier als Bürger aufgenohmen.“[67] Sowohl der „Wittib Ehrentreich“, nach dem Tode ihres ersten Mannes noch auf Jahre mit der Betreuung ihrer gleichnamigen und wesentlich älteren Schwägerin belastet, wie auch dem „bisherigen Philologen“ Nagler,[68] der ein illegitimes Kleinkind in die später kinderlose Ehe mitbrachte, war sicherlich die dank der gewerblichen Konzession gesicherte finanzielle Grundlage für die eingegangene Verbindung ausschlaggebend.[69] Als der inzwischen von der Universität Erlangen mit seiner Dissertation „De rhapsodis“ zum „Dr. phil.“ promovierte Nagler 1845 die 16 Jahre jüngere Schlossertochter Ursula Stettmayer heiratete, unterrichtete er bereits seit Jahren als Lehrer an der Baugewerbeschule, schrieb für die von Josef Wolf herausgegebene „Bayerische Nationalzeitung“ Kunst und Geschichte betreffende Beiträge, war schon im ersten Jahresbericht des Historischen Vereins von Oberbayern als Mitglied,[70] dann in dessen 9. Jahresbericht als Ausschuss-Mitglied genannt worden[71] und gab im gleichen Jahr seiner

Wiederverehelichung bereits den 15. seines auf 25 Bände angelegten Künstlerlexikons[72] heraus.[73]

Bei Georg Kaspar Nagler haben wir es mit dem Typus des Antiquars zu tun, der sich durch eine geradezu überbordende Gelehrsamkeit auszeichnete. In seinem Nekrolog versucht Marggraff die in der Nagler'schen Biographie exemplarisch angelegte Spannung zwischen dem gelehrten und dem sein Gewerbe betreibenden Antiquar zu skizzieren: „… das Bild eines Mannes …, dessen Leben nicht in ereignisvollen und glänzenden äußeren Verhältnissen, wohl aber in einem der ganzen gebildeten Welt angehörenden stillen und erfolgreichen schriftstellerischen Wirken sich abwickelte, eines Mannes, an dem die Kunstliteratur einen ihrer verdienstvollsten und achtungswerthesten Vertreter, unser Verein aber eines seiner ältesten, theilnehmensten und thätigsten Mitglieder verloren hat."[74]

Nagler war eines von sechs Kindern eines Zimmermannes zu Obersiesbach, besuchte zunächst die Werktags- und später die Feiertagsschule. Sein offensichtliches Talent veranlasste den dortigen Lokalschulinspektor, Pfarrer Peter Haller, ihn zu fördern. So wurde er 1815 in die Studienanstalt nach München geschickt, die er 1823 mit dem Gymnasial-Absolutorium abschloss und so an das dortige Lyzeum übertreten konnte. Auch wenn er sich in den ersten Semestern vor allem für kunsthistorische Lehrveranstaltungen entschied, wechselte er seinen Eltern zuliebe 1826 zur neu gegründeten Ludwig-Maximilians-Universität, um sich in der dortigen theologischen Fakultät zu immatrikulieren. Doch das Leben wollte es anders. Hatte er noch seinen Eltern am Tag seiner Immatrikulation, am 24. November, geschrieben: „… Euer Wunsch ist erfüllt; ich bin nämlich angehender Geistlicher, nur wünschte ich, daß es schon vollendet wäre. Der Schritt ist gethan, ich bin vielleicht nicht glücklich, weniger vielleicht, als ich es je war. Ich bin zwar für die Gegenwart vor Mangel geschützt, doch nicht zufrieden. Geduld überwindet zwar alles, und man muß das Beste hoffen",[75] so ging er dann, wie oben bereits angedeutet, am 3. 7. 1827 die Ehe mit Johanna Ehrentreich ein, knappe drei Wochen nachdem die Rechnungsrevisorenwitwe Anna Geiger Mutter seines Sohnes Karl geworden war. Das aus Sicht seines Biographen Marggraff unberechtigte und von Nagler leidvoll erfahrene „eigenmächtige" Führen der Geschäfte der Johanna Ehrentreich wird aus dieser Perspektive umso verständlicher,[76] als Nagler, kaum waren die häuslichen Notwendigkeiten geregelt, sich nun am liebsten endgültig der Geschichte von Kunst und Kultur verschrieben hätte: Als 1834 bei Fleischmann in München der erste Band des „Neuen allgemeinen Künstlerlexikons" erschien, hatte sich sein „Verfasser dafür seit vielen Jahren vorbereitet und reiches Material gesammelt

…".[77] Erst die Erblindung seiner Frau erzwang dann letztlich das von Marggraff stilisierte Bild des „fleißigen Mann[es], wie er an seinem Werk arbeitete, sitzend vor niedrigem Pulte in dem engen, einzimmerigen Laden, in welchem man durch eine Thüre zu ebener Erde unmittelbar von der Straße hereintrat, alle Augenblicke durch den Besuch von Freunden oder Kunden unterbrochen".[78] Marggraff beschreibt die hingebungsvolle Arbeit des enzyklopädischen Wissenschaftlers, dem das rentierende Geschäft zweitrangig, das Betreiben der eigenen Publikation umso wichtiger war.[79] Dafür nutzte er seine im Antiquars-Beruf gewonnenen Kontakte, korrespondierte mit Kunsthändlern, Bibliothekaren und Archivaren und wagte sich an wissenschaftlich-literarische Unternehmungen, denen der finanzielle Erfolg versagt blieb. So hatte er „im März 1864 die Redaktion des von der Gummi'schen Buchhandlung in München gegründeten und verlegten ‚Münchener Kunstanzeigers' übernommen".[80] Beabsichtigt war damit, im Gefolge des von Nagler 1834 mit beachtlichem Erfolg erstmals und 1862 bereits zum neunten Male aufgelegten Reiseführers „Acht Tage in München"[81] „dem kunstsinnigen Fremden, welcher München zu seinem Reiseziel wählt, als Wegweiser zu dienen für das, was diese Kunststadt im Gebiete der Kunst besitzt und fortwährend hervorbringt"[82]. Es überrascht nicht, dass die neben der schriftstellerischen Tätigkeit verbleibende Zeit zum Bestreiten des Lebensunterhaltes nicht genügen konnte. Das für den „Kunstanzeiger" erhoffte Honorar blieb in den letzten Lebensjahren nahezu die einzige Einnahmequelle. Nach Erscheinen der Märznummer 1865, also einem Jahr, in dem es nicht gelungen war, die Zahl der Abonnenten in die Gewinnzone zu steigern, sah sich der Verleger zum Einstellen dieses für München wohl zu früh gewagten Unternehmens gezwungen. Konfrontiert man die beeindruckende Liste der Nagler'schen Publikationen[83] mit dem eher bescheidenen Umfang der ihn betreffenden archivischen Aktenüberlieferung, so fällt die Bilanz für die Geschäftsführung des Antiquars Nagler ungünstig aus, seine als Student noch proklamierte Maxime „… die Gegenwart vor Mangel" zu schützen, konnte er sich und seiner Familie in finanzieller Hinsicht leider nicht erfüllen.

„… Gewerbsübergriffe in vielerlei Formen …": Jakob Oberdorfer

Opferte Georg Kaspar Nagler seiner Leidenschaft für Kunst und Wissenschaft die professionellen Notwendigkeiten des Antiquars, so bestätigte er damit gleichzeitig ein Bild dieses Gewerbes, das auch bei den Behörden prägend gewesen ist. Als die Bayerische Kammer des Innern unter dem Datum des 17. März 1845 „das Gesuch des Israeliten Jakob Oberdorfer aus Kriegshaber um Ansässigmachung als Bücher-Antiquar zu München über die Matrikelzahl" wohlwollend beschied, spielte in der Begründung vor allem der Umstand eine Rolle, „daß Oberdorfer Gymnasial- und Universitäts-Studien gemacht hat und daß durch seine wissenschaftliche Bildung eine Gewährschaft für den ausschließlichen und guten Betrieb des bezeichneten Gewerbes gegeben ist"[84]. Auch im Verehelichungsgesuch des damals 25-jährigen[85] Jacob Oberdorfer, am 22. Januar 1845 protokolliert, wurde diese Affinität des Petenten zur Wissenschaft besonders und sicherlich nicht unbeabsichtigt hervorgehoben: „… nachdem er seine Universitaets-Studien beinahe vollendet und den Entschluß gefaßt hatte, zum Fache eines Antiquars überzutreten, zu welchen ihn seine Neigung besonders deshalb hingezogen hatte, weil ihn dasselbe mehr gestattet, auf wissenschaftlichen Boden zu bleiben."[86] Im Unterschied zu Nagler, der ja dank seiner Frau Johanna in die Nachfolge der Ehrentreich'schen Konzession gelangt war, musste und konnte sich Oberdorfer von Anfang an auf die Ausübung des Gewerbes konzentrieren. Finanziell in einer relativ günstigen Situation – „… Vermögen von 10.000 Gulden beim einstigen Ableben meiner Mutter … meine Braut eine Summe vom mehr als 3.000 Gulden als Aussteuer …"[87] –, erweist er sich bei seinen Unternehmungen als zupackend und im Geschäftsleben nicht ungeschickt. 1851 beschäftigt er bereits drei Gehilfen, zwei Jahre später werden in den Matrikeln „4 Dienstboten" vermerkt: „… Max Brühtl, Gehilfe, Bayreuth, 37 Jahre, israel.; Joseph Hiller, Lehrling, Harburg, 16 Jahre, israel.; Mich. Hailrath, Ausgeher, Obermühlhausen, 27 Jahre, kath.; Cornelia Rosenfelder, Köchin, Kleinnördlingen, 28. Jahre, israel."[88] Oberdorfer selbst ist in den Verzeichnissen der immatrikulierten Juden, die bei der Königlichen Polizei-Direktion München ab dem Jahre 1815 geführt wurden, seit seiner Ansässigmachung nachzuweisen.[89] Seine in die Tageszeitung gesetzten Anzeigen weisen weniger informierend auf Bücherversteigerungen Steyrer'schen Formates hin, sie rücken vielmehr werbend Namen und Firma des Oberdorfer selbst in den Vordergrund: Ein knappes Jahr nach Erhalt der Konzession teilt er dem Lesepublikum der Zeitung über die gesamte Breite des Blattes mit Fettdruck und vergrößerter Schrift mit: „Lokalveränderung; das Verkaufslokal von Jakob Oberdorfer, Antiquar, befindet sich jetzt Promenade-Platz Nr. 1, dem Neustätter'schen Wechsel-Comptoir gegenüber."[90] Bei Hinweisen auf attraktive Einzelexemplare scheut er sich nicht vor Preishinweisen – „Billige Reiseliteratur. Reise-Atlas von Deutschland, enth. 24 Karten mit sämmtl. Deutschen Eisenbahnen und einigen andern Reiserouten,

fortlaufende No	Name.	Geburtsjahr	Stand	Geburts Ort.	Ort der Verehelichung	Ehefrau.	Geburtsjahr	Geburts Ort.	Kinder.
66	Sternfeld Heinrich	1808	ledig						
67	Oberdorfer Jakob	1819			München	Caroline Gerbing	1820	München	
68	Saal Seligmann	1807				Isabella Heller	1808		Caroline

Geburts Ort.	Vorhin geführter Name.	Handlungs Firma.	Geschäft	Allemandsbesitzer	Häuser oder Güterbesitz.	Bemerkungen
		Jakob Oberdorfer				
1842						

2

Jakob Oberdorfer aus Kriegshaber verstand es als wohl Erster der Münchner Antiquare, den Herausforderungen eines sich entfaltenden Büchermarktes mit Phantasie und Mut zu begegnen. Eintrag in die städtische Juden-matrikel: ca. 1850 [I u. II übereinander].

33

nebst tabell. Uebersicht der Post- und Eisenbahntarife etc. und einer großen Uebersichtskarte, München 1849. Eleg. Cart. (Ladenpreis Fl. 1 48kr) 48 kr."[91] – und betreibt auf modernste Weise Kundenerfassung: „Zur gefälligen Beachtung. In Folge einer Änderung in meinem Dienstpersonal bin ich gezwungen, diejenigen Herren, welche bisher meine Bücheranzeigen vom 1. und 16. jeden Monats in's Haus gesandt erhielten, ergebenst zu ersuchen, Ihre Adresse in meinem Verkaufslokale gefälligst abgeben zu lassen, damit dieselben zukünftig meine Anzeigen rechtzeitig und pünktlich erhalten. Sämtliche verehrl. öffentliche Anstalten sind um die gleiche Gunst höflichst gebeten. Hochachtungsvoll J. Oberdorfer, Antiquar, Promenadeplatz Nr. 1."[92] Oberdorfers Anzeigen verloren zunehmend den Bezug auf die aus Privatbesitz erworbenen, gebrauchten Bücher und rückten immer häufiger in die Nähe der im Buchhandel eifrig gepflegten Zeitungsinserate: „Soeben erschien und wird gratis ausgegeben: Verzeichnis von (600) ältern und neueren Musikalien, vorräthig bei J. Oberdorfer, Antiquar, Promenadeplatz Nr. 1."[93]

Ein derartiges Geschäftsgebaren konnte nicht folgenlos bleiben. Als Oberdorfer 1845 sein Konzessionsgesuch eingereicht hatte, war dem Magistrat die Erteilung nicht zuletzt dank der geringen Zahl von gerade drei Antiquaren leicht gefallen,[94] zumal die Gschwendtner'sche Konzession durch Verzicht frei wurde und Nagler und Steyrer ihre Geschäfte im gewohnten Rahmen führten. Mit Oberdorfer allerdings bekam der Münchener Antiquariatsbuchhandel eine vorher nicht gekannte Note und die um ihr Auskommen besorgten Buchhändler formulierten ihre Bedenken und nahmen Anstoß: „… seine Auslage oder sein Schaufenster, an welchem die neuesten, ganz ungebrauchten, unaufgeschnittenen Bücher figuriren, sondern mehr noch seine Wochenbülletins, in denen regelmäßig Neueres und Neuestes, meist aber unter dem Ladenpreise angeboten wird. Sein Magazin liefert noch weitere Belege, daß er von manchen neueren Artikeln zu mehreren Exemplaren vorräthig hat …"[95] Die sich bis in die 1860er Jahre hineinziehenden Auseinandersetzungen zwischen dem um seinen Marktanteil kämpfenden Oberdorfer und den ihr Terrain verteidigenden Buchhändlern unter der Führung ihres „Referenten im Handlungsgremium für die Branche des Buchhandels" Georg Franz[96] akzentuieren in deren Verlauf die unterschiedliche Argumentation auf städtischer wie auch auf staatlicher Seite. Franz, der sich seit 1854 mit dem behördlicherseits anerkannten Titel „akademischer Buchhändler" schmücken durfte, reichte bei Magistrat und Regierung Beschwerden wegen Gewerbsübergriffen des Antiquars Oberdorfer ein, die die Behörden zu Ermittlungen und Stellungnahmen veranlassten. Ohne deren z. T. umständliche Verästelungen hier im Einzelnen zu verfolgen, wollen wir das Geschäftsverhalten des Jakob Oberdorfer näher beleuchten. Kernpunkt aller gegen Oberdorfer erhobenen Vorwürfe ist der „gewerbsmäßige Betrieb des Buchhandels"[97]. Dabei „… ging er … immer weiter, stellte in Leipzig, Stuttgart, Frankfurt a. M. Commissionäre auf, ließ seine Firma in das Leipziger Adressbuch der Buchhändler aufnehmen, richtete sein Geschäft förmlich gewerbsmäßig buchhändlerisch ein, indem er Bücher von deren Verlegern verschreibt und sich durch seine Commissionäre kommen läßt. – Ja , er ging in neuester Zeit noch weiter, von Privatleuten Bestellungen auf neue Bücher unter der Behauptung billigeren Bezuges zu suchen, wie dies zuletzt mit dem Werke Troschels Physiologie, Berlin 1853, vorkam. Auch ließ er in den neuesten Nachrichten Seufferts Blätter ausschreiben, und wenn man in deren Expedition frug: wo sie zu kaufen? hieß es: bei N. N.; wenn man dahin kam, fand man neue Exemplare und hörte die Offerte: die Fortsetzung regelmäßig liefern zu wollen. Solche Gewerbsübergriffe in vielerlei Formen stiegen bisher auf einen so hohen, den Münchener Buchhandel so tief benachtheiligenden Grad, daß das Maß gerüttelt voll ist und hiermit die energische Hilfe der Gewerbsbehörde in Anspruch genommen werden muß …"[98] Oberdorfer rechtfertigte sich, es habe nie die Absicht bestanden, ungebrauchte Bücher in verdeckter Form zu erwerben, und er stellte klar: „… gebe ich die kurze Geschichte eines meiner Partie-Ankäufe und der damit verbundenen Tausch-Geschäfte: Am 5. November 1850 kaufte ich von der literarisch-artist. München (R. Oldenbourg) dahie den ganzen Vorrath von circa 20 Verlagsartikeln (ohne Verlagsrecht), von welchen ich nur Allioli's Handbuch zur biblischen Alterthumskunde (circa 1.000 Exemplare) als Hauptwerk nenne. Von diesen Artikeln vertauschte ich nach Versendung meines Change-Catalogs, wovon ich ein Exemplar hiemit anlege, an den Antiquar N. N. in Köln allein für mehr als 1.000 Fl. gegen andere Artikel seines Verlages in 50- bis 100facher Anzahl, welche abermals ein Gegenstand des Tausches wurden, wie … überhaupt nur durch den Tausch das Antiquargeschäft seinen Aufschwung unter den hiesigen Verhältnissen erhalten konnte. Andere Tauschgeschäfte mit Handlungen in Leipzig, Berlin, Wien, Prag, Stuttgart, Frankfurt, Hamburg, Paris, Lyon, Straßburg etc. liegen in meinen Büchern vor und kann von denselben durch die verehrliche Behörde jederzeit Einsicht genommen werden. Als Belege hiefür folgen anbei vorläufig drei Originalbriefe über Change-Geschäfte von J. Bär in Frankfurt, T. Heß in Ellwangen und Jg. Lisching in Stuttgart …"[99] Oberdorfer räumt ein: „… Was die ‚förmlich gewerbsmäßig buchhändlerische Einrichtung' meines Geschäftes betrifft, so gestehe ich diese vollkommen ein, weil nach meiner Ansicht die Utensilien des Buchhändlers und Antiquars ganz identisch sind …"[100] Die Aufnahme in das Leipziger

„Allgemeine Adreßbuch für den deutschen Buchhandel, den Antiquar-, Musik-, Kunst-
und Landkarten-Handel … von Otto Schulz" sei in keiner Weise inkriminierend,
wären doch dort auch „… aufgenommen die Antiquare: 1) Butsch in Augsburg, 2)
Aurbach in Fürth, 3) Heerdegen in Nürnberg, 4) Hetzel in Eichstädt, 5) Seligsberg in
Bayreuth, 6)Halm in Würzburg und 7) Vilshofer in Passau, ohne je deshalb des
Gewerbsübergriffes bezüchtigt worden zu sein …"[101] Er selbst habe „… im Jahre 1845
bei Eröffnung [seines] Geschäftes in Leipzig und Stuttgart Commissionäre [aufge-
stellt], was [seine] Aufnahme in das Leipziger Adreßbuch zur Folge hatte …".[102]

Am 12. Dezember 1854 wurde von dem Referenten der Buchhändler, Georg Franz,
beim Magistrat der Stadt München „gegen Jakob Oberdorfer Beschwerde wegen
Gewerbsübergriffes gestellt, weil derselbe nicht nur die neuesten, ungebrauchten und
unaufgeschnittenen Bücher zum Verkauf ausstelle, von neuen Artikeln mehrere
Exemplare vorrätig habe".[103] Die städtischen Behörden folgen der Beschwerde und es
kommt am 16. März 1855 zu folgendem Beschluss des Stadtrates: „Die Antiquare sind
lediglich zum Handel mit alten, d. i. schon gebrauchten, gebundenen Büchern befugt;
zur Lieferung und zum Verkaufe neuer oder ungebundener Bücher sind dieselben
nicht berechtigt, und bildet sohin der Antiquarshandel eine untergeordnete, auf
Lieferung und Verkauf schon gebrauchter gebundener Bücher beschränkte Gattung
der Buchhändler, und darf sonach solche Bücher bei Vermeidung einer Geldstrafe von
20 Fl. nicht mehr verkaufen."[104] Anders aber sehen es die Beamten der Regierung, sie
kommen dem Beistand suchenden Oberdorfer zu Hilfe und setzen den Magistratsbeschluss außer Wirkung, da „… nach dem gegenwärtigen Stande des Verkehrs mit
Produkten der Literatur, nach der anderwärts bestehenden Übung und nach dem
Gutachten des hiesigen Handelsrechtes der Vollzug des bezeichneten Verbotes dem
Interesse des Publikums widerstreiten und jeden schwunghaften Betrieb des Antiquariatsgeschäftes unmöglich machen würde".[105] Die Buchhändler verurteilen die auf
das Publikum reflektierende Haltung und die „vorgebrachten merkantilen Balancir-
künste" der Regierung scharf, sie halten ihr vor, „eine Übung, eine Praktik, eine Usance
[sei] noch lange kein Herkommen in der rechtlichen Bedeutung des Wortes …".
Ausschlaggebend für die „wohlbegründeten Gewerbeverhältnisse" seien die im Jahre
1825 erlassenen Gesetze zum Gewerbewesen, die Konzessionsurkunde sowie die Ausrichtung an einschlägige Instruktionen, die noch 1853 „die Ausrichtung an bestehende
ordnungspolitische Regelungen …" vorschreiben. Das Handeln der Regierung sei
andernfalls schlicht als „Revolution" zu begreifen, denn es handele sich „um eine prin-
zipielle Entscheidung und mit ihr um den Lebensnerv des Sortimentsbuchhandels in

München und Bayern …". Die Vorhaltungen der Buchhändler fanden Gehör: Die Entscheidung der Regierung wurde durch höchste Entschließung des kgl. Staatsministeriums des Handels und der öffentlichen Arbeiten vom 1. Nov. 1855 außer Wirksamkeit gesetzt und eine Gewerbsdifferenz angeordnet: „Die gedachte Regierungsverfügung kann deshalb um so weniger genügen, als in Folge derselben ein Zustand herbeygeführt ist, welcher alle wesentlichen Unterscheidungsmerkmale in den Befugnissen der Buchhändler und Antiquare vermissen läßt, was bey dem gesondertem Bestande beider Gewerbe weder beabsichtiget sein kann noch darf." Der Magistratsbeschluss vom 16. 3. 1855 wurde als verfrüht aufgehoben mit der Auflage: „über die Grenzen der Gewerbsbefugnisse der Antiquare in München bestehenden Herkommens genaue und erschöpfende Recherchen zu pflegen und Nachweise über die in anderen bedeutenden Städten des Königreichs gebildete Übung zu den Akten zu bringen und … *salvo recursu* … Entschluss zu fassen." Die Landeshauptstadt erfüllte die ministerielle Vorgabe und korrespondierte mit den Städten Landshut, Ansbach, Nürnberg, Bayreuth, Augsburg und Regensburg und kam zu dem Fazit, dass „die Antiquare in … diesen Städten, wie hier, … auf den Handel mit alten, schon gebrauchten, d. i. in den Privatbesitz übergegangenen und gebundenen Büchern beschränkt …" seien. Im Januar 1856 kam es zu einer Vergleichsverhandlung: Die hiesigen Buchhändler gestanden den Antiquaren eine Erweiterung ihrer Befugnisse in Anlehnung an die Bestimmungen der für den Gewerbebetrieb der Antiquare in Leipzig bestehenden Regulation vom 14. 9. 1853 zu,[106] was wiederum von den Antiquaren in einem *Pro memoria* vom 23. 1. 1856 akzeptiert wurde.

Dem Leipziger Regulativ ist die Ratio unterbreitet, dass die Antiquare lediglich die gewerbsmäßigen Vermittler des Verkaufes von überflüssigen Büchern an das Publikum sein sollen und dass eine geschäftliche Verbindung zwischen dem Antiquar und dem Verleger oder der Verlagsbuchhandlung nicht bestehen dürfe. Daher sei den Antiquaren auch erlaubt, „mit allen neuen und neuesten Büchern, es mögen dieselben gebraucht oder ungebraucht, aufgeschnitten oder unaufgeschnitten, gebunden oder ungebunden sein", wenn sie dieselben verweislich aus zweiter Hand, das ist von Privatpersonen, erworben haben. Ausgeschlossen ist ihnen die Erwerbung von Büchern und Presseerzeugnissen von Verlegern und Verlagsbuchhandlungen bzw. Verlags-Auktionen zum Zwecke des Wiederverkaufs.

Es war wohl zu erwarten, dass es sich für Jakob Oberdorfer nur um eine vorläufige Niederlage handeln konnte: Im Januar 1863 wurde ihm von der Regierung eine Buchhandels-Konzession verliehen mit einer für die Situation der Zeit bemerkens-

werten Begründung: „Da in der Stadt München für das Buchhandlungs-Gewerbe
günstige Absatzverhältnisse bestehen, dieses Gewerbe nicht auf die Localnachfrage
beschränkt und überhaupt bei der steigenden Lebhaftigkeit des literarischen Verkehrs
in einem bedeutenden Aufschwunge begriffen ist, so erscheint eine Neuverleihung von
Buchhandlungskonzessionen an solche Bewerber, welche mit den genügenden
Betriebsmitteln versehen, für München dermalen als zulässig …" Als wollte man von
Seiten der Regierung den Petenten für früher erlittene Unbill rehabilitieren: „… der
Bewerber Jakob Oberdorfer hat sich über seine Befähigung zum Betriebe des Buch-
händlergewerbes … nach Vorschrift ausgewiesen. … Bedenken stehen … um so weni-
ger entgegen, als derselbe … über entsprechende Betriebsmittel … und sich bereits im
Besitze einer Antiquars-Concession befindet, es sich sonach um zwei verwandte
Gewerbe handelt, deren Vereinigung … nicht erschwert werden soll …"[107] Warum
Jakob Oberdorfer wenige Jahre später trotz dieser für ihn günstigen Entwicklung
München noch im Alter von knapp 50 Jahren verlassen hat oder aufgeben musste, ent-
zieht sich unserer Kenntnis. Bereits vor seiner offiziellen Abmeldung nach Wien im
August 1868[108] scheint er dort einen neuen Lebensweg eingeschlagen zu haben.[109]

Vom Münchner Magistrat eine Dultkarte:
Isaak Hess und andere Antiquare

Die von der Regierung in der Oberdorf'schen Konzessionsgewährung erkannten „günstigen Absatzverhältnisse" für München, die sich eben nicht „auf die Localnachfrage
beschränken", sondern sich vielmehr in einer „steigenden Lebhaftigkeit des literarischen Verkehrs, in einem bedeutenden Aufschwunge" ausdrücken, finden wir beim
Studium der Anzeigen in der örtlichen Presse vielfach bestätigt. Seit etwa Mitte des
Jahrhunderts entfaltet sich eine bürgerlich-literarische Öffentlichkeit, die von auswärtigen Inserenten zunehmend umworben wird. Weigel preist aus Leipzig seine Versteigerungen an, deren Kataloge auch in den Münchener Buchhandlungen zu beziehen
seien,[110] Beck offeriert aus Nördlingen günstig eigens ausgewiesene Titel zu einschlägi-
gen Themen[111] und „das Bibliographische Institut" aus Hildburghausen bietet seine
Vermittlungsdienste für Besitzer von „… Kunstgegenständen aller Art, Incunabeln,
Pergament-Drucken, Manuscripten und Autographen, namentlich auch von grössern
Sammlungen, von Oelgemälden und Handzeichnungen guter Meister, von Radirungen, Holzschnitten und Kupferstichen, Emaillen und Miniaturen, von Schnitzwerken

aus Holz, Elfenbein und Metall, von Antiken, Bronzen, Vasen etc." an, rühmt sich seiner „… vielen Verbindungen in England und Amerika".[112] Neben diesen renommierteren und immer häufiger den Schauplatz München nutzenden Firmen suchen sich auch Unternehmungen eines eher regionalen Zuschnittes zu behaupten, so der überaus rührige und phantasievolle Erdmann Anton Auernheimer, Antiquar, Kunsthändler, Auktionator und Buchbibliotheksbesitzer aus Regensburg,[113] oder der Ellwanger Buchhändler und Antiquar Isaak Hess, der, wie er 1854 anzeigt: „bis Nürnberg, Augsburg und München verkauft und franco sendet …"[114] Hess, am Verkaufen ebenso wie am Einkaufen interessiert „kauft fortwährend sowohl größere Bücher-Sammlungen als auch einzelne werthvolle Werke aus allen Theilen der älteren und neueren Literatur".[115] Anders als Jakob Oberdorfer, der seine Kontakte in entferntere Städte über „Commissionäre" aufrechterhält, nimmt Hess seine Unternehmungen mit Vorliebe persönlich wahr. Seit 1839 bis in die frühen fünfziger Jahre lässt er sich regelmäßig auch über längere Zeiträume in München nachweisen, nimmt gern zentral im Goldenen Lamm oder in der Blauen Traube Quartier, bis ihn sein Weg wieder nach Nördlingen, Regensburg, Passau, Augsburg oder Günzburg oder aber wieder zurück nach Ellwangen führt.[116] Über die genaueren Umstände, unter denen Hess seine Geschäft abwickelte, die ihn zu einem „der hervorragendsten Seltenheitsantiquare" seiner Zeit werden ließen,[117] wissen wir für seine Münchener Jahre leider wenig. Nicht ansässig und ohne eigenes Ladenlokal nutzte Hess, und – nachdem die Münchener Unternehmung sich wohl erfolgversprechend zu lohnen begann – dann mit Hilfe seiner Söhne, die örtliche Dult für Kontakte und Handel. Jakob, Sigmund und Moses Hess sammelten so in relativ jungen Jahren Erfahrungen auf dem sich entwickelnden Münchner Büchermarkt.

Als Ludwig Rosenthal 1855 bei der Familie Hess in die Geheimnisse des Antiquariats eingeführt wird, ist Isaak Hess bereits 66 Jahre alt. Von den Verbindungen, die nach München geknüpft und von den Söhnen zunächst gehalten worden waren, dürfte der junge Lehrling zumindest noch gehört haben, inwieweit sie damals für ihn schon größeres Gewicht besaßen, muss offen bleiben. München sollte freilich für die Ellwanger Buchhändlerfamilie auch noch später eine Rolle spielen: Zwei der Enkel des Isaak Hess, deren Vater Moses bereits als 16-Jährigem vom Münchner Magistrat eine Dultkarte ausgestellt worden war,[118] siedelten sich als Antiquare in München an: Gottlob Hess im März 1888 und sein jüngerer Bruder Karl im Juni 1899.[119]

3
Den aus Ellwangen stammenden Isaak Hess führte der Buchhandel durch ganz Süddeutschland. Bei dem seit 1839 regelmäßig nach München kommenden Antiquar sammelte Ludwig Rosenthal erste Berufserfahrung. Undatierte Aufnahme.

Resümee

Im München der ersten Hälfte des 19. Jahrhunderts bleibt die Zahl der in den Quellen nachweisbaren Antiquare überschaubar.

Die Möglichkeiten, die eine durch obrigkeitliche Gewerbeordnung und dem kontrollierenden Argwohn konkurrierender Buchhändler der zunächst lokal beschränkte Markt mit einem sich erst langsam entfaltenden Käufer- wie auch Verkäuferpublikum zum Erwerben und Vertreiben ließen, waren noch wenig entwickelt.

Bis die andernorts bereits seit Jahrzehnten gewährte Gewerbefreiheit sich in der Stadt tatsächlich 1868 durchsetzte, hemmten die noch dem Ancien Régime anhaftenden Fesseln die hiesigen Kräfte und akzentuierten das besondere Gebaren der Münchner Antiquare. Der Kreis der in Frage kommenden Kunden: die höhere, bildungsorientierte, an Wissenschaft interessierte Beamtenschaft, ein gegebenenfalls mit Literatur renommierendes Bürgertum sowie die auswärtigen Interessenten, vergrößerte sich im Laufe der Jahre und führte zu einer offensichtlichen Belebung der zunächst ruhigen Handelsgeschäfte.

Die Namen der hier besonders in den Blick genommenen Ehrentreich, Steyrer, Peischer, Nagler und Oberdorfer stehen nicht nur für einzelne, sich durch ihr spezielles Verhalten unterscheidende Handelsleute. Sie sind Ausdruck wie auch individuelle Reaktion der zeitlich sich so rapide verändernden Herausforderungen in einem von vornherein auf Austausch und Expansion angelegten Gewerbe. Die Fortführung des väterlichen Geschäftes in vertrauter städtischer Umgebung wie auch der Mut und die Bereitschaft, in der Fremde im Tauschverkehr oder zu Jahrmarktsterminen seinen Mann zu stehen, die Pflege des vertrauten Kundenkreises, der Rückzug in eine bildungsbürgerlich-quasiakademische Welt von Kunst und Kultur sind dann biographisch bestimmte Ausdrucksformen einer sich in unterschiedlichen Geschwindigkeiten bewegenden städtischen Gesellschaft in einem immer noch agrarisch gebundenen Umfeld.

ANMERKUNGEN:

1 BayHStA MH 5306.
2 Schlichthörle, Anton, Die Gewerbsbefugnisse in der K. Haupt- und Residenzstadt München ..., 2 Bde., Erlangen 1844–45, S. 3.
3 Adelung, Johann Christoph, Grammatisch-kritisches Wörterbuch der Hochdeutschen Mundart, mit beständiger Vergleichung der übrigen Mundarten, besonders aber der Oberdeutschen ..., Wien 1811, Bd. 1, Sp. 393.

4 Zedler, Johann Heinrich, Grosses Vollständiges Universal-Lexikon Bd. 2 (An –Az), Halle und Leipzig 1732 (Nachdruck Graz 1961), Sp. 652.

5 Goethe, Johann Wolfgang von, Werke, Kommentare und Register, Hamburger Ausgabe in 14 Bänden, Bd. 11 (= Autographische Schriften III) [Italienische Reise], München 1981, S. 278 ff.

6 Goethe, August von, Auf einer Reise nach Süden, Tagebuch 1830, hg. von Andreas Beyer und Gabriele Radecke, München/Wien 1999, S. 144 ff.

7 Vgl. Allgemeine Encyclopädie der Wissenschaften und Künste in alphabetischer Folge von genannten Schriftstellern bearbeitet und herausgegeben von J. S. Ersch u. J. G. Gruber, Vierter Theil mit Kupfern und Charten, Leipzig 1820, S. 532 f: „Der Name *Antiquar* ist in sehr verschiedener Bedeutung gebraucht worden. In den Städten Italiens nannte man so die Personen, die bei den Griechen den Namen der Exegeten führten, deren Geschäft war, Fremden die Altertümer des Ortes zu erklären; nachmals Ciceroni genannt …“.

8 Allgemeine deutsche Real-Encyclopädie für die gebildeten Stände (Conversations-Lexicon) in zehn Bänden, Erster Band A bis Boy, Sechste Original-Auflage, Leipzig (F. A. Brockhaus) 1824, S. 256 f.

9 Allgemeine deutsche Real-Encyclopädie (wie Anm. 7), S. 185.

10 Nicht zufällig daher auch der in jüngster Literatur in Auseinandersetzung mit Italien gewonnene Begriff des Antiquars als „Händler der Schönheit“, „in dessen … Magazinen .. die realen Kristallisationskerne schwelgerischer Phantasie angehäuft …“ waren und deren Profession in der Ermöglichung „historischer Studien“ ihnen „gerade in Umbruchzeiten … Bedeutung“ verleiht, vgl. Roeck, Bernd, Florenz 1900, Die Suche nach Arkadien, München 2001, S. 163 ff.

11 Gregorovius, Ferdinand, Wanderjahre in Italien, Wien/Leipzig 1939 (= Neudruck der Ausgabe 1856–1877), S. 658.

12 Vgl. Pierers Konversations-Lexikon, hg. von Joseph Kürschner, Bd. 1, Berlin und Stuttgart 1888, Sp. 1009: „[Antiquar] … Jetzt Händler, der mit alten Büchern, Landkarten, Kupferstichen, Gemälden und alten Kunstgegenständen handelt, speziell und vorzugsweise solcher mit Erzeugnissen der Buchdruckerkunst. Früher mit dem Buchhandel verbunden, ist jetzt das Antiquars-Geschäft meist ein eigener Berufszweig …“

13 Meyers Großes Konversations-Lexikon. Ein Nachschlagewerk des allgemeinen Wissens. Sechste gänzlich neubearbeitet und vermehrte Auflage … Erster Band A bis Astigmatismus, Leipzig und Wien (Bibliographisches Institut) 1903, S. 586; sachlich fast identisch bereits die Allgemeine deutsche Real-Enzyklopädie (wie Anm. 7), Bd. 1, S. 832 f.

14 Insofern ist die Einschätzung, seit etwa 1800 wäre es zur „… Herausbildung des Antiquars als anerkannter Profession“ gekommen, „… die zuvor keinen sehr soliden Ruf besessen hatte“, sicherlich zu sehr aus der Sicht des regulären Buchhandels akzentuiert, vgl. Wittmann, Reinhard, Geschichte des deutschen Buchhandels. Ein Überblick, München 1991, S. 128 f.

15 Der Große Brockhaus, Leipzig 1928, 1. Bd., S. 529 f.

16 Der Große Brockhaus (wie Anm. 15), S. 586 f.

17 So kommen für unseren Zeitraum als jüngere Publikationen v. a. die Arbeiten von Reinhard Wittmann in Frage, vgl. Wittmann, Geschichte (wie Anm. 14), passim sowie dgl., Hundert Jahre Buchkultur in München, München 1993. Mit wichtigen Ergebnissen aus den Beständen des BayHStA jetzt: Schaich, Michael, Staat und Öffentlichkeit im Kurfürstentum Bayern der Spätaufklärung, München 2001, S. 27 ff.; als älterer Titel sollte gleichfalls erwähnt werden: Dirr, Pius, Buchwesen und Schriftwesen im alten München, München 1929.

18 Wittmann, Geschichte (wie Anm. 14), S. 128 f.

19 Wittmann, Hundert Jahre (wie Anm. 17), S. 29; zu Joseph Ehrentreich vgl. StadtAM EBA 1793/24: Ansässigmachungsgesuch von 1793 Okt. 21, der privilegierte Zahnarzt und von Donauwörth gebürtige Wirtssohn zeigt eine Concession des Handels mit gebundenen Büchern an; sein ausgewiesenes Vermögen betrug 200 Fl.

20 In Frage kommen im Stadtarchiv München die sog. Polizeimeldebögen (= PMB), die Einbürgerungsakten (= EBA) und gegebenenfalls die Polizeikartenregister (= PKR).

21 Vgl. die Judenmatrikel in: StadtAM, Einwohneramt sowie StadtAM, Polizeidirektion.

22 StadtAM Gewerbeamt sowie in BayHStA die bei den staatlichen Aufsichtsbehörden angewachsene Überlieferung.

23 Als Ausnahme sind die Bücherkataloge des Johann Nepomuk Peischer zu nennen, die in der Monacensia-Literaturarchiv und Bibliothek, München verwahrt werden (= Mon 12908).

24 Zerback, Ralf, Unter der Kuratel des Staates. Die Stadt zwischen dem Gemeindeedikt von 1818 und der Gemeindeordnung von 1869, in: Bauer, Richard (Hg.), Geschichte der Stadt München, München 1992, S. 274.

25 Zerback, Ralf, München und sein Stadtbürgertum. Eine Residenzstadt als Bürgergemeinde 1780–1870, München 1997, S. 41.

26 Vgl. Bauer, Richard, Stadt und Stadtverfassung im Umbruch. Niedergang, Ende und Neubegründung kommunaler Eigenständigkeit 1767 bis 1818, in Bauer, Geschichte (wie Anm. 24), S. 245 f. u. Zerback, Unter der Kuratel (wie Anm. 24), S. 279 f.

27 Die Universität wurde bereits von den Antiquaren selbst als eine die geschäftlichen Möglichkeiten belebende Einrichtung empfunden: StadtAM EBA 1846/713.

28 StadtAM GA Nr. 5198.

29 StadtAM EBA 1825/271 und StadtAM PMB B 161.

30 StadtAM PMB B 161.

31 Ibd.

32 Vgl. die Einträge StadtAM PMB B 161: „nach Italien …" und „wegen Verbrechens des einfachen Betruges … 2¾ jähriges Arbeitshaus …".

33 StadtAM EBA 1846/713.

34 Vgl. u. S. 25 ff.

35 Johan Caspar Schnetter, chirurgischer Instrumentenmacher und von 1830 bis 1848 als Gemeindebevollmächtigter Mitglied des Stadtrates, vgl. StadtAM EBA 1838/613.

36 Es handelt sich um den Ableger des Stuttgarter Verlagshauses Cotta, aus dem später der „Oldenbourg-Verlag" entstand.

37 MPZ 1841 Nr. 32, Sonnabend, den 6. Februar, S. 176; die Abkürzungen im Anzeigentext wurden stillschweigend ergänzt. Bei E. G. v. Moll dürfte es sich um den 1838 verstorbenen Naturforscher und Geh. Rat Karl Ehrenbert Frhr. von Moll gehandelt haben.

38 Bereits im November 1842 veröffentlichte er in der MPZ Nr. 268 von Mittwoch, 9. November, S. 1434: „… wird nunmehr das 92te Bücherverzeichniß, welches auf 80 Octavseiten 1260 Werke in sich faßt, unentgeltlich ausgegeben."

39 Monacensia Nrn. 12908–12910.

40 Ibd. Nr. 12909

41 MPZ 1842 Nr. 38, Sonntag, 13. Februar, S. 204.

42 Monacensia Nr. 12910.

43 Monacensia Nr. 12910.

44 Ibd.

45 StadtAM PMB S 321 (Steyrer Klement * 23. 11. 1776)

46 StadtAM PMB S 321 (Steyrer Klement * 15. 10. 1807).

47 StadtAM PMB S 321 (Steyrer Joseph * 1774).

48 Ibd.

49 Wobei bislang die ansonsten zu erwartenden lokalen Einbürgerungsakten mit i. d. R. weiterführenden Hinweisen nicht zu ermitteln waren.

50 Vgl. StadtAM PMB S 321 (Steyrer Joseph * 1774) sowie Häuserbuch der Stadt München, hg. v. Stadtarchiv München, München 1962, Bd.I, S. 300.

51 Häuserbuch der Stadt München (wie Anm. 50), Bd. V, S. 286: „Rektor"; zum (Wieder-)Verehelichungs-gesuch des Helmsauer vgl. StadtAM EBA 1841/368.

52 BayHStA, MH Nr. 5306; vgl. auch oben S. 13.

53 MPZ 1842 Nr. 235, Sonnabend, 1. Oktober, S. 1258.

54 MPZ 1846 Nr. 111, Montag, 11. Mai, S. 476.

55 MPZ 1847 Nr. 88, Dienstag, 13. April, S. 348, Wiederholung dieser Anzeige: Nr. 92, Sonnabend, 17. April, S. 366.

56 MPZ 1847 Nr. 244, Mittwoch, 13. Oktober, S. 980.

57 NMZ 1849 Nr. 38, Mittwoch, 14. Februar, S. 152.

58 NMZ 1849 Nr. 101, Sonntag, 29. April, S. 400.

59 NMZ 1849 Nr. 117, Freitag, 18. Mai, S. 464.

60 NMZ 1849 Nr. 242, Sonnabend, 23. Oktober, S. 972.

61 NMZ 1853 Nr. 39, Mittwoch, 16. Februar, S. 320 sowie Nr. 43, Montag, 21. Februar, S. 352.

62 Es folgten Umzüge in die Schraudolfstraße (1890), die Hermannstraße (1891) und schließlich in die Hohenzollernstraße; zu den biographischen Daten: StadtAM PMB Steyrer Klement (*1776), PMB Steyrer Klement (* 1807), PMB Steyrer Karoline (* 1814) (vgl. insgesamt Stadt AM PMB, S 321).

63 StadtAD, Matrikelfilm ZULF, Eheschließungen 1778/95, S. 93: Heirat am 20. 4. 1785 mit Maria Barbara Weninger, im Matrikeleintrag als Neubürger, Weinzapfler und Straußenwirt bezeichnet. Der Vater Johann Wilhelm Ehrentreich war von Beruf Salzspanner, StadtAD, Matrikelfilm ZULF, Taufen 1720/42. Fol. 202. Neben Ehrentreich ist hervorzuheben Philipp Jakob Falter, dem bereits 1780 von fürstlicher Seite „eine Gerechtigkeit zum Handel mit gebundenen Büchern … verliehen" wurde, vgl. Schaich (wie Anm. 17), S. 27 ff.

64 StadtAM EBA 1793/24.

65 StadtAM PMB N 7 Nagler (= gestr. Ehrentreich).

66 Bauer, Stadt und Stadtverfassung (wie Anm. 26), S. 245 f.

67 StadtAM PMB N 7 Nagler.

68 StadtAM EBA 1827/746.

69 Vgl. den Nekrolog von Marggraff, Rudolf, Georg Kaspar Nagler, Verfasser des Neuen allgemeinen Künstler-lexikons und der Monogrammisten, in: 29. Jahresbericht des historischen Vereines von und für Oberbayern für das Jahr 1866, München 1867, S. 118–146.

70 1. Jahresbericht des historischen Vereins von und für Oberbayern für das Jahr 1838, München 1939, S. 33.

71 9. Jahresbericht des historischen Vereins von und für Oberbayern für das Jahr 1846, München 1847, S. 27. Vgl. den Hinweis bei der Einladung für die Ausschusswahlen: : „… Antiquar und Lehrer an der k. Bau-gewerksschule Dr. Nagler als Ersatzmann für den jetzigen kgl. Landrichter Frhrn. v. Gumppenberg in Brückenau …" in: MPZ 1846 Nr. 281, Freitag, 27. November, S. 1156.

72 Nagler, Georg Kaspar, Neues allgemeines Künstler-Lexikon oder Nachrichten von dem Leben und den Werken der Maler, Bildhauer, Baumeister, Kupferstecher, Formschneider, Lithographen, Zeichner, Medail-leure, Elfenbeinarbeiter, etc., München 1835–1852, Bd. 1–25.

73 Vgl. auch Holland, Hyacinth, Nagler, Georg Kaspar, in: ADB 23 (1886), S. 228–233.

74 Marggraff (wie Anm. 69), S. 118.

75 Zitiert nach Marggraff (wie Anm. 69), S. 120.

76 Marggraff (wie Anm. 69), S. 121.

77 Marggraff (wie Anm. 69), S. 122.

78 Marggraff (wie Anm. 69), S. 125.

79 Vgl. das Gesuch Naglers mit dem für ihn bezeichnenden Wortlaut: „Der allerunterthänigst treugehorsamst Unterzeichnete, Verfasser des ‚Neuen allgemeinen Künstler-Lexicons' hat in sichere Erfahrung gebracht, daß im Conservatorium des königlichen Reichsarchives Personalakten über verschiedene Künstler sich befinden, und wagt es demnach an seine königliche Majestät die allerunterthänigste Bitte zu stellen, demselben zur möglichen *Vervollkommnung seines Werkes* die Einsicht allergnädigst zu gestatten, indem es selbst der allerhöchste Wille ist, zu *literarischen Zielen* die königlichen Ziele zu benutzen …", BayHStA MInn 41433.

80 Marggraff (wie Anm. 69), S. 137.

81 Nagler, Georg Kaspar, Acht Tage in München. Für Fremde und Einheimische. Kurze Beschreibung der in dieser Hauptstadt befindlichen Sehenswürdigkeiten nebst Angabe von Ausflügen in die Umgebung, München 1862.

82 Marggraff (wie Anm. 69), S. 137.

83 Marggraff (wie Anm. 69), S. 141–143.

84 StadtAM EBA 1845/513.

85 StadtAM PMB O 3 Oberdorfer Jakob (Quartierliste) * 18. 8. 1819.

86 StadtAM EBA 1845/513.

87 StadtAM EBA 1845/513.

88 StadtAM Polizeidirektion 512,1.

89 StadtAM Einwohneramt 136.

90 MPZ 1846 Nr. 227, 25. September.

91 NMZ 1850 Nr. 166, Montag, 15. Juli, S. 1340.

92 NMZ 1852 Nr. 49, Freitag, 27. Februar, S. 396.

93 NMZ 1852 Nr. 238, Mittwoch, 6. Oktober, S. 1918.

94 StadtAM EBA 1845/513.

95 BayHStA MH No 5306.

96 BayHStA MH No 5306.

97 BayHStA MH No 5306.

98 BayHStA MH No 5306.

99 BayHStA MH No 5306, Vorlage „T. Heß", gemeint sicherlich Isaak Hess.

100 BayHStA MH No 5306.

101 BayHStA MH No 5306.

102 BayHStA MH No 5306; nachweisbar ist Oberdorfer in Leipzig in den im Stadtarchiv Leipzig überlieferten „Leipziger Adressbüchern auf das Jahr …" von 1849 bis 1865 (mit Ausnahme der Ausgabe von 1854) unter der Rubrik „Fremde Buchhändler" als „Jak." bzw. „Jac. Oberdorfer in München …". In den Ausgaben von 1849 bis 1853 ist als Commissionär der Buchhändler Wilhelm Schrey, 1849 mit dem Geschäftslokal auf der Universitätsstr. 19, 1850–1853 mit dem Geschäftslokal auf der Querstr. 27d, aufgeführt. In den Ausgaben von 1855 bis 1864 ist als Commissionär der Buchhändler Ignaz Jackowitz mit dem Geschäft auf der Universitätsstr. 2 erwähnt. Im Adressbuch für 1865 konnte er letztmalig nachgewiesen werden. In ihm ist als Commissionär „H. Barth" genannt. Hierbei wird es sich um die Buchhandlung „Hans Barth", Poststr. 15–16 pt., handeln, die dem Buchhändler Johann Ambrosius Barth gehörte.

103 StadtAM GA 5198.

104 StadtAM RP 468/1, S. 176.

105 BayHStA MH No 5306.

106 Vom Rat der Stadt Leipzig am 25. 10. 1853 im Börsenblatt Nr. 138 bekannt gemacht.

107 StadtAM EBA 1845/513

108 StadtAM PMB O 3 Oberdorfer Jakob (Quartierliste).

109 In den Wiener Adressbüchern (Lehmann, Allgemeiner Wohnungsanzeiger für … Wien) konnte lediglich ein Jakob Oberdorfer nachgewiesen werden. Dieser erscheint 1867 als „Oberdorfer J., Buchhandlungs-Gehülfe, Stefansplatz 12 (Carl Gerolds Sohn)". 1868 lautet der Eintrag: „Oberdorfer J., Buchhandlungs-Gehilfe, IV., Unt. Alleeg. 10". Im nächsten greifbaren Band 1871 findet sich „Oberdorfer Jakob, Buchhalter [sic!], Werderthorg. 13", 1872 „Oberdorfer Jakob, Buchhändler [sic!], Werderthorg. 13". Band 1873 ist nicht verfügbar, danach scheint er nicht mehr auf. In der Kartei der Fremden (um 1870) findet sich folgende Eintragung: Oberdorfer Jakob; Geburtsort: Kriegshaber, Bayern; Geburtsdatum: 1819; Religion: israelitisch; Stand: verheiratet; Charakter: Buchhandlgs., Buchhalter [sic!]; Reisepaß dto. München 3. 2. 1865 Z. 265; wohnhaft 1870: HNr. 13, Werderthorg.

110 MPZ 1848 Nr. 108, Mittwoch, 26. April, S. 432.

111 NMZ 1849 Nr. 233, Mittwoch, 3. Oktober, S. 936.

112 NMZ 1851 Nr. 22, Montag, 27. Januar, S. 172 sowie Nr. 28, Montag, 3. Februar, S. 220 und Nr. 40, Montag, 17. Februar S. 316.

113 NMZ 1851 Nr. 132, Mittwoch, 4. Juni, S. 1054: „Ein Buchhändler oder sonstig vermöglicher Mann kann sich bei einem bedeutenden Antiquar-Geschäfte mit Leihbibliothek associren. Näheres auf franco Briefe durch E. A. Auernheimer, B. 81. Grübgasse in Regensburg." Auch Nr. 140, Freitag, den 13. Juni, S. 1116; vgl. Nr. 134, Freitag, den 6. Juni, S. 1070 und Nr. 139, Donnerstag, den 12. Juni, S. 1108; Auernheimer, geb. 9. Juni 1809 zu Regensburg und evangelisch, besaß seit 1831 das dortige Bürgerrecht, verstarb am 24. Mai 1868.

114 NMZ 1854 Nr. 116, Dienstag, 16. Mai, S. 1214.

115 NMZ 1854 Nr. 278, Mittwoch, 22. November, S. 3034 sowie Nr. 291, Donnerstag, 7. Dezember, S. 3176 und Nr. 305: Sonnabend, 23. Dezember, S. 3324.

116 StadtAM PKR Serie V Nr. 40382.

117 Wendt, Bernhard, Hess, Isaak, in: NDB 9 (1972), S. 7.

118 StadtAM PKR Serie V Nr. 40382: Eintrag einer Dultkarte für Sohn Moses (= Moritz).

119 StadtAM PMB H 264.

Die Wurzeln der Rosenthals:
Fellheim in Bayerisch-Schwaben

Die jüdischen Bewohner des Ortes Fellheim an der alten Handelsstraße von Memmingen nach Ulm sahen sich im ersten Viertel des 19. Jahrhunderts in einer derart bedrängten Lebenssituation, dass sie sich im Jahr 1832 dazu entschlossen, ihre Beschwerden gegenüber der Ortsherrschaft und dem bayerischen Staat schriftlich zu fassen und publik zu machen.[1] Wie in vielen anderen schwäbischen Judenorten schritten die Einwohnerzahlen in dieser Zeit auf ihren Höhepunkt zu: Lebten um 1820 in Fellheim 55 christliche und 75 jüdische Familien[2], so waren es gute zehn Jahre später bereits an die 90 jüdische Familien, von denen viele aufgrund des berüchtigten Matrikelparagraphen (§ 12) im so genannten „Judenedikt" vom 10. Juni 1813[3] nicht zu einer regulären Ansässigmachung gelangen konnten und in unzulänglichen räumlichen und rechtlichen Verhältnissen leben mussten. Diesen Zustand nahmen die beiden Fellheimer Kultusverwalter Liebmann Heilbronner und Joseph Bacharach zum Anlass, in der Petition von 1832 darauf hinzuweisen, „daß viele Juden in dem unbedeutenden Fellheim in elende Wohnungen zusammengedrängt leben und ohne einen genügenden Erwerbszweig zu haben noch zu loben sind, wenn sie nicht ganz demoralisiert werden. Durch dieses Zusammendrängen an einem Ort, – durch die Unmöglichkeit ohne Erledigung einer Matrikel-Nummer irgendwo unterzukommen, sind die Juden gezwungen alle Bedingungen einzugehen, die man ihnen hinsichtlich ihrer Wohnungen vorschreibt. Nicht selten geschieht es, daß für Wohnungen, welche kaum einem menschlichen Aufenthaltsorte gleichen, Mietzinse bezahlt werden, die dem ganzen Werte des Hauses nahestehen."[4] In diesen von der Ortsherrschaft, den Freiherren Reichlin von Meldegg, an der Durchgangsstraße selbst errichteten und vermieteten Häusern herrschten schlimme Zustände: „So leben in Fellheim in einem elenden Hause, welches täglich dem Einsturze droht, und sicherlich nicht mehr als 100 Gulden wert ist, acht Familien und zwar zwei davon in ein- und derselben Stube – müssen aber nichtsdestoweniger jede 25 Gulden, zusammen also 200 Gulden jährlichen Mietzins geben."

In dieser beengten Situation vor Ort, an der sich auch nach Vorbringen der Gravamina durch beharrliches Ignorieren der Schutzherrschaft zunächst nichts ändern sollte, versuchte nun der Markthändler Joseph Rosenthal aus Fellheim die Basis für sein berufliches und familiäres Fortkommen zu legen. Joseph Rosenthal wurde am

20. Februar 1805 in Fellheim als viertes Kind des Nathan Rosenthal und der Babet Schwab[5] geboren. Er hatte nach Entlassung aus der Werktagsschule (25. August 1817) bei Carl Schäfler in Fellheim das Schneiderhandwerk erlernt und nach Ende der Lehrzeit im Jahr 1821 vom Landgericht Babenhausen seinen Lehrbrief erhalten. Am 23. September 1830 erhielt er ein Prüfungszeugnis, das ihn zur Ausübung des Schneiderhandwerks berechtigte.[6] Ob er sich daraufhin als Schneider in Fellheim niederließ, wie die „auto-biographical notes" von Jacques Rosenthal nahe legen, lässt sich anhand der überlieferten Quellen nicht klären. Genauso wenig finden sich Angaben über die Ausübung des Schneiderhandwerks in Fellheim. In späteren Quellen ist jedenfalls Joseph Rosenthal nicht in Verbindung mit dem Schneiderhandwerk zu bringen. Es erscheint auf den ersten Blick auch ungewöhnlich, dass ein Kaufmannssohn dieses wenig lukrative und in vielen Orten übersetzte Handwerk als Berufsziel wählen sollte. Möglicherweise könnten für Nathan Rosenthal bei der Berufswahl seines Sohnes die besonderen staatsrechtlichen Verhältnisse der Juden wie auch obrigkeitliche Maßnahmen der Kreisregierung in Augsburg eine Rolle gespielt haben. Das Judenedikt von 1813 setzte mit dem Matrikelparagraphen hohe Hürden für die Ansässigmachung und Erlangung der bayerischen Staatsbürgerschaft, erschwerte die Mobilität der Juden außerordentlich, machte sie für viele sogar unmöglich und formulierte letztendlich sogar das Ziel einer Reduzierung der Zahl der Juden in den Gemeinden.

Das Edikt wies nun jenen Orten, an denen bereits Juden lebten, ein festes Kontingent von Matrikelnummern zu, das in der Regel den Familien entsprach, die 1813 im Besitz von Aufenthaltsgenehmigungen bzw. Schutzbriefen waren. Wer sich danach ansässig machen wollte, musste so lange warten, bis er in eine frei gewordene Matrikelstelle eingewiesen werden konnte. Die Entscheidung darüber hatte das zuständige Landgericht nach Anhörung des jeweiligen Patrimonialgerichtes, der Gemeindeverwaltung und der jüdischen Kultusgemeinde zu fällen.[7] Eine Ansässigmachung über die Matrikelzahl hinaus war nach dem Edikt nur dann möglich, wenn der Bewerber in der Lage war, eine Fabrik oder einen Handelsbetrieb zu gründen, wenn er den Meistertitel in einem Gewerbe nachweisen konnte oder sich von der Landwirtschaft, ohne daneben Handel zu treiben, ernähren konnte. Die Erfüllung einer dieser Bedingungen bildete auch die Voraussetzung für eine Niederlassung an Orten, an denen bisher keine Juden lebten. Weiterhin sollte nach dem Edikt der „gegenwärtig bestehende Schacherhandel allmählich, jedoch so bald wie immer möglich, ganz abgestellt werden".[8] Der Hausier- und Schacherhandel war den bayerischen Behörden insofern ein Dorn im Auge, weil er seiner Sache nach darin bestand, die „Kaufmanns-

Waare zum Verkaufe in die Häuser [zu] tragen" und sie nicht auf öffentlichen Märkten, Dulten oder Messen anzubieten.[9] Mit diesem Erwerbszweig dürften in Fellheim ein Großteil der Juden den Nahrungsunterhalt für sich und ihre Familien bestritten haben, zumal der Ortsherr Franz Marquard von Reichlin im Jahr 1777 seiner Judenschaft den „Handel und Wandel auch vollkommen, es mag Namen haben wie es immer will", gestattete. Diese konnten also Handel treiben, womit sie wollten und mit wem sie wollten. Grenzen setzten allenfalls Handelsverbote in einigen Städten und Territorien Südwestdeutschlands oder auch Zollgebühren, die in manchen Gegenden für Juden besonders hoch waren. Die Fellheimer Juden tätigten ihre Geschäfte im gesamten ostschwäbischen Raum bis weit in das Württembergische und in die Schweiz hinein, in erster Linie mit Pferden, aber auch mit anderem Vieh, mit landwirtschaftlichen Produkten wie Häuten, Getreide und Hopfen, mit Munition, Eisen und Edelmetallen, mit Stoffen und Bändern sowie mit Wertsachen, die als Pfänder in ihre Hände kamen.[10] Diesem Handel setzte das Judenedikt von 1813 enge Schranken und strenge polizeiliche Kontrollen entgegen. So ging die Zahl der Inhaber von Hausierpatenten aufgrund restriktiver Wiederverleihpraxis der bayerischen Behörden seit dem Jahr 1813 auch in Fellheim ständig zurück. Waren im Jahr 1807 unter den 72 Fellheimer Schutzjuden noch 58 vertreten, die als Händler mit Vieh, landwirtschaftlichen Produkten oder mit Textilien handelten[11], so gab es 1819 noch 37 registrierte Hausierhändler, im Jahr 1829 waren es 29 und im Jahr 1836 noch 23 (i. e. bei 92 Familien im Ort etwas mehr als ein Fünftel).[12]

So könnte es für Nathan Rosenthal durchaus gute Gründe gegeben haben, den Sohn Joseph ein Handwerk erlernen zu lassen. Hierbei scheint es sich um keinen Einzelfall gehandelt zu haben. Nach den Ansässigmachungsakten des Landgerichts Illertissen wurde das Erlernen eines Handwerks als Emanzipationsangebot des Staates an die Juden – im Gegensatz zur Möglichkeit, sich mit einer Landwirtschaft ansässig zu machen – durchaus angenommen. Beispiele aus den benachbarten Orten Osterberg und Altenstadt legen aber auch den Schluss nahe, dass mehr Juden Handwerker wurden, als sich tatsächlich niederlassen konnten.[13] Es mag dahingestellt bleiben, ob Joseph Rosenthal die Niederlassung als Schneider nicht erreichte, oder ob er diesen Beruf nur aus taktischen Gründen erlernte, um einer der Bedingungen des Judenedikts für die Ansässigmachung zu erfüllen. Im Jahr 1837 treffen wir ihn jedenfalls als „concessionirte[n] Handelsmann" oder als „Markthändler" in Fellheim an. Beides Berufsbezeichnungen, die darauf hinweisen, dass er das staatliche Emanzipationsangebot für die Erlangung von Handelskonzessionen angenommen hatte: Nach § 19 des Judenedikts sollten Juden zu dem ordentlichen Wechsel-, Groß- und Detailhandel mit deutscher Buchführung zugelassen werden, wenn sie über hinreichendes Vermögen verfügten, die Gewerbebefähigung und eine Handelskonzession nachweisen konnten.[14] Schon der Begriff des Markthändlers steht klar im Gegensatz zum althergebrachten Hausierhändler.

4
Blick von Norden zur ehemaligen Synagoge mit den daran anschließenden Judenhäusern. Die Synagoge wurde 1950 von einem Privatmann erworben, der 1954 Wohnungen in das Gebäude einbauen ließ. Aufnahme vor dem Umbau 1954.

Am 8. März 1837 schloss also der „concessionirte Handelsmann" Joseph Rosenthal, nachdem er die obrigkeitliche Ansässigmachungs- und Verehelichungsbewilligung erhalten hatte, mit Dorlina (Dorlene) Bacharach aus Fellheim einen Ehevertrag.[15] Die Braut brachte ein „Heurathgut" von 1.300 Gulden in die Ehe ein, nebst einer „standesmäßigen Ausfertigung" im Anschlage von 433 Gulden. Das Heiratgut versprach der Vater bar zu bezahlen, von seiner späteren Erbschaft sicherte er ihr die Hälfte eines männlichen Erbteiles zu. Das Einbringen des Bräutigams bestand in 1.200 Gulden Barem, dazu eine standesgemäße Ausfertigung und Geschenke im Anschlag zu 300 Gulden.[16] Die Trauung in der Fellheimer Synagoge wurde am 13. März 1837 vollzogen.

Noch vor dem Ehevertrag kam es am 8. März 1837 zu einem Übergabevertrag zwischen Nathan Rosenthal und seinem Sohn Joseph, „behufs seiner Ansässigmachung auf die älterliche Matrikelstelle, sodann auf die erhaltene Gewerbs Concession hin". Nathan Rosenthal[17] übergab an den Sohn seine Behausung im veranschlagten Wert

5
Blick auf das Fellheimer Schloss von Süden mit dem im Jahr 1959 abgebrochenen Kornspeicher. Undatierte Aufnahme.

von 300 Gulden samt einem halben Stall in dem Haus, in dem die Witwe Helene Bacharach wohnte. Zugleich übergab er dem Sohn die Hälfte seiner beiden besitzenden Synagogenstände. Die andere Hälfte erhielt dessen bereits verheirateter Bruder Jakob, wobei beide Elternteile sich das Recht vorbehielten, lebenslänglich auf ihrem Stande „stehen zu dürfen". Joseph Rosenthal machte sich verbindlich, „seine Eltern lebenslänglich zu ernähren, sofort denselben freie Kost, Wäsche und Kleidungsstücke beizuschaffen und auch in Krankheitsfällen für Arzney und ärztliche Hilfe zu sorgen". Als Pfründewohnung hatten die Eltern das Mitwohnungsrecht in der Stube zu beanspruchen und in der Stubenkammer das ausschließende Recht zu schlafen. Die übrigen Zimmer behielt sich der Sohn zum eigenen Gebrauche vor.[18] Das Haus – es war im Jahr 1791 gegenüber der Synagoge auf herrschaftlichem Grund neu erbaut worden[19] – mussten sich die Rosenthals mit drei weiteren Parteien teilen. Im Grundsteuerkataster Fellheim von 1853 ist es wie folgt beschrieben:

Haus-Nummer 64d in Fellheim, Joseph Rosenthal
Ein viertel Leerhaus
¼tel Wohnung, ganze Fläche 0 Tagw. 0,5 Dez., gemeinschaftlich mit HsN° 64a [Abraham Ochs], 64b [Salomon Gerstle] und 64c [Philipp Rosenthals Witwe].
Stallung, ganze Fläche 0 Tagw. 0,2 Dez., gemeinschaftlich mit HsN° 52a [Lazarus Bacharach]. Hinzu gehört auch eine in HsN° 52a befindliche Stallung.[20]

Zusätzlich hatte Joseph Rosenthal eine Abgabenlast zu tragen, die unter den schwäbischen Judenorten seinesgleichen suchte. Die Freiherren von Reichlin litten seit dem 17. Jahrhundert unter chronischem Geldmangel und kämpften mit einer immer drückenderen Schuldenlast, die schließlich 1808 sogar zur Einsetzung einer königlichen Untersuchungskommission führte.[21] Der Finanzkrise suchten die Inhaber der Herrschaft Fellheim seit Ende des Dreißigjährigen Krieges durch Intensivierung der Eigenwirtschaft, Vermehrung der Hofstellen, Ausbau der Judensiedlung und vermehrte Dienst- und Abgabenleistungen der Untertanen zu begegnen, was zu einem dauernden Spannungsverhältnis der christlichen und jüdischen Bewohner des Dorfes untereinander wie auch von beiden Gruppen zur Ortsherrschaft führte.[22] Ein Resultat dieser spannungsgeladenen Situation waren unter anderem die Gravamina der Judengemeinde von 1832, die zwar in den folgenden Jahren nicht abgestellt werden konnten, immerhin aber die Ortsherrschaft dazu veranlassten, die von den Judenhäusern verlangten hohen Mietzinsen durch Ablösung des Eigentumsrechtes herabzusetzen. So hatte Nathan Rosenthal durch Vertrag mit der Ortsherrschaft vom 9. Dezember 1936 um 300 Gulden das Eigentumsrecht an der Behausung erwerben können[23], womit sich der jährliche Mietzins von 24 Gulden auf einen Grundzins von 14 Gulden für das Viertelhaus reduzierte. Ein Betrag, der, gemessen an dem Wert der vielfach baufälligen Häuser, immer noch sehr hoch anzusetzen war.[24] Dazu kamen als weitere Abgaben das Schutz- oder Herbergsgeld (1 Gulden), das Begräbnisgeld (1 Gulden 40 Kreuzer) sowie die Baulast und die sonstigen Reallasten, Steuern und Brandassekuranz-Beiträge. Außerdem war von jedem neuvermählten Paar, so auch von Joseph und Dorlina Rosenthal, anlässlich der Verehelichung die gewöhnlich Abgabe von zwei Dukaten und zwei Zuckerhüten an die Gutsherrschaft abführen. Schließlich forderte die Gutsherrschaft von jedem Hausbesitzer, den Dung vom Abtritt und die Einstreu in den Stallungen abzuliefern.[25] Dieses Einstreurecht der Herrschaft, das den Juden den Dünger nahm, den sie für ihre Gärten und Felder dringend benötigten, führte sogar dahin, dass die Herrschaft in die Ställe die Streu lieferte, um den Dünger zu erzeugen, den sie für ihre Ökonomie benötigte. Der auf den Straßen und hinter den Häusern angesammelte und von der Herrschaft nicht abgeführte Kot und Mist führte zu einem beständigem Gestank in der Luft und zu schlimmen Zuständen auf der Straße, die zu regelmäßigen Berichten der Bauinspektion Mindelheim führten und die Juden 1835 zu einem energischen Protest beim Landgericht Illertissen veranlassten, was allerdings beim Schutzherrn Johann Baptist von Reichlin nur einen deftigen antijüdischen Zornesausbruch hervorrief.[26]

Art und Umfang der Handelskonzession des Joseph Rosenthal lassen sich aus den archivalischen Quellen nicht erschließen. Nach der Familientradition bestritt er seinen Lebensunterhalt „mit dem Auffinden alter Kunstgegenstände und deren Weiterverkauf" und kam dabei weit im Lande herum.[27] Er muss dabei auch in größerem Umfang mit alten Büchern und Grafikblättern gehandelt haben, denn ohne einen bereits vom Vater gelegten Grundstock hätte sich der Sohn Ludwig nicht in jungen Jahren mit einem solch umfangreichen Lagerbestand selbständig machen können. Ein weltläufiges Wesen, ein hoher Bildungsstand und ein gewandtes Auftreten, eine Neigung für die geistigen Dinge, aber auch eine gewisse Hartnäckigkeit müssen wohl zu seinen Charaktereigenschaften gezählt haben, wie sonst wäre er in einer Zeit dauernder Spannungen mit der Ortsherrschaft zu einem der beiden Kultusführer der jüdischen Gemeinde gewählt worden, eine Funktion, die er fast zwei Jahrzehnte ausübte.[28] Wesentliche Erleichterungen für die Fellheimer Juden konnten in seiner Amtszeit umgesetzt werden. Gerade im Jahr 1841 waren die Fellheimer Juden in einen „Steuerstreik" getreten, weil ihr Schutzherr nicht auf die Forderungen von 1832 reagierte. Es kam zu Verhandlungen, die 1843 in einen Vergleich vor dem Landgericht Illertissen mündeten: Karl Borromäus von Reichlin – gerade erst Nachfolger seines 1842 verstorbenen Vaters geworden – trennte sich von seinem gesamten an Juden vermieteten Haus- und Wohnungsbesitz zu relativ günstigen Konditionen, dazu reduzierte er seine Miet- und Grundzinsforderungen erheblich. Auch die Ablösung des Obereigentums konnte nun wesentlich günstiger als zuvor vollzogen werden. Ebenfalls im Jahr 1843 verzichtete der Freiherr auf das von den Juden als sehr bedrückend empfundene Einstreurecht, wobei er auf die große Düngerstätte hinter dem mittleren langen Judenhaus auch in Zukunft nicht verzichten wollte.[29]

Wie ein roter Faden ziehen sich durch die Amtszeit Joseph Rosenthals Querelen und Auseinandersetzungen mit dem Fellheimer Rabbiner Marx Hayum Seligsberg, der 1830 die Nachfolge von Joel Seligmann angetreten hatte, und dessen eigenwillige und nachlässige Amtsführung ihn schon bald in Konflikte mit der Gemeinde und in Zerwürfnisse mit den Kultusführern brachte. So kam es bei den Predigten des Rabbiners teilweise zu derartigen Tumulten, dass dieser seinen Vortrag abbrechen musste. Weil er sich angeblich um die Armenpflege zu wenig kümmerte, hatten ihm die Vorstände der Kultusgemeinde gar den Vorsitz des Armenpflegschaftsrates und damit die Verfügung über die zu verteilenden Gelder abgenommen. Eine diesbezügliche Beschwerde Seligmanns beim Landgericht Illertissen im Dezember 1850 und insbesondere die Stellungnahme der Kultusführer Heinrich Einstein und Joseph Rosenthal werfen ein Schlaglicht auf das zerrüttete Verhältnis zwischen Rabbiner und Gemeinde. Rosenthal und Einstein verwiesen darin massiv auf seine charakterlichen und dienstlichen Unzulänglichkeiten, insbesondere auf seinen unsoliden Lebenswandel. Er treibe sich in Wirts- und Bräuhäusern herum, schleiche fort, ohne Bier bezahlt zu haben, und treibe Schacherhandel mit Büchern. Verwunderlich sei es nicht, wenn bei seinen Predigten Unruhe entstünde, da er darin nicht selten „Anzüglichkeiten und lieblose Anspielungen" unterbringe, welche Ärger erregten. „Von dem trocknen, kalten Vortrage seiner Aufsätze und von ihrem wenig erbaulichen Inhalte wollen wir schweigen." Darüber hinaus erscheine er oft nicht zu Beratungen der Kultusführer über das Armenwesen, ihm müssten daher die Beschlüsse schriftlich mitgeteilt werden. Im Übrigen habe er kein Interesse an Beschäftigungen, die kein Geld bringen, lautete das wenig schmeichelhafte Resümee der beiden Kultusführer. Marx Hayum Seligmann sollte noch bis zu seinem Tod im Jahr 1877 in Fellheim amtieren. Danach wurde sein inzwischen halb entvölkerter Sprengel dem Rabbinat Memmingen zugeteilt.[30]

In den 1850er Jahren hatte sich der Bauzustand der Fellheimer Synagoge sehr verschlechtert. Die Aufbringung der Reparaturkosten drohte zunächst an der schon zahlreich erfolgten Abwanderung der wohlhabenderen Gemeindemitglieder sowie an der schwierigen wirtschaftlichen Lage der noch im Ort Verbliebenen zu scheitern. Dem Engagement der beiden Kultusführer Heinrich Einstein und Joseph Rosenthal war es schließlich zu verdanken, dass die Kosten von 2.000 Gulden durch freiwillige Gaben von Glaubensgenossen und Verwandten in Amerika doch noch aufgebracht werden konnten. Die Fertigstellung des Baues im Sommer 1859 verfolgte dann Joseph Rosenthal nicht mehr als Mitglied der Kultusverwaltung.[31] Er befand sich mit seiner Familie bereits auf dem Sprung in die Großstadt München.

Die Abwanderungsbewegung aus den jüdischen Landgemeinden hatte bereits in den 1830er Jahren eingesetzt, als die Schwierigkeiten der Ansässigmachung sich immer mehr zuspitzten, aber auch, weil die ökonomischen Bedingungen für eine zukunftsweisende Existenz dort in den seltensten Fällen gegeben waren. Bei noch geltendem Matrikelparagraphen blieb vielen nur die Auswanderung in andere deutsche, europäische oder überseeische Länder.[32] So war auch die Bevölkerungszahl der jüdischen Gemeinde Fellheim innerhalb zweier Jahrzehnte rapide zurückgegangen: Waren es 1833 noch 89 Familien, so lebten 1867 gerade noch 40 Familien und 1872 noch 30 jüdische Familien im Ort. 1909 gab es noch acht Familien mit 31 Personen.[33] Den betrüblichen Zustand der Gemeinde spiegelt ein Gutachten des Landgerichts Babenhausen vom November 1856 wider, wonach die Vermögensverhältnisse der Mehrzahl der Mitglieder der Kultusgemeinde von der Art seien, „daß selbe ohne Beihilfe solchen [i. e. den Kostenaufwand für die Reparatur der Synagoge] aufzubringen nicht im Stande sind. … Viele Mitglieder der Gemeinde sind ausgewandert und namentlich aus der Klaße der Wohlhabenden, deren Zahl ohnedieß nur gering war, so daß dermalen die Gemeinde mit ganz geringer Ausnahme nur aus Mitgliedern besteht, welche in ärmlichen Verhältnißen sich befinden."[34]

Auch Joseph Rosenthal sah wohl schon lange die geringen Entwicklungsmöglichkeiten, die seiner Familie und seinen Geschäften in Fellheim blieben. Mit einer ständig wachsenden Kinderzahl[35] war aber ein Ortswechsel nicht einfach zu bewältigen. Die Buchhandels- und Antiquariatslehre des Sohnes Ludwig, Überlegungen zu dessen beruflicher Zukunft wie auch die Hoffnung auf einen baldigen Fall des Matrikelparagraphen mögen dann doch die Gedanken an einen Wegzug aus Fellheim gefördert haben. Einen schweren Schlag für die Familie bedeutete der plötzliche Tod der Ehefrau Dorlene in der Nacht vom 28. auf den 29. Juli 1858. Ihr Sterben hatte Joseph Rosenthal, obwohl unterwegs, schon Stunden vorher erahnt und deswegen einen Geschäftsbesuch abgebrochen. Begraben ist Dorlene Rosenthal auf dem Fellheimer Judenfriedhof.[36] Joseph Rosenthal betrieb nun verstärkt seine Abwanderung aus Fellheim. Die räumliche und geistige Enge seiner Lebenssituation muss ihm über Jahre hinweg wie ein enges Korsett erschienen sein, das er wohl liebend gerne hinter sich gelassen hätte. Schon früh scheint er sich am aufstrebenden Kunst- und Wissenschaftsstandort München orientiert zu haben. Hier konnte ein Kunst-, Antiquitäten- und Buchhändler mit einem wachsenden Kundenkreis rechnen. Mit Sicherheit wird er den Kunst- und Wissenschaftsbetrieb in der Stadt schon längere Zeit beobachtet haben. Er hatte Kontakte zu dortigen Wissenschaftskreisen geknüpft, möglicherweise war er mit

Personen aus dem Kreis um Joseph Görres bekannt, denn manche aus diesem Kreis (Ignaz Döllinger, Karl Maria von Aretin) zählten später zu den Kunden seines Sohnes Ludwig. Mit ziemlicher Sicherheit stand Joseph Rosenthal in Kontakt mit Marie Görres, der Tochter von Joseph Görres, die nach dem Tod des Vaters versuchte, seinen Kreis zusammenzuhalten (vgl. den Beitrag über Ludwig Rosenthal).

Ein Aufenthalt von Joseph Rosenthal in München ist erstmals im Jahr 1859 nachweisbar: Am 27. Juli 1859 stieg er im „Ochsengarten" in der Müllerstraße 49 vor dem Sendlinger Tor ab, um nach seinen eigenen Angaben „Geschäfte" zu machen. Dass diese Geschäfte sich im Bereich des Antiquitäten- und Buchhandels bewegten, ist anzunehmen. Die Geschäftsgründung seines Sohnes Ludwig zum Jahresende 1859 stand bevor und dafür waren im Vorfeld sicher vielfältige Sondierungen und Erwerbungen nötig. Am 23. Januar 1860 quartierte er sich erneut im „Ochsengarten" ein und blieb ein ganzes Jahr, wohl um die Niederlassung seines Sohnes vorzubereiten und eventuell eine Wohnung für seine Familie zu suchen. Erst am 11. Februar 1861 meldete er sich endgültig nach Fellheim „retour".[37] Er muss in dieser Zeit viel unterwegs gewesen sein. Erstmals taucht er nun in den Quellen als „Antiquar" auf. Aus dem Frühjahr 1862 datiert ein Reisepass für das Ausland, der dem Antiquar Joseph Rosenthal die Erlaubnis erteilt, in den deutschen Bundesstaaten und in der Schweiz Ein- und Verkäufe in Antiquitäten und Büchern abzuschließen.[38]

Mit dem Umzug der Familie nach München sollte es jedoch noch einige Jahre dauern, obwohl den Juden mit der Aufhebung des Matrikelparagraphen durch den Landtag am 10. November 1861 Juden endlich die freie Wahl des Aufenthaltes in Bayern ermöglicht worden war.[39] Unmittelbar danach war ein Umzug wohl auch aus bürokratischen Gründen nicht sofort zu bewerkstelligen. Immer mehr Juden fühlten sich jedoch von der Stadt angezogen und verlegten ihren Wohnsitz dorthin. War von 1840 bis 1867 die Zahl der jüdischen Bewohner lediglich von 1.423 auf 2.097 gestiegen, so wuchs sie innerhalb der nächsten neun Jahre auf 3.467 an.[40] Unter diese Zuzugswelle reihten sich auch die Rosenthals ein. Dass mit dem Umzug „dem ganzen Leben eine andere Richtung gegeben" wurde, wie es in den Aufzeichnungen Jacques Rosenthals lapidar heißt, scheint zweifelsfrei nachvollziehbar. Am 4. Mai 1867 erfolgte seitens des Stadtmagistrats die Ausfertigung der Bürgeraufnahmsurkunde für den Sohn Ludwig, drei Tage später zogen Joseph und Ludwig Rosenthal offiziell nach München. Die erste Wohnung nahmen sie im 2. Stock des Hauses Adalbertstraße 2c hinter der Ludwig-Maximilians-Universität, am 14. Oktober 1867 zogen sie in eine Wohnung im 2. Stock der Promenadestraße 11.[41] Anfang November 1876 wechselte er mit der Familie

6
Joseph Rosenthal. Öl auf Leinwand.

seines Sohnes Ludwig in die Hildegardstraße 16 (ab 1. 1. 1912: Nr. 14), die für die nächsten Jahrzehnte das Antiquariat Ludwig Rosenthal beherbergen sollte. Joseph Rosenthal scheint in München ein zufriedenes Leben geführt zu haben. Er übte in München weiterhin seinen Beruf als Antiquitätenhändler aus und trat in Beziehung zu Museumsleitern und Besitzern von Kunstgegenständen. „Späterhin beschäftigte er sich mit Vorliebe im Geschäft seines Sohnes, machte mit ihm Reisen und freute sich, im höchsten Alter bescheidenere Arbeiten im Antiquariat der Söhne durchführen zu können." Im Frühjahr 1885 fiel er auf der Treppe, woraufhin seine Kräfte nachzulassen begannen. Am 15. Juli 1885 ist er in München gestorben. Von den inzwischen nach Amerika ausgewanderten drei Söhnen Sigmund, Heinrich und Samuel war der eine (Samuel) rechtzeitig gekommen, um mit den in München weilenden Brüdern vom Vater Abschied nehmen zu können.[42] Zwei Jahre vor seinem Tod hatte ihn die Stadt München aufgrund seiner Steuerhöhe und seines schon langen Aufenthalts noch zum Erwerb des Bürgerrechts aufgefordert, dem er bereitwillig nachkam. Die Verleihungsurkunde erhielt er am 8. Mai 1884 ausgestellt.[43] Die materiellen Verbindungen nach Fellheim hatte Joseph Rosenthal bereits im Oktober 1872 mit dem Verkauf des viertel Hauses um 800 Gulden an Lorenz Boeckel abgeschlossen.[44] Die Erinnerung daran ist schon lange aus dem Ortsbild verschwunden: der ganze Hauskomplex gegenüber der Synagoge brannte im Jahr 1927 ab.[45]

ANMERKUNGEN:

1   StAAu, Schlossarchiv Fellheim 40. In Auszügen abgedruckt bei Filser, Karl: „… weil es gefährlich wäre, die Kette des groß gewachsenen Sklaven zu lösen." Lokalstudie zur Effektivität bayerischer Judenpolitik in der ersten Hälfte des 19. Jahrhunderts (Judengemeinden in Schwaben im Kontext des alten Reiches, hrsg. von Rolf Kießling; Institut für Europäische Kulturgeschichte der Universität Augsburg, Colloquia Augustana, Band 2), Berlin, 1995, S. 249–281.
2   Filser (wie Anm. 1), S. 277.
3   Döllinger, Georg: Sammlung der im Gebiete der innern Staatsverwaltung des Königreichs Bayern bestehenden Verordnungen, Bd. 6, München 1838, S. 1–7.
4   Filser (wie Anm. 1), S. 257.
5   Nathan Rosenthal, * 25. 12. 1758 [Fellheim], † in der Nacht vom 7. auf 8. 11. 1844; Babet Schwab, * 20. 10. 1768, † 20. 4. 1841 Fellheim. StAAu, Israelitische Personenstandsregister, Nr. 7 u. Nr. 8.
6   Rosenthal, Jacques: Autobiographical Notes, Bibliothek der University of San Francisco.
7   Filser (wie Anm. 1), S. 257.
8   Döllinger (wie Anm. 3), § 15, S. 3.
9   Vgl. churfürstliche Verordnung das „Verbot des Hausierhandels mit Kaufmannsware auf dem Land" betr.

vom 10. 1. 1800. Regierungs- und Intelligenzblatt, Jahrgang 1800, neu aufgelegt von Georg Döllinger, München 1823, Sp. 27. Filser (wie Anm. 1), S. 260.

10 Filser (wie Anm. 1), S. 261.

11 Filser (wie Anm. 1), S. 267.

12 Filser (wie Anm. 1), S. 263.

13 Filser (wie Anm. 1), S. 265 f.

14 Döllinger (wie Anm. 3), S. 4. Filser (wie Anm. 1), S. 267.

15 * 28. 11. 1813 Fellheim, † Nacht vom 28. auf 29. 7. 1858 Fellheim. Vater: Samuel Bacharach, * 27. 4. 1770 [Fellheim]. Das Familienbuch der jüdischen Gemeinde Fellheim nennt zwei Eheschließungen des Samuel Bacharach: I. ∞ Jendle Hess, * 2. 12. 1784 Lauchhheim, † 26. 2. 1823 Fellheim, II. ∞ Jittel Graumann, * 2. 1. 1780 Fellheim. StAAu, Israelitische Personenstandsregister, Nr. 7 u. 8. In den „autobiographical notes" von Jacques Rosenthal ist die Rede davon, dass Samuel Bacharach dreimal verheiratet war.

16 StAAu, Kontraktenprotokolle Fellheim, Adel von Reichlin-Meldegg, Lit. Nr. 16, S. 573–577.

17 * 25. 12. 1758, † Nacht vom 7. auf 8. November 1844 Fellheim; ∞ Babet Schwab, * 20. 10. 1768, † 20. 4. 1841 Fellheim. StAAu, Israelitische Personenstandsregister, Nr. 7 u. 8.

18 StAAu, Kontraktenprotokolle Fellheim, Adel von Reichlin-Meldegg, Lit. Nr. 16, S. 568–573. Vgl. auch Rapp, Wilhelm: Geschichte des Dorfes Fellheim, Fellheim 1960, S. 227.

19 Rapp (wie Anm. 18), S. 226.

20 StAAu, Kat. Memmingen, 730 I, S. 210.

21 Rapp (wie Anm. 18), S. 37–40.

22 Rapp (wie Anm. 18), S. 23–32, 75-77, 204–238.

23 StAAu, Kontraktenprotokolle Fellheim, Adel von Reichlin-Meldegg, Lit. Nr. 16, S. 568–573.

24 Filser (wie Anm. 1), S. 269.

25 Vgl. Vertrag vom 16. Juni 1837. StAAu, Kontraktenprotokolle Fellheim, Adel von Reichlin-Meldegg, Lit. Nr. 16, S. 591–595.

26 Filser (wie Anm. 1), S. 270.

27 Rosenthal (wie Anm. 6).

28 Erstmals nachweisbar ist er in dieser Funktion im Oktober 1842. StAAu, Herrschaft Fellheim 35.

29 Filser (wie Anm. 1), S. 269. Rapp (wie Anm. 18), S. 134.

30 StAAu, LG äO Illertissen 1540. Rapp (wie Anm. 18), S. 137–140.

31 StAAu, Regierung 11 914, LG äO Babenhausen 431. Auf der am 24. April 1859 in Fellheim abgehaltenen Gemeindeversammlung trat Joseph Rosenthal nicht mehr als Kultusführer auf, wohl aber ist er mit seiner Unterschrift unter den Anwesenden aufgeführt. StAAu, LG äO Babenhausen 437.

32 Filser (wie Anm. 1), S. 278

33 Filser (wie Anm. 1), S. 279; Rapp (wie Anm. 18), S. 136.

34 StAAu, Regierung 11 914, LG äO Babenhausen 431.

35 Joseph und Dorlene Rosenthal hatten nach der Familienüberlieferung 14 Kinder, davon starben sechs im Kindesalter. Rosenthal (wie Anm. 6). Neun Kinder konnten in den Geburts- und Sterbematrikeln der jüdischen Gemeinde Fellheim festgestellt werden:

    1. Elias, * 24. 5. 1837, † 25. 6. 1837,   2. Sigmund (Salomon), * 6. 5. 1838,

    3. Ludwig, * 2. 7. 1840,   4. Babet, * 26. 9. 1841,

    5. Heinrich (Henry), * 15. 3. 1843,   6. Jettle, * 23. 11. 1844,

    7. Nathan, * 9. 9. 1849,   8. Samuel (Sol), *28. 10. 1850,

    9. Jacob, * 17. 7. 1854.

    StAAu, Israelitische Personenstandsregister, Nr. 7 u. 8.

36 Rosenthal (wie Anm. 6).

37 StadtAM, PKR, Serie 6, 21 322.

38 Rosenthal (wie Anm. 6).

39 Schwarz, Stefan: Die Juden in Bayern im Wandel der Zeiten. München 1963, S. 292.

40 Gleibs, Yvonne: Juden im kulturellen und wissenschaftlichen Leben Münchens in der zweiten Hälfte des 19. Jahrhunderts (Miscellanea Bavarica Monacensia, Heft 76), München 1981, S. 12.

41 StadtAM, PKR, Serie 6, 21 322; EBA 1865/1123.

42 Rosenthal (wie Anm. 6).

43 StadtAM, EBA, 1884/1737.

44 StAAu, Kat. Memmingen 731 II, S. 210½.

45 Rapp (wie Anm. 18), S. 227.

Ludwig Rosenthal als „Wegbereiter"
(1840–1928)

Jugend, Ausbildung und Aufbruch von Fellheim

Ludwig Rosenthal wurde am 2. Juli 1840 als drittes Kind des Markthändlers Joseph Rosenthal und seiner Ehefrau Dorlene in Fellheim bei Memmingen geboren. Der Ort bestand damals aus rund 60 Häusern und lag etwa zweieinhalb Wegstunden nördlich der alten Reichsstadt Memmingen. Sein Vater war – wie im letzten Kapitel ausführlich beschrieben – dort als „concessionirter Markthändler" eingeschrieben, betrieb aber wohl schon zu dieser Zeit einen Kunst- und Antiquitätenhandel, der ihn weit über Fellheim hinausführte. Bei den eingeschränkten Entwicklungsmöglichkeiten in Fellheim suchte er sicherlich nach Möglichkeiten, seinen Kindern eine umfassendere Ausbildung zukommen zu lassen als es die Werktagsschule und die Sabbatschule im Ort ermöglichen konnten. So machte sich das Kind Ludwig dreimal wöchentlich zu Fuß auf in das zwei Wegstunden entfernte ehemalige Kloster Buxheim, um dort Englischunterricht zu nehmen.[1] Die Gebäude der im Zuge von Säkularisation und Mediatisierung aufgelösten ehemaligen Reichskartause Buxheim waren über die Grafen von Ostein an die Grafen von Waldbott-Bassenheim gefallen und beherbergten immer noch die alte große Bibliothek, zu der Ludwig wohl Zugang hatte und in der er seine Liebe zu alten Büchern wenn nicht entdeckte, so doch vertieft haben dürfte. Wer hätte damals geahnt, dass Ludwig drei Jahrzehnte später am Verkauf dieser großartigen Bibliothek beteiligt sein sollte. Am 16. Juni 1853 wurde Ludwig Rosenthal aus der Fellheimer Werktagsschule entlassen und erhielt im Schulentlassschein ausgezeichnete Anlagen attestiert: seine Geistesgaben werden als „sehr viele" bezeichnet, die einzelnen Fächer sind sämtlich mit „vorzüglich" benotet.[2]

Fast zwei Jahre später finden wir ihn als Lehrling bei Isaak Hess in Ellwangen wieder, den die Rosenthal'sche Firmenchronik lediglich als „small antiquarian bookseller" beschreibt,[3] was aber bei weitem nicht dessen Bedeutung wiedergibt. Zunächst kam Ludwig Rosenthal wohl nicht zufällig nach Ellwangen. Sein Großvater mütterlicherseits, Samuel Bacharach, war mit einer Jendle Hess aus Lauchheim verheiratet gewesen, bei der es sich um die Schwester eben jenes Isaak Hess handelte. Dies belegt zweifelsfrei ein Kontraktenprotokoll des Oberamtes Ellwangen vom 14. November 1815, wonach die Witwe des Jacob Hess aus Lauchheim ihr dortiges ⅓ Wohnhaus unter Beistandschaft des Tochtermannes Samuel Bacharach von Fellheim an den Sohn Isaak übergibt.[4] Isaak Hess übersiedelte 1823 nach Ellwangen, wo er sich als erster Jude im Ort niederlassen konnte. Hier führte er sein bereits in Lauchheim gegründetes Bücherantiquariat weiter und konnte den Geschäftsumfang bedeutend ausbauen. So finden sich selbst in der „Neuen Münchner Zeitung" des Jahres 1854 Geschäftsanzeigen und Offerten der „Buch- und Antiquarhandlung J. Heß" aus Ellwangen. Bis Nürnberg, Augsburg und München lieferte er frei Haus.[5] Isaak Hess entwickelte sich zu einem der hervorragendsten Seltenheitsantiquare seiner Zeit. Aus seiner Schule sollten zahlreiche bedeutende Buch- und Kunstantiquare hervorgehen. Bereits von Lauchheim aus hatte er sich persönlich und publizistisch für die Verbesserung der Lebenssituation wie auch der staatsrechtlichen Verhältnisse der Juden in Württemberg eingesetzt. Bald nach seiner Ankunft in Ellwangen gründete er eine Lehranstalt zur Unterweisung jüdischer Kinder in jüdischer Religion und in den rabbinischen Schriften und war somit in Kreisen des emanzipatorisch gesinnten Judentums eine weit über die Stadtgrenzen Ellwangens hinaus bekannte Persönlichkeit.[6] Dass der Enkel von Isaak Hess, Gottlob Hess, dreißig Jahre später im Jahr 1888 in München ein Antiquariat eröffnete und im Jahr 1897 mit dem Umzug in die Brienner Straße 9 die „Antiquariatsmeile" Brienner Straße mit begründen half[7], mag verdeutlichen, wie stark Familientraditionen und persönliche Verbindungen gerade den Antiquariatsbuchhandel prägten. Doch nun zurück zu Ludwig Rosenthal. Die letztgenannten Ausführungen lassen vermuten, dass sein Lehrherr mit Bedacht ausgewählt worden war. Dieser durfte schon bald die hervorragende Begabung seines Schützlings für das Auffinden frühester Drucke kennen lernen: In einem Ankauf entdeckte Ludwig Rosenthal einen Holztafeldruck der „Mirabilia urbis Romae" in deutscher Sprache aus den 1470er Jahren. Dieses Büchlein sollte eigentlich Rompilger zu den christlichen Stätten der Stadt weisen, nahm aber gleichsam die Funktion eines Reiseführers durch die Stadt ein und gilt daher als ältester gedruckter Reiseführer Roms. Es wurde später von Hess für 1.200 Taler verkauft und erschien 1905 in einem Faksimiledruck.[8]

Seinen großen Bildungs- und Wissensdurst suchte der Lehrling durch Selbststudium und durch privaten Sprachunterricht in Latein und Französisch zu stillen. Offensichtlich aus Sorge um den Erfolg seiner Bemühungen bat er den unterrichtenden Gymnasiallehrer Gramling aus Ellwangen um ein Zeugnis. Dieser konnte ihm dann bestätigen, dass er das Ziel erreichen werde, Englisch und Französisch „mit Selbständigkeit und Gewandtheit zu schreiben und zu sprechen". Auch das Entlass-

und Empfehlungsschreiben seines Lehrherrn vom 27. September 1858 war mit warmen Empfehlungen für seinen künftigen Berufsweg verbunden.[9] Wo er seine erste Gehilfenstelle antrat, ist nicht belegt. Möglicherweise wandte er sich – bei seinem Ehrgeiz in der Beherrschung fremder Sprachen – ins Ausland, vielleicht nach Paris oder London, den Zentren des Antiquariatsbuchhandels in Europa. Spätere Äußerungen von ihm, dass er nach Isaak Hess „anderweitig im Auslande conditionirte", bestätigen dies.[10] Zum 1. Februar 1859 trat Ludwig Rosenthal als Gehilfe bei der Kuhlmeyer'schen Buchhandlung (H. H. Feddersen) in Liegnitz mit 150 Talern Jahresgehalt und 10 Talern Weihnachtsgeschenk ein, bei freier Wohnung und Kost nebst Reisespesenvergütung. Dass die Arbeitsauffassung des Geschäftsinhabers eine strenge war, brachte er in einem Brief an Ludwig Rosenthal deutlich zum Ausdruck. Darin heißt es u. a.: „Betreffs Feurung und Licht bemerke noch, daß diese Ausgabe bei Ihnen gar nicht sehr in Betracht kommen kann, da der größte Theil Ihrer Zeit ja im Geschäft zugebracht wird." Bereits am 16. Mai beendete Ludwig Rosenthal seine Tätigkeit in Liegnitz, möglicherweise, um seine Gehilfenprüfung in Memmingen abzulegen. Das Zeugnis datiert vom 1. Juni 1859.[11] Noch im selben Jahr gründete er in Fellheim ein Geschäft[12], wobei ihm die offizielle Konzession für den Buch- und Antiquariatshandel in Fellheim seitens der Regierung von Schwaben erst am 26. Februar 1863 erteilt wurde.[13] Die verzögerte Konzessionserteilung könnte darauf zurückzuführen sein, dass er erst zum 18. November 1862 das Gewerbs-Prüfungszeugnis zum selbständigen Betrieb einer Buchhandlung ausgestellt erhielt.[14] Im Genehmigungsverfahren durch die Regierung von Schwaben und Neuburg hatte ihm die Gemeinde ein Vermögens- und Leumundszeugnis ausgestellt, wonach er „einen guten Lebenswandel geführt, durch Fleiß, Mäßigkeit und Sparsamkeit sich ausgezeichnet [habe] und mindestens 5.000 fl [Gulden] Vermögen besitze". Bereits im Juni 1863 kündigte er seinen ersten gedruckten Katalog „Katholische Theologie" an, verbunden mit einem Anhang „Manuskripte und Marienliteratur", insgesamt erstaunliche 3.000 Nummern.[15] Im selben Jahr trat er dem Börsenverein des deutschen Buchhandels bei und hatte auch bereits je einen Kommissionär in Leipzig und Stuttgart.[16] Zwei Jahre später, am 21. Oktober 1865, erschien Ludwig Rosenthal persönlich vor dem Münchner Magistrat und stellte die Bitte um „Verleihung einer persönl[ichen] Antiquariats-Buchhandlungskoncession und um Aufnahme als Antiquariatsbuchhändler und Bürger dahier".[17] Sein Vermögen war nach seinen eigenen Angaben inzwischen auf stattliche 11.000 Gulden angewachsen. Zum Nachweis seines „bisherigen schwunghaften Geschäftsbetriebes" legte er 37 Beilagen vor, die leider nicht überliefert sind. In der Tat hatte Ludwig Rosenthal in der

Catalog XI

des

antiquarischen

Bücher-Lagers

von

L. ROSENTHAL'S

Antiquariat

Promenadestrasse Nr. 4₀

München.

Aeltere und neuere Ornamentbücher und
Stiche aller Kunstschulen, Schreib- und
Zeichenbücher, Architectur und
Archäologie.

Aus der Sammlung der Patricier-Familie

Hörmann von Guttenberg,

des

Grafen F. F. Fugger-Glött,

erbl. Reichsrath und Standesherr und aus dem Nachlasse
des seligen

Reichsraths Karl Maria von Aretin.

München 1872.

Druck von Karl Urban.

7

„Catalog XI des antiquarischen Bücher-Lagers von Ludwig Rosenthal's Antiquariat, Promenadestraße Nr. 4/0". München 1872.

kurzen Zeit seiner Selbständigkeit eine gewaltige Ausweitung der Geschäfte vorgenommen. Sein zweiter gedruckter Katalog (Protestantische Theologie) war inzwischen erschienen, weitere vier Kataloge „philolog., histor., jurid. und naturwissenschaftl. Inhalts" waren in Vorbereitung. Sein Kundenkreis beschränkte sich nicht mehr nur auf Europa, „sondern auch über Amerika". So durfte er zu Recht behaupten, dass sein antiquarisches Bücherlager „eines der bedeutendsten in Bayern" darstellte. Sein Gesuch betrachtete er deshalb als wohl begründet: „Dieses, sowie der Umstand, daß ich in unserer Residenz die bedeutenderen Anstalten und wissenschaftlichen Autoritäten bereits zu meinen Kunden zählen darf, veranlaßen mich, einen hochlöblichen Magistrat der K. Haupt- & Residenz-Stadt München um Transferirung meiner Concession zur Betreibung des Antiquariatsgeschäftes nach München höflichst zu bitten." Nötigenfalls würde er auf die Konzession in Fellheim verzichten.

Trotz der offenkundig ausgezeichneten Voraussetzungen für eine Niederlassung in der Haupt- und Residenzstadt sollte sich das formale Genehmigungsverfahren noch eine Zeit hinziehen: Am 27. Oktober 1865 kam es zum öffentlichen Anschlag des Gesuches, daraufhin erfolgte die Weiterleitung an die Aufsichtsbehörde, die Kammer des Innern bei der Regierung von Oberbayern. Diese wies am 10. April 1866 den Magistrat an, Ludwig Rosenthal „eine persönliche Antiquariatsbuchhandlungsconcession für die Stadt München sowie die Bewilligung zur Uebersiedlung in die Stadt München auf Grund des § 43, Abs. 2 der Gewerbeordnung vom 21ten April 1862 zu ertheilen". Der Gesuchsteller erfülle die gesetzlichen Vorbedingungen zur Ansässigmachung respektive Übersiedlung, besitze eine „sehr gute Befähigung" und außerdem so viel Vermögen, dass er seinen Nahrungsstand in der Stadt sichern könne, „zumal ihm das Zeugniß großer Geschäftsgewandtheit und Thätigkeit zur Seite steht und das Antiquariatsgewerbe vorzüglich commerzioneller Natur ist". Auf die Konzession in Fellheim müsse er jedoch verzichten. Danach dauerte es noch einmal ein drei viertel Jahr, bis der Magistrat am 1. Februar 1867 an Ludwig Rosenthal die Aufforderung ergehen ließ, die Bürgeraufnahmegebühr von 95 Gulden beim städtischen Tax- und Expeditionsamt zu entrichten[18] sowie sich in die Landwehr einzureihen. Auf die Konzession in Fellheim hatte er offensichtlich Verzicht geleistet. Am 25. Februar 1867 zahlte Ludwig Rosenthal bei der Stadtkasse seine Bürgeraufnahmegebühr ein, am 11. April legte er einen Nachweis der „Landwehr-Assentirungs- Kommission" über die Einreihung in die Landwehr vor. So konnte die Regierung von Oberbayern am 29. April 1867 die Konzessionsurkunde ausfertigen und die Stadt München am 4. Mai die Bürgeraufnahmsurkunde. Drei Tage später meldete sich Ludwig Rosenthal mit seinem Vater offiziell unter der Adresse Adalbertstraße 2c in München an.[19]

Damit konnte die Familie Rosenthal in die Stadt übersiedeln, auf die schon lange die Bemühungen ausgerichtet waren und in der sich Ludwig Rosenthal und sein Vater schon seit Jahren immer wieder geschäftlich aufhielten. Wie sein Vater nahm dabei Ludwig Rosenthal bei längeren Aufenthalten im „Ochsengarten" in der Müller-straße 49 vor dem Sendlinger Tor Quartier.[20]

Die Fundierung einer Weltfirma

An dieser Stelle mag es angebracht sein, kurz auf die Beweggründe einzugehen, die der Familie Rosenthal einen Umzug nach München geraten sein ließen. Eine Übersied-lung in das nahe Memmingen kam nicht in Frage, da der dortige Magistrat an einer Niederlassung von Juden nicht interessiert war. Erst am 17. Januar 1862 erhielten erst-mals zwei Juden aus dem nahen Osterberg das Memminger Bürgerrecht und die Niederlassungserlaubnis.[21] Nahe liegend scheint ja zunächst eine Orientierung nach der schwäbischen Regierungshauptstadt Augsburg, die in reichsstädtischer Zeit zu einem Zentrum des Kunsthandels, des Buchhandels und des Verlagswesens herange-wachsen war. Diese Stellung hatte sie jedoch nach dem Übergang an das Königreich Bayern schrittweise und erkennbar eingebüßt. Auch der Kunsthandel und das Kunstgewerbe war in den ersten Jahrzehnten des 19. Jahrhunderts gleichsam einge-brochen. Dazu kam, dass die ruhmreiche städtische Akademie nach der Gründung der Münchner Kunstakademie im Jahr 1808 zu einer Handwerkerzeichenschule herabge-sunken war. Der Historiker Peter Fassl spricht gar von einer in bayerischer Zeit her-eingebrochenen „Verödung des kulturellen und geistigen Lebens" in der Stadt.[22] Augsburg blieb der Weg zur Industriestadt, während parallel dazu unter König Ludwig I. der Aufstieg Münchens zur Stadt der Museen und der schönen Künste, der Bildung und der Wissenschaft einsetzte. Nach der Regierungsübernahme Max II. blieb das Klima für den Buch- wie für den Kunsthandel freundlich, als Gelehrter auf dem Thron pflegte er ein besonderes Verhältnis zu Literatur und Wissenschaft. Waren zwischen 1826 und 1855 zehn Konzessionen an Buchhandelsfirmen erteilt worden, so wurden im Zeitraum 1861 bis 1868 mehr als doppelt so viele gegründet. Ähnlich verlief die Entwicklung im Verlagswesen und bei den Druckereien. Im Zeitraum 1861 bis 1867 kam es zur Neugründung von zwölf Druckereien.[23] Auch der Kunsthandel hatte sich bis zur Jahrhundertmitte zu einer respektablen Größe entwickelt, die sich beispielhaft an einigen Personen festmachen lässt: Der Kupferstichrestaurateur Johann Michael

Hermann hatte im Jahr 1825 die Kunsthandlung des Buchbinders Michael Fränzl gepachtet und dann 1832 die Konzession des Kunsthändlers Anton Barth übertragen erhielt.[24] Aus der Hermann'schen Kunsthandlung sollte sich über den Schwiegersohn Heinrich Wimmer, der 1851 das Prädikat eines „Hofkunsthändlers" erhielt[25], die berühmte Galerie Wimmer in der Brienner Straße 3 entwickeln. Mit Ludwig Albert Montmorillon, seit 1837 Zeichenlehrer an der königlichen Pagerie und seit 1840 Inhaber einer Kunst- und Antiquitätenhändlerskonzession, trat erstmals ein Kunstauktionator in der Stadt auf. Als Indiz für den steigenden Kunsthandel in München mag gelten, dass Montmorillon ebenfalls als Kunstschätzer beim Münchner Stadtgericht verpflichtet war.[26] Das älteste Münchner Kunstauktionshaus Hugo Ruef wurde im Jahr 1844 gegründet.[27]

Schon allein diese kurzen Ausführungen lassen den gewaltigen Aufschwung des Kunst- und Antiquitätenhandels wie auch des Buchhandels und des Verlagswesens in München um die Mitte des 19. Jahrhunderts erahnen und damit ebenso die ungeheure Anziehungskraft, die vom Münchner Platz ausging. Just in dieser Zeit kam an der Münchner Universität ein Strukturwandel zum Tragen, der maßgeblich von König Max II. angestoßen worden war und den Antiquaren mittelbar einen erweiterten Kreis von Kunden aus der gelehrten Welt zutragen sollte. Die Zielsetzung der Reformen in Richtung auf eine weltanschaulich liberale und kritische Fundierung der Fachwissenschaften – als spürbare Neuorientierung gegenüber Neuhumanismus, Romantik und Revolution – führte an der Universität insbesondere zu einem Aufbruch im Bereich der Geistes- und Naturwissenschaften. Die Ausweitung des Wissenschaftsbetriebes schlug sich in zahlreichen Labor-, Instituts- und Seminargründungen nieder: 1852 gründete Justus von Liebig ein Chemisches Labor, 1857 Heinrich von Sybel das Historische Seminar. Wissenschaftspolitisch von überragender Bedeutung war die Gründung der Historischen Kommission bei der Bayerischen Akademie der Wissenschaften im Jahr 1858, als deren erster Präsident Leopold von Ranke fungierte. 1859 wurde unter Leitung Sybels die „Historische Zeitschrift" begründet, die seitdem in München erscheint.[28] „Eine neue Epoche von Forschung und sozialer Geltung von Wissenschaft hatte eingesetzt", die München endgültig in Konkurrenz mit der Berliner Universität treten ließ und die Stadt gemäß der Trias-Idee des Königs zum wissenschaftlichen Zentrum zwischen Österreich und Preußen erhob.[29] Einen hohen Rang in Deutschland besaß durch ihr hohes wissenschaftliches Niveau und durch die geistige Bedeutung vieler ihrer Mitglieder ebenso die Münchner katholische theologische Fakultät. Ignaz Döllinger (1799–1890) galt bis Mitte der 1860er Jahre als Sprecher des deutschen Katholizismus. Die juristische Fakultät gehörte in den 1860er Jahren ebenfalls zu den führenden in Deutschland.[30] Das mit der gestiegenen Bedeutung der Universität auch die Anziehungskraft wuchs, ist klar. So waren von 1826 bis 1849 die Studentenzahlen von rund 1.600 auf rund 1.920 (davon 883 Mitglieder der juristischen Fakultät und 455 der philosophischen Fakultät) gestiegen und sollten sich bis zur Jahrhundertwende auf rund 4.500 erhöhen.[31]

Die ersten Kataloge von Ludwig Rosenthal richteten sich denn auch gezielt an ein wissenschaftlich gebildetes Publikum, eine Orientierung am Kanon der Studienfächer an der Münchner Universität ist unverkennbar. Auch in seinem Konzessionsgesuch vom Jahr 1865 verwies Ludwig Rosenthal insbesondere auf seine Kundschaft unter den „bedeutenderen Anstalten und wissenschaftlichen Autoritäten". Leider kennen wir keine Namen, doch zu katholischen Kreisen um Ignaz Döllinger bestanden wohl schon unter dem Vater Joseph Rosenthal gute Kontakte. Döllinger selbst gehörte zu den besten Kunden Ludwig Rosenthals und auch zum Freundeskreis des Hauses. Er deckte über das Antiquariat nicht nur seinen Bestand an alten Werken, sondern bestellte auch die gesamten Neuerscheinungen von der Firma. Die Halbjahresrechnungen sollen manchmal so hohe Summen erreicht haben, dass der große Theologe aus seiner eigenen großen Bibliothek Bücher an Zahlungs statt dagegen gab.[32] Nach seinem Tod ging ein Teil des Nachlasses an Ludwig Rosenthal. Noch 1907 besaß dieser mehrere hundert unpublizierte Briefe von ihm.[33] Ein weiterer Kontakt der Familie Rosenthal zu katholischen publizistischen Kreisen führt in das Haus der Familie Görres, in dem Marie Görres (1828–1871), jüngste Tochter von Joseph Görres (1776–1848), nach dem Tod des Bruders Guido (1852) und der Mutter (1855) die Traditionen des Hauses weiter pflegte und versuchte, den Geist des Görres-Kreises sowie den Freundeskreis ihres Vaters und ihres Bruders zu bewahren.[34] Sie leitete den geschäftlichen Teil der „Historisch-Politischen Blätter" und stand, allein schon aus Gründen seiner 1857 begonnenen Redaktionstätigkeit an den Blättern, in engem und freundschaftlichem Kontakt mit dem katholischen Publizisten Franz Binder (1828–1914), der in einem Tagebucheintrag vom 9. November 1868 lapidar berichtet: „Antiquar Rosenthal steht immer in eifrigem Austausch mit ihr [Marie Görres]."[35] Vermutlich dürfte es sich dabei um Joseph Rosenthal handeln, der nach der Literatur bereits zum Umkreis ihres Vaters gehörte. Die Formulierung des Eintrages wie auch die fehlenden weiteren Nennungen in den Tagebüchern Binders lassen jedoch vermuten, dass sich die Kontakte der Rosenthals weitgehend auf Marie Görres und den noch vorhandenen Umkreis des Vaters beschränkten. Die Bibliothek des ebenfalls zum Görres-Kreis zählenden Reichsrates

8
Porträt Ludwig Rosenthal. Öl auf Holz. Undatiert.

Karl Maria von Aretin hat Ludwig Rosenthal nach dessen Tod im Jahr 1868 verkaufen können. Zu dem sich um Binder formierenden „jüngeren" Görres-Kreis von Personen aus der katholischen, spätromantisch, antiliberal, großdeutsch, föderalistisch, zum Teil patriotisch gesinnten Publizistik aus den Kreisen der Universität und des Hofes hatten die Rosenthals offenbar kaum Kontakt gefunden. Marie Görres hatte jedenfalls ein Faible für alte Handschriften, vergrößerte auch die Familienbibliothek durch Zukäufe[36] und dürfte schon aus diesem Grund öfter mit Ludwig Rosenthals Antiquariat in Kontakt getreten sein. Nach dem Tod von Marie Görres (20. 5. 1871) wurden zur Taxierung der wertvollen Stücke in der Bibliothek wie der Kunstgegenstände des Hauses allerdings der Antiquar Druffel[37] und der Rat Carl von Förster herangezogen[38]. Letzterer spielte im Münchner Kunsthandel der Zeit eine dominierende Rolle und fand sich oftmals zu den Nachmittagsgesellschaften Binders im Café Tambosi ein.[39]

So lassen sich aus dem oben Dargestellten deutlich die Grundprinzipien des Rosenthal'schen Antiquariats erkennen: Wissenschaftlichkeit, Gelehrsamkeit und Lagerhaltung. Prinzipien, die von Anfang an programmatisch über der Gründung Ludwig Rosenthals stehen und den späteren Weltruhm auch seines Bruders Jacques begründeten. Auf sein „antiquarisches Bücher-Lager" legte Ludwig Rosenthal stets großen Wert.[40] Es hatte schon nach wenigen Jahren einen Umfang angenommen, um den ihn viele große Bibliotheken beneidet hätten. 1884 gab er seinen Lagerbestand mit „nahezu 800.000 Bänden" an.[41] Im Jahr 1907 schätzte er seinen Lagerbestand auf etwa 1 Million Bände.[42] Zum Vergleich: Die Bayerische Staatsbibliothek führte nach dem „Jahrbuch der deutschen Bibliotheken" (Jahrgang 1907) einen Gesamtbestand von 1.100.00 Bänden und ca. 50.000 Handschriften.[43]

Ein bloßer Buchauktionator wollte Ludwig Rosenthal keinesfalls sein. Doch stand ihm ein ausgeprägter Sinn für wirtschaftliche Erwägungen nicht fern. Seinen ersten Laden in München dürfte er nicht von ungefähr im Haus Promenadegasse Nr. 4, direkt an der Einmündung in die Salvatorgasse, platziert haben. Im Kreuzviertel und im Umfeld der Residenz hatten sich nämlich bereits eine Reihe von bekannten Antiquariaten und Kunsthandlungen angesiedelt, so dass potenzielle Kunden keine großen Umwege zu gehen hatten: Am Promenadeplatz 1 hatte die alte Antiquariatsbuchhandlung Jacob Oberdorfer ihren Sitz, aus dessen Konkursmasse Theodor Ackermann im Jahr 1865 sein Geschäft am Promenadeplatz 10 (später: 11) aufbaute.[44] In der Promenadegasse 6, schräg gegenüber von Ludwig Rosenthal, saß der Antiquar Max Brissel, in der Dienergasse 13 der Antiquar Dr. Georg Kaspar Nagler. In der Residenzstraße 4 führte der Antiquar und Buchauktionator Paul Zipperer seinen Laden

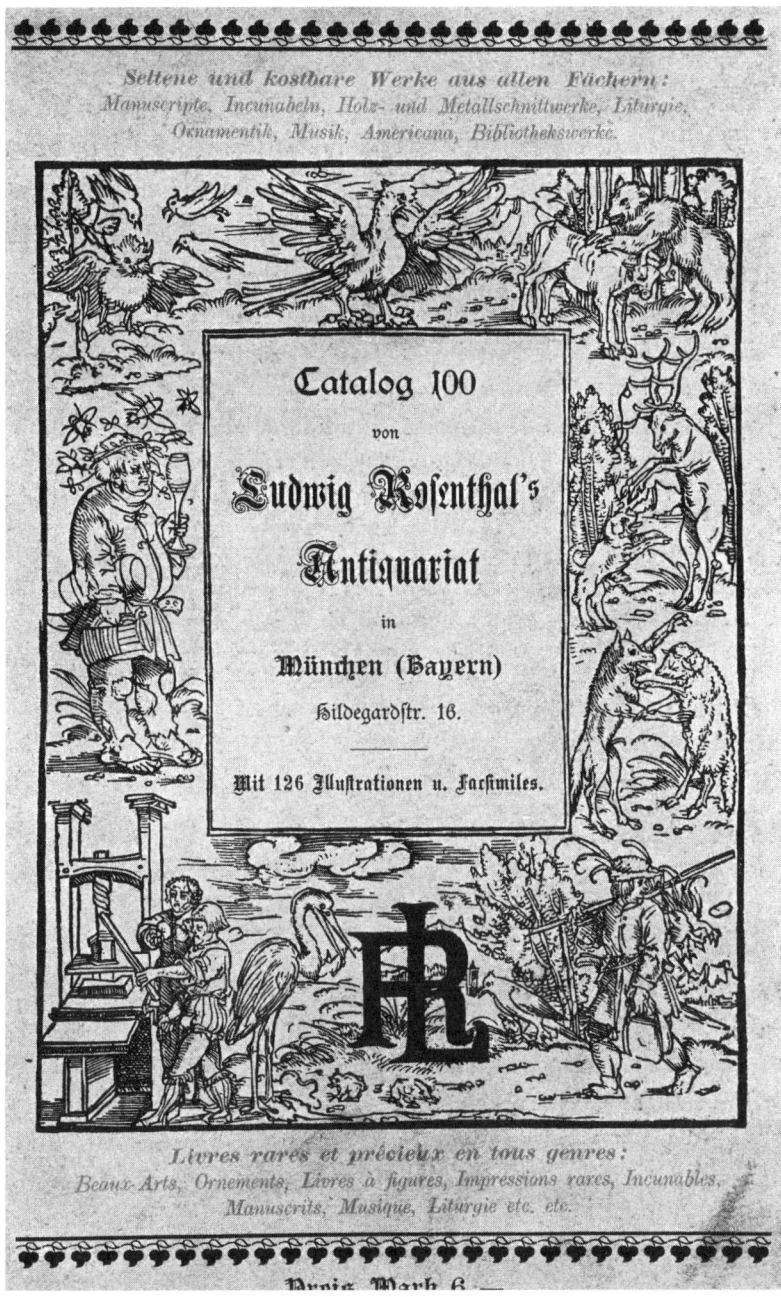

9

Katalog Nr. 100 des Antiquariats Ludwig Rosenthal: Livres rares et précieux en tous genres (dreisprachig). München, ca. 1900.

und in der Residenzstraße 16 der Antiquar Klemens Steyrer.[45] Bekannte Buchhandlungen befanden sich gleich ums Eck, die von Rudolf Oldenbourg (Vogel'sche
Verlagsbuchhandlung) in der Promenadegasse 10 oder die Buchhandlung Joseph
Anton Finsterlin in der Salvatorgasse 21. Die Handlung von Elise Palm (Johann Palm's
Hofbuchhandlung) befand sich in der Theatinerstraße 20; die von Christian Kaiser in
der Residenzstraße 24. In der Promenadestraße 12 lag die Kunsthandlung Humplmayr,
etwas weiter in der Karlstraße 10 die Kunsthandlung Joseph Maillinger (Montmorillon'sche Kunst- & Antiquitäten-Handlung).[46] Ludwig Rosenthal hatte sich also
ein geschäftliches Umfeld ausgesucht, in dem er nicht unbeachtet bleiben konnte.

Seine in rascher Folge erscheinenden Kataloge geben einen guten Eindruck seiner
vielfältigen und umfangreichen Sammel- und Interessengebiete. Dabei beschränkten
sich von Anfang an seine Lagerhaltung wie auch seine Erwerbungspolitik nicht auf seltene Bücher, eine Grafikabteilung gehörte wie in jedem guten Antiquariat dieser Zeit
wie selbstverständlich dazu. Schwerpunkte bildeten hierbei Porträts, Karten und
Städteansichten, Holzschnitte und Kupferstiche (besonders Ornamente) älterer und
neuerer Meister. Im Grunde sammelte Ludwig Rosenthal alles, was an wertvollen alten
Manuskripten, Büchern und Grafik angeboten war. Am besten zeigt das vielleicht seine
Geschäftsanzeige im Amtlichen Katalog der Ausstellung „München 1908": „Kostbare
alte Bücher aus allen Wissenschaften. Handschriften mit und ohne Miniaturen,
Incunabeln, Holzschnittbücher, Kupferwerke, katholische und protestantische
Theologie, Alte Bücher und Bilder über Amerika, Alte Holzschnitte, Alte Kupferstiche,
Alte Einblattdrucke, Alte Spielkarten, Alte Landkarten und Erdgloben, Ornament-
Bücher und -Stiche, Exlibris und Wappen, Autographen, Alte Porträts, Kunst-
Einbände."[47]

Bis zum Jahr 1871 waren bereits sieben Kataloge erschienen.[48] Neben den Katalogen
gab Ludwig Rosenthal, wie es bei größeren Antiquariaten üblich war, in unregelmäßi-
gen Abständen auch kleinere Schriften und Ankündigungen heraus, von ihm „Flie-
gende Blätter für Antiquariat" genannt.[49] Sein größter – und neben Paul Zipperer auch
einziger – Konkurrent am Münchner Platz, Theodor Ackermann, kam allein im Jahr
1869 mit sechs Katalogen auf den Markt und beschritt mit seinem „Antiquarischen
Anzeiger" einen ähnlichen Weg.[50] Darüber hinaus versuchte sich Ludwig Rosenthal
als Verleger. In Katalog Nr. 8 (1871) kündigte er ein dreibändiges Werk des bekannten
Talmudforschers Raphael Rabinowitz (Variae Lectiones in Mischnam et in Talmud
Babylonicum) an. Rabinowitz lebte seit dem Sommer 1863 in München und konnte
hier dank der Förderung des Bankiers Abraham Merzbacher seine bedeutendsten

Werke veröffentlichen. Im Jahr 1885 eröffnete Rabinowitz in der Königinstraße 43 ein Antiquariat für hebräische Bücher.[51] Der wissenschaftliche Anspruch Ludwig Rosenthals zeigte sich in manchen Veröffentlichungen, die er in Fachzeitschriften publizierte, darunter eine Arbeit über den Maler, Kupferstecher und Xylographen Hans Sebald Beham (1500–1550).[52]

Die Erwerbungspolitik und das Geschäftsinteresse Ludwig Rosenthals beschränkten sich selbstverständlich nicht auf den deutschsprachigen Raum. Die Suche nach alten Büchern führte Ludwig Rosenthal nach Italien, Spanien, Frankreich und England, wobei sein Schwerpunkt eher auf den südeuropäischen Ländern lag, aus denen er manche prall gefüllte Bücherkisten mitbrachte. Großes Interesse besaß er von Anfang an für Americana. Seinen ursprünglichen Plan der Eröffnung eines Geschäftes in New York konnte er jedoch nie verwirklichen. In seinem Spezialgebiet Theologie galt er weltweit als anerkannter Meister. Hatte er zunächst seinen Schwerpunkt auf die katholische Theologie gelegt, so verlagerten sich später seine Interessen mehr auf evangelische Theologie, wie etwa die Geschichte der Reformation oder alte Liturgie.[53] Weniger bekannt ist sein Handel mit Musikhandschriften und -drucken, in dem er ebenfalls einen europäischen Spitzenrang einnahm. Die im Jahr 1885 in der Londoner Albert Hall stattfindende „Historical Music Loan Exhibition" mit insgesamt 196 Exponaten aus öffentlichem und privatem Besitz aus ganz Europa wurde immerhin mit 16 Leihgaben aus dem Antiquariat Ludwig Rosenthal bestückt.[54] Manche berühmte Einzelstücke fanden den Weg zu Ludwig Rosenthal, so eine Symphonie, die der 21-jährige Richard Wagner im Jahr 1834 begann, aber nicht vollendete. Nach dem Verkauf des Autograph durch Ludwig Rosenthal im Jahr 1913 verliert sich seine Spur bis heute. In einer Erwerbung der Bayerischen Staatsbibliothek von 1987 tauchte jedoch eine Instrumentierung des Fragments durch den Münchner Generalmusikdirektor Felix Mottl auf und 1988 fand anlässlich einer Ausstellungseröffnung in der Bayerischen Staatsbibliothek die Uraufführung dieses Werkes, der so genannten zweiten Jugend-Symphonie Richard Wagners, statt. Den Festvortrag bei der Ausstellung hielt Albi Rosenthal, ein Großneffe Ludwig Rosenthals und international renommierter Experte im Musikantiquariat.[55]

Ludwig Rosenthal wurde ein Scharfblick für den besonderen Wert speziellster und entlegenster Bücher und Handschriften nachgesagt. Die Wissenschaft verdankt ihm viele Entdeckungen, so eine verschollene Globuskarte mit der Reiseroute von Magellans Weltumseglung von 1519 bis 1523, verfasst von Johannes Schöner im Jahr 1523. Eine Globuskarte Giovanni Verrazanos von 1530 aus vergoldetem Kupfer, die sich ursprünglich im Besitz der englischen Königin Elisabeth I. befand und als verschollen galt, entdeckte Ludwig Rosenthal in Paris. Unter den herausragenden Stücken werden stets auch ein seltener unbekannter Holzdruck des „Entkrist" oder die 47 Blatt umfassende sog. „Mantegna"-Spielkarte von Baccio Baldini aus dem 15. Jahrhundert genannt.[56] Für Karten und Atlanten hatte Ludwig Rosenthal ein besonderes Faible. Von zahlreichen frühen Stücken brachte er selbst Faksimiledrucke oder Reproduktionen heraus.[57]

Zum 50-jährigen Berufsjubiläum im Jahr 1905 wie auch zum 50-jährigen Geschäftsjubiläum im Dezember 1909 erschienen in zahlreichen in- und ausländischen Zeitungen und Zeitschriften Würdigungen seiner Person, die insbesondere auf seine Bedeutung für den Ruf Münchens als Zentrum des deutschen und europäischen Antiquariatshandels und insbesondere als Hauptplatz für Inkunabeln, seltene Drucke und Handschriften jeder Art hinwiesen.[58] Hervorgehoben wird, dass „wohl die meisten Bibliotheken und Museen" ihre Zimelien direkt oder indirekt vom Hause Ludwig Rosenthal beziehen würden. Einen eindrucksvollen Beleg für die Weltgeltung seines Lagerbestandes lieferte Ludwig Rosenthal mit dem zum 50. Geschäftsjubiläum vorgelegten Seltenheitskatalog, der unter den 160 Nummern unzählige Unikate aufführt, darunter die oben erwähnte Verrazano-Globuskarte und ein „Missale mixtum" aus Spanien zum Spitzenangebot von 30.000 Mark sowie – ohne Preisfestsetzung – das von Otto Hupp entdeckte und in der Inkunabelwissenschaft bereits zu heftigen Kontroversen führende „Missale speciale".[59]

Der Erwerb großer Privatsammlungen und Bibliotheken und die Geschäftsbeziehungen nach Nordamerika

Ein besonderes Augenmerk richtete Ludwig Rosenthal auf den Erwerb geschlossener Bibliotheken, unter denen in der zweiten Hälfte des 19. Jahrhunderts zahlreiche – teils nach der Säkularisation in Privatbesitz übergegangene – geschlossene Bibliothekskörper in den Handel gelangten. So konnte Ludwig Rosenthal innerhalb weniger Jahre die Bibliotheken des Benediktinerklosters St. Veit bei Neumarkt a. d. Rott, die Jesuitenbibliothek in Landsberg, die Stadtbibliothek von Leutkirch oder die Privatbibliotheken der Familie Hoermann von Guttenberg und des Freiherrn Karl Maria von Aretin erwerben.[60] Mitgewirkt hat Ludwig Rosenthal auch am aufsehenerregenden Verkauf der nahezu geschlossen überlieferten Bibliothek des ehemaligen Karthäuserklosters Buxheim bei Memmingen durch die Familie Waldbott-Bassenheim. Dieses Projekt gilt allgemein als eines der „Highlights" dieser Zeit und ist vergleichbar mit der fünf Jahrzehnte später ebenfalls in München versteigerten Privatbibliothek des Fürsten von Oettingen-Wallerstein, um deren Erwerb sich der Neffe Erwin Rosenthal vehement, aber letztendlich vergeblich bemühte.

Als erste unter diesen großen Privatsammlungen brachte Ludwig Rosenthal den Nachlass des Politikers, Diplomaten und Gelehrten Karl Maria von Aretin (1796–1868) in den Verkauf. Aretin war in vielerlei Gremien und Funktionen tätig gewesen, hatte vieles publiziert (u. a. Biographien zu Wallenstein und zum bayerischen Kurfürsten Maximilian I.), gehörte zum Kreis der Vertrauten König Max II., war Mitglied des Görres-Kreises und der Bayerischen Akademie der Wissenschaften, war wesentlich beteiligt am Zustandekommen des Bayerischen Nationalmuseums in München und von 1846 bis 1848 sowie ab 1859 Vorstand des Geheimen Hausarchivs in München und hatte so eine riesige Privatsammlung aufgebaut. Aretin war zur Tagung des Zollparlaments nach Berlin gereist und dort am Vorabend der Eröffnung, am 29. April 1868, einem Schlaganfall erlegen.[61] Ludwig Rosenthal bot den Nachlass von Aretins ab 1871 in mehreren Katalogen an, u. a. in den Katalogen Nr. VIII und Nr. IX sowie als Nr. 8 der „Fliegenden Blätter" aus seinem Antiquariat.[62] Die kunst- und kulturgeschichtlichen Werke aus dem Besitz von Aretins brachte er in Katalog Nr. 11 in den Verkauf (zusammen mit Stücken aus den Sammlungen der Familie Hoermann von Guttenberg und des Grafen Fugger-Glött)[63]. Fidelis Ferdinand Graf Fugger zu Glött (1795–1876), katholisch und seit 1827 als Reichsrat in der bayerischen Ständekammer vertreten, war 1865 mit seinen gesamten wirtschaftlichen Unternehmungen in Konkurs gegangen und musste zur finanziellen Konsolidierung Teile seines Privatbesitzes veräußern.[64] Die bisher in Dillingen befindliche Kupferstichsammlung des Grafen Fugger war vom Auktionshaus Josef Aumüller am Karolinenplatz 1 bereits ab dem 13. September 1869 versteigert worden.[65]

Großes Aufsehen erregte die Versteigerung der Buxheimer Bibliothek im September 1883 in den Zentralsälen in München, bei der bisher Ludwig Rosenthal allgemein die führende Rolle zugesprochen wurde[66], an deren Zustandekommen aber doch mehrere Antiquare beteiligt waren. Der Verkauf der wertvollen Bibliothek durch Graf Hugo von Waldbott-Bassenheim stand in ursächlichem Zusammenhang mit der Finanzkrise des Hauses Waldbott-Bassenheim, die am 8. Februar 1883 dazu geführt hatte, dass die gesamten Besitzungen des Grafen auf Antrag der Gläubigerbanken unter Zwangsverwaltung gestellt wurden und das Familienoberhaupt, der als erblicher Reichsrat auch Mitglied der ersten Kammer des bayerischen Landtages war, nur mehr eine jährliche Sustentation von 3.600 Mark nebst freier Wohnung im Schloss Buxheim zugestanden erhielt.[67] Bereits im Vorfeld einer drohenden Zwangsverwaltung wurde der Verkauf der gesamten Sammlungen des Hauses erwogen, zu welchem Zweck sich im Januar 1883 der Antiquar Hess aus Ellwangen für vier Tage im Schloss aufhielt, um die Bibliothek zu untersuchen. Allerdings musste er feststellen, „dass die werthvollsten Werke der Bibliothek entnommen sind"[68]. Noch kurz vor dem Zwangsverwaltungstermin bot Antiquar Hess in Ellwangen über seinen Bruder in Ulm der Gutsherrschaft an, den Betrag von 120.000 Mark vorzuschießen, „wenn ihm der Verkauf der Sammlungen auf Rechnung der hohen Herrschaft gegen Gewährung gewisser Prozente vom Erlöse übertragen wird". Der Domänenverwalter, der darin eine Möglichkeit sah, die in wenigen Tagen drohende Zwangsverwaltung abzuwenden und zumindest einen Gläubiger, die Süddeutsche Bodenkreditbank, befriedigen zu können, konnte jedoch den Grafen nicht zu einer Entscheidung drängen.[69] Der Termin verstrich und am 8. Februar geschah das Unvermeidliche. In den nächsten Monaten spitzten sich jedoch auch die privaten Finanzverhältnisse der Familie derart zu, dass der Graf die völlige „Catastrophe" befürchten musste. Nun war die Bibliothek, die ihm sehr am Herzen lag, nicht mehr zu halten. Ihm ging es nun vor allem darum, dass der Bestand „sachgemäss" angeboten und verkauft werde.[70] Die weiteren Schritte bis zum endgültigen Verkauf der Sammlungen sind nun über Korrespondenz nicht überliefert, beteiligt waren daran jedoch mehrere Personen: Federführend anscheinend der herzoglich Sachsen-Meiningische Rat Dr. Carl Förster, der auch die ab 20. September 1883 in den Münchner Zentralsälen stattfindende Auktion leitete und in München als ausgewiesener Kunstexperte eine „Größe" darstellte. Förster, zugleich Vorstand des „Münchener Alterthums-Vereins"[71], hatte außerordentlich viel Erfahrung in diesem Bereich, die Buxheimer Versteigerung sollte bereits seine 30. Kunstauktion sein. Er war auch – wie bereits weiter oben angemerkt – bei der Abwicklung des Nachlasses von Marie Görres zugegen. Ihm zur Seite stand der Antiquar Karl Friedrich Mayer, Inhaber der bekannten Firma Max Brissel in der Promenadestraße 6, also ein ehemaliger Nachbar von Ludwig Rosenthal. Das Titelblatt des Auktionskataloges lautet wie folgt: „XXX. Carl Förstersche Kunstauction. Abtheilung II. Bibliotheca Buxiana. Catalog der Bibliothek des ehem. Carthäuserklosters Buxheim aus dem Besitze seiner Erlaucht des Herrn Hugo Grafen von Waldbott-Bassenheim."[72] Interessant ist in diesem Zusammenhang, dass der Firmengründer Max Brissel bereits im Jahr 1863 die Buxheimer Bibliothek begutachtet und taxiert hatte und auf einen Wert von „mindestens 12.000 fl" (Gulden) geschätzt hatte. Damals umfasste die Bibliothek etwa 28.000 Bände und war in drei

Sälen aufgestellt.[73] Ludwig Rosenthal taucht nun erstaunlicherweise im Schriftwechsel wie auch in den publizierten Katalogen nicht auf, scheint jedoch als Mann im Hintergrund mitgewirkt zu haben. Er soll nach der Auktion den ganzen noch unkatalogisierten Teil der Klosterbibliothek, der fast ein Zimmer füllte, übernommen haben.[74] Generell war wohl die Abhaltung von Versteigerungen nicht im Sinne des bescheiden und zurückhaltend auftretenden Ludwig Rosenthal. Nur selten taucht er wirklich als Versteigerer auf, so etwa 1891 bei einer von ihm durchgeführten Bücherauktion[75] oder 1895 bei der Versteigerung der Bibliothek der Familie Nostitz auf Schloss Lobris in Schlesien, von deren Ertrag die Familie Nostitz so angetan war, dass sie der Firma Ludwig Rosenthal im Jahr 1930 das Familienarchiv anbot.[76]

Einen großen Teil seines Geschäfts pflegte Ludwig Rosenthal mit Bibliotheken, Museen und Privatsammlern in Amerika, teils aus frühen Neigungen und Interessen heraus, teils aber aus rein geschäftlichen Erwägungen. Viele Sammlungen waren dort erst im Aufbau begriffen und so stets auf der Suche nach seltenen Manuskripten, Inkunabeln und typographischen Seltenheiten. Die Geschäftsbeziehung mit einem der berühmtesten Sammler Amerikas, John Pierpont Morgan (1837–1913), lässt sich glücklicherweise über den bei der Morgan Library überlieferten Schriftwechsel nachvollziehen. Es begann mit einem Schreiben Ludwig Rosenthals an den Bibliothekar der J. P. Morgan Library in New York, datiert vom 12. Februar 1908, worin er um den Katalog der Morgan-Collection bittet, unter Hinweis darauf, dass bisher noch keine direkte Geschäftsbeziehung zwischen beiden Häusern bestand. Das Antwortschreiben von Ms. Belle da Costa Greene, der berühmten Bibliothekarin von J. Pierpont Morgan, ließ zwar bis zum 3. Juni 1908 auf sich warten, endete jedoch sehr hoffnungsvoll: „… P. S. I shall be glad at any time to have you send me notice of important items of Incunabula, manuscripts, early Americana or book-bindings which you may have. Very truly. (Miss) Belle Greene. Librarian." Von nun an ging der Schriftwechsel von Ludwig Rosenthal direkt an „Miss Belle Greene"! – Der Beginn einer wunderbaren Geschäftsbeziehung. Schon am 28. Oktober 1908 orderte Miss Greene für 25.000 Mark zehn Stücke aus einem ihr vom Antiquariat Rosenthal bereits vor der Publikation zugeschickten Vorabdruck zu einem „catalogue of rare books". In den folgenden Jahren gab es immer wieder Vorzugsangebote von besonders wertvollen Frühdrucken und Manuskripten seitens Ludwig Rosenthals an Miss Greene oder Mr. Morgan, wo immer sich beide gerade aufhielten. Natürlich versuchte Ludwig Rosenthal bisweilen durch Nennung von anderen Kaufinteressenten den Verkauf zu beschleunigen und vor allem den Preis zu halten. Ein sehr schönes Beispiel findet sich aus dem Jahr 1912: Am

10

Rechnung des Antiquariats Ludwig Rosenthal an die Morgan Library über einen Betrag von 25.135,40 Mark, 10. November 1908. Hierbei handelt es sich um die erste überlieferte Rechnungsstellung von Ludwig Rosenthal an die Morgan Library.

16. Januar bot Dr. Maurice Leon Ettinghausen[77] für Ludwig Rosenthals Antiquariat schriftlich J. Pierpont Morgan eine einzigartig erhaltene Ausgabe der Biblia pauperum für 2.250 Pfund netto an, wobei er den Hinweis nicht vergaß, dass der Bibliothekar der Sammlung von Baron Edmund de Rothschild dieses Stück unbedingt seinem Herrn nach dessen Rückkehr aus Ägypten anbieten wolle. Am 20. Februar 1912 folgte die Stellungnahme von Belle Greene an Mr. Morgan: „I beg to say that the blockbook of which he writes is very scarce, and I would be very glad to add it to your collection as we do not have a copy of this third edition. I would suggest an offer of £ 2.000, as, from my own experience, I find that this firm expects one to make a lower offer than the price they name. However, if they are unwilling to sell it for that price, perhaps it would be better to pay the price they ask rather than let the item go, as i doubt if we will be able to obtain another copy very soon again.“ Am 7. März bot J. Pierpont Morgan dem Antiquariat 2.000 Pfund, am 15. März akzeptierte Ludwig Rosenthal das Angebot.[78]

Die „Rosenthal-Schule"

Sein Antiquariat führte Ludwig Rosenthal als ausgesprochenes Persönlichkeitsgeschäft, alle geschäftlichen Vorgänge waren stark an seiner Person orientiert. „Im Verhältnis zu dem Volumen der Firma und des Lagers war das Personal immer gering und auch das Haus bescheiden." Jedes Buch wurde von ihm selbst für den Handel taxiert. Bei aller von ihm selbst gezeigten Disziplin und unermüdlichen Arbeitskraft wurde er dennoch als ein „gütiger und milder Mann" gerühmt, der nie laut wurde und von dem die Angestellten nie ein böses Wort zu hören bekamen. Sein Auftreten im Alter war sehr bedächtig, zurückhaltend, leise – „mehr der Typ des Gelehrten als des Händlers". Erholung von der Arbeit suchte er in Spaziergängen, die sich in peinlicher Regelmäßigkeit des Mittags durch die schönen Bogenhauser Anlagen, des Abends nach Schwabing und zurück erstreckten, sowie in jährlichen sommerlichen Kurzaufenthalten in einem Gebirgsdorf.[79]

Mit seinem Ruf wuchs auch die Zahl derer, die bei ihm als Lehrling oder Gehilfe eintreten wollten. Und in der Tat sind aus seinem Haus eine Reihe berühmter Antiquare hervorgegangen, die später in aller Welt tätig waren und den Ruf Münchens als Zentrum des europäischen Antiquariatshandels aufbauen halfen. Bedeutende Namen wie Martin Breslauer, Maurice Leon Ettinghausen, Isaak Halle, Emil Hirsch, Kasimir

AUSSTELLUNGSRAUM VON
LUDWIG ROSENTHAL'S ANTIQUARIAT
MÜNCHEN, HILDEGARDSTR. 14

11
Ausstellungsräume des Antiquariats Ludwig Rosenthal in der Hildegardstraße 14. Publiziert in: Katalog Nr. 177 (Alte geographische Atlanten. 1931).

von Rozycki, Max Ziegert und nicht zuletzt sein Bruder Jacques Rosenthal haben später oft genug die bedeutende Rolle Ludwig Rosenthals für ihren beruflichen Werdegang hervorgehoben, so dass man mit Fug und Recht von einer „Rosenthal-Schule" sprechen kann. Lassen wir zuerst Max Ziegert[80] zu Wort kommen, der im Frühjahr 1880 als Gehilfe in das Haus Hildegardstraße 16, wohin man 1876 umgezogen war, eingetreten war und eine Beschreibung der Lokalitäten gibt: Die Büroräume lagen im Gegensatz zu heute [1923] im Parterre des Hinterhauses, sie wurden später ins Vorderhaus verlegt. Im ersten Stock des Hinterhauses befand sich ein Ausstellungsraum und in den Stockwerken darüber das Lager, das die Angestellten nicht betreten durften. Im Vorderhaus befand sich die Privatwohnung des Chefs. Er war ein „leidenschaftlicher Arbeiter, verlangte auch Fleiß und Ausdauer von seinen Angestellten". Tätig waren außer Ziegert noch „der alte Janssen", der die ausländische Korrespondenz führte und nötigenfalls korrigierte, dann ein Faktotum namens Joseph, der die Bücher aus dem Lager holte, weiters der jüngere Bruder Jacques, der das Haus auswärts ver-

AUSSTELLUNGSRAUM VON
LUDWIG ROSENTHAL'S ANTIQUARIAT
MÜNCHEN, HILDEGARDSTR. 14

12
Ausstellungsräume des Antiquariats Ludwig Rosenthal in der Hildegardstraße 14. Publiziert in: Katalog Nr. 177 (Alte geographische Atlanten. 1931).

trat und Geschäftsreisen nach Paris, London und Wien übernahm, sowie der mittlere Bruder Nathan, der überwiegend die Buchführung und die Korrespondenz führte. Den Offerten-Posten hatte ein Herr Müller, die wissenschaftliche Kraft bildete Karl Thonemann, ein humanistisch gebildeter Mann von vielem Wissen, insgesamt also acht Personen.[81] Sein Lager hütete Ludwig Rosenthal mit Argusaugen, nur wenige durften in das Innere des Heiligtums vordringen. Selbst Martin Breslauer, der berühmte Berliner Antiquar, der 1895/96 in die Firma eintrat, erinnerte sich, dass er niemals das Lager von innen sah. Emil Hirsch, der eineinhalb Jahre nach Ziegert als Lehrling anfing, dann noch einige Zeit als Gehilfe tätig war und im Jahr 1892 mit Gottlob Hess in München die Firma G. Hess & Cie gründete und sich schließlich 1897 mit einem eigenen Antiquariat in der Karlstraße selbständig machte, hatte nie ein böses Wort von Ludwig Rosenthal gehört und bezeichnete ihn als einen „grundgütigen Charakter".[82] Der Neffe Isaak Halle erinnerte sich Ende Januar 1923: Seine Arbeitskraft war riesengroß. Schnell, blitzschnell wurden die Listen der eingehenden Kataloge, auch der großen ausländischen Spezialhandlungen, durchgesehen und bestellt. Meistens hatte er sehr genau im Kopf, was bereits vorhanden war. Er hatte ein „unvergleichliches Gedächtnis". Er selbst habe auch geäußert: „Wer kein sehr gutes Gedächtnis hat, taugt nicht zum Antiquar." Befriedigung im Beruf habe er keineswegs in materiellen Erfolgen gesehen, es war die Freude am Buche, die Entdeckung, die große Liebe zu seinem Beruf allein. Das „Prixieren" [damals üblicher Ausdruck für Preisfestsetzungen, von frz.: prix] der Bücher war ausschließlich Chefsache, es geschah mit großer Überlegung und, obwohl die Preise als hoch galten, hielt man sich in den meisten Fällen strikt daran. Er schätzte Seltenheiten und Qualität vorausschauend höher ein, als sie damals galten, und in allen Katalogen seiner Kollegen fand er preiswürdige und billige Bücher. In den 1880er Jahren gab es nur einen Kollegen in Deutschland, der ihm gleichwertig war, Albert Cohn in Berlin. Die Preisfestsetzungen in den alten Katalogen Ludwig Rosenthals würden immer noch – also 1923 – „als die maßgebendsten für die Friedenszeiten" gelten.[83]

Familiäre und geschäftliche Dispositionen

Der äußere Rahmen der Familien- und Firmengeschichte ist kurz erzählt: Im Haus Adalbertstraße 2c wurde es bald zu eng für die Familie, insbesondere nachdem Ludwig Rosenthal am 6. Februar 1870 in München die 22-jährige Minna Müller, Tochter des wohlhabenden Kaufmanns-Privatiers Joseph Müller und dessen Ehefrau Fanny, geehelicht hatte. Die Familie der Braut war im Jahr 1863 von Buttenwiesen nach München zugezogen.[84] Kurz nach der Hochzeit verzog die Familie Rosenthal im März 1870 in die Glückstraße 7, dann am 6. Juli 1870 in die Gabelsbergerstraße 6 (1. Stock) und am 27. April 1873 in die Maximilianstraße 9. Im Oktober 1876 erwarb Ludwig Rosenthal von der Assistentengattin Elise Irlinger um 61.794 Mark das Haus Hildegardstraße 16 (zum 1. 1. 1912 in Nr. 14 umbenannt), das mit Vorder- und Rückgebäude viel mehr Platz bot und in das die Familie und die Firma einen Monat später einzogen. Die Familie war inzwischen gewachsen, zu den drei Kindern Karoline (* 10. 11. 1870), Abraham, genannt Adolf (* 29. 5. 1872), und Nathan, genannt Norbert (* 1. 3. 1874), sollte noch ein viertes (Heinrich Hugo, * 14. 8. 1879) hinzukommen.[85] Trotzdem führte Ludwig Rosenthal ein gastfreundliches Haus: der unverheiratete Bruder und Geschäftsteilhaber Nathan wohnte bis zur Gründung eines eigenen Antiquariats im Jahr 1895 im Haus. Nach dem Tod seiner Ehefrau wohnte der Schwiegervater Joseph Müller

13
Ludwig Rosenthal mit Ehefrau Minna, den Söhnen Adolf, Norbert und Heinrich und der Tochter Lina. Aufnahme vom 2. Mai 1897.

für einige Jahre im zweiten Stock des Hauses, im August 1886 zog die verwitwete Schwester Jette Halle aus Schnaittach mit ihren Kindern ein. Zwei ihrer Söhne (David und Isaak) werden beim Onkel eine Antiquariatslehre absolvieren und später in München selbst ein berühmtes Antiquariat gründen (Firma I. Halle).[86]

Seit dem 20. April 1874 waren Nathan und Jakob (Jacques) Rosenthal als Teilhaber bei ihrem Bruder Ludwig Rosenthal eingetragen[87], wobei Jacques in seinen Erinnerungen die Partnerschaft der drei Brüder bereits in das Jahr 1872 setzt.[88] Zum 1. Mai 1895 lösten die Brüder ihre Teilhaberschaft auf, Nathan und Jacques nahmen einen Teil des Firmenvermögens mit und gingen in unterschiedlicher Weise damit um: Nathan hatte die Eigenheit, nach der Trennung nichts Neues zu erwerben und befasste sich nur mit Ausverkauf seines umfangreichen Lagers. Jacques spezialisierte sich auf den Vertrieb kostbarer Manuskripte, Inkunabeln, Seltenheiten und wertvollen Stichen alter Meister und hatte nach kurzer Zeit bereits ein international renommiertes Haus aufgebaut.[89]

14
Feier der goldenen Hochzeit von Ludwig und Minna Rosenthal am 2. Februar 1920 im Parkhotel in München. In der
mittleren Reihe sitzend (von links): Der älteste Sohn Adolf Rosenthal sowie Minna und Ludwig Rosenthal. In der dritten Reihe stehend u. a.: Emma und Jacques Rosenthal (2. und 3. von links), die Söhne Norbert (6. v. links) und
Heinrich (9. v. links) sowie die Tochter Lina (10. v. links).

Im Jahr 1905, im 50. Jahr seiner Berufstätigkeit, nahm Ludwig seine drei Söhne Adolf,
Norbert und Heinrich als Partner auf.[90] Im Juni 1923, im Alter von 82 Jahren, zog sich
Ludwig Rosenthal vom Geschäft zurück. Gleichzeitig mit ihm gab sein ältester Sohn
Adolf nach 30-jähriger Mitarbeit im väterlichen Geschäft die Teilhaberschaft auf. Die
beiden Brüder Norbert und Heinrich teilten das Erbe: Norbert erhielt das Stamm-
geschäft in der Hildegardstraße. Heinrich, der sich schon während seiner Teilhaberschaft am väterlichen Geschäft eine feine Dependance am Lenbachplatz errichtet hatte, gründete ein kleines, aber höchst gepflegtes Antiquariat am Promenadeplatz in
München und übersiedelte 1931 in die Schweiz. Ludwig Rosenthal nahm aber bis zu
seinem Tod im Jahr 1928 († 23. 12. 1928) weiterhin lebhaftes Interesse an den
Geschäften.[91] Ihm hat Karl Wolfskehl, der Münchner Literat und große Bibliophile,
in der „Frankfurter Zeitung" einen warmen Abschiedsgruß gesetzt: „Bei ihm zu kau-

fen war herrlich, ihm zu lauschen, sich das Märchen seines Lebens erzählen zu lassen
– seine Rede war knapp, einfach, eindringlich, sein Personen- und Sachgedächtnis
ungeheuer – das war uns allen noch fast der liebste Teil eines Besuchs in seinem
Antiquariat."[92]

ANMERKUNGEN:

1   Bürger, Paul: Der Begründer der Firma Ludwig Rosenthals Antiquariat in München, in: Sonderdruck aus
    dem Börsenblatt für den Deutschen Buchhandel, Nr. 119 v. 24. 5. 1905, S. 1. Ziegert, Max: Ludwig
    Rosenthal, der Gründer von Ludwig Rosenthal's Antiquariat in München, in: Börsenblatt für den Deut-
    schen Buchhandel, Nr. 8 v. 9. 4. 1923, S. 447. Olbrich, Wilhelm: Lebensbilder deutscher Antiquare: Ludwig
    Rosenthal, in: Aus dem Antiquariat, Beilage zum Börsenblatt für den Deutschen Buchhandel, Frankfurter
    Ausgabe, 1950, Nr. 17, S. A 165. Der Buchhändler aus Fellheim, in: Der Spiegelschwab 1952, Nr. 12, S. 48.
    Rapp, Wilhelm: Geschichte des Dorfes Fellheim, Fellheim 1960, S. 135.
2   Ziegert (wie Anm. 1), S. 448.
3   Ludwig Rosenthal's Antiquariat: Incunabula and Postincunabula, Ludwig Rosenthal's Antiquariaat,
    1859–1959 (Catalogue 204), Hilversum 1959, Einleitung.
4   Jendle Hess, * 2. 12. 1784 Lauchheim, † 26. 2. 1823 Fellheim. StadtA Lauchheim, Kontraktenprotokoll
    Oberamt Ellwangen, Stadtvorsteherei-Bezirk Lauchheim, Band 18.
5   Vgl. hierzu: Neue Münchner Zeitung Nr. 116 v. 16. Mai 1854, Nr. 291 v. 7. Dezember 1854 u. Nr. 305 v.
    23. Dezember 1854.
6   * 26. 5. 1789 Lauchheim, † 6. 10. 1866 Ellwangen. Wendt, Bernhard: Isaak Hess, in: NDB, 9. Band, 1972,
    S. 7. Schwäbische Kronik, Nr. 22 v. 25. 1. 1867, S. 207: Nekrolog des Buchhändlers Isak Heß. Hess, Isaak
    (Bearb.): Stunde der Andacht für Israeliten zur Beförderung religiösen Lebens und häuslicher Gottes-
    verehrung. Neue Ausgabe, Ellwangen 1867, S. VIII–IX.
7   StadtAM, PMB, H 264.
8   Mirabilia Romae. Faksimiledruck. Hrsg. von der Gesellschaft der Bibliophilen. Gotha, o. J. Vgl. Olbrich
    (wie Anm. 1), S. A 165. Ziegert (wie Anm. 1), S. 447. Fünfzig Jahre antiquarischer Tätigkeit, in: Antiquitä-
    ten-Rundschau, Nr. 18 v. 21. 6. 1905, S. 207.
9   Ziegert (wie Anm. 1), S. 447.
10 StadtAM, EBA 1865/1123.
11 Ziegert (wie Anm. 1), S. 448.
12 Schulz, O. A.: Allgemeines Adressbuch für den Deutschen Buchhandel, 50. Jg. (1888), Leipzig 1888, S. 365.
    Ludwig Rosenthal's Antiquariat (wie Anm. 3), Einleitung. Vgl. den Katalog 130: In commemoration of the
    50th anniversary of Ludwig Rosenthal's Antiquarian Book store (December 1859–December 1909), Mün-
    chen 1909.
13 So die Angabe Ludwig Rosenthals in seinem Gesuch um eine „Antiquariats-Buchhandlungs-Concession"
    in München. StadtAM, EBA 1865/1123.
14 Ziegert (wie Anm. 1), S. 448.
15 Ziegert (wie Anm. 1), S. 448. Der Katalog Nr. 1 erschien 1864 und ist abgebildet bei: Bernhard Wendt. Der
    Versteigerungs- und Antiquariats-Katalog im Wandel von vier Jahrhunderten, in: Archiv für Geschichte des
    Buchwesens, Band IX (1967), S. 70.

16 Fünfzig Jahre (wie Anm. 8), S. 208. Schulz (wie Anm. 12), S. 365.

17 Hier und im Folgenden: StadtAM, EBA 1865/1123.

18 Nach dem städtischen Regulativ vom 29. 9. 1854, § 5 lit. d war bei einem Vermögen über 3.000 Gulden eine Aufnahmegebühr von 95 Gulden fällig.

19 StadtAM, PKR, Serie 6, 21 322 u. Alte Hausbögen, 107.

20 StadtAM, PKR, Serie 6, 29 119.

21 Hoser, Paul: Die Geschichte der Stadt Memmingen, Band 2, Memmingen 2001, S. 339.

22 Fassl, Peter: Wirtschaftsgeschichte 1800–1914, in: Geschichte der Stadt Augsburg. Hrsg. von Gunter Gottlieb (u. a.), Stuttgart 1984, S. 592–607, Zitat: S. 592.

23 Wittmann, Reinhard: Hundert Jahre Buchkultur in München, München 1993, S. 35–39.

24 Johann Michael Hermann, * 5. 6. 1787 in Neudorf (Österreich), † 7. 5. 1855 München. StadtAM, PMB H 246.

25 Heinrich Wimmer, * 2. 5. 1806 Würzburg, † 18. 12. 1854 München. StadtAM, PMB W 237. Die „Kunsthandlung Heinrich Wimmer" wurde am 21. 5. 1859 von August Humplmayr übernommen und war ab dem 8. 5. 1869 in der Brienner Straße 3 situiert. StadtAM, PMB H 421. Allgemein dazu: Keller, Johann: Der Kunsthandel, in: 800 Jahre München, Ein deutsches Städtebild im Wandel der Zeit, München (1958), S. 99–111.

26 Die Kunsthandelskonzession wurde nach Verzicht im Jahr 1859 niedergelegt. StadtAM, PMB M 309. Keller (wie Anm. 25), S. 107.

27 Keller (wie Anm. 25), S. 107.

28 Handbuch der Bayerischen Geschichte, IV/2, verbesserter Nachdruck 1979, S. 1020–1023, 1049.

29 Böhm, Laetitia: Der Weg der Ludwig-Maximilians-Universität durch die letzten zwei Jahrhunderte, in: Rüdiger vom Bruch, Rainer A. Müller (Hrsg.): Erlebte und gelebte Universität, Die Universität München im 19. und 20. Jahrhundert, Pfaffenhofen 1986, S. 13.

30 Handbuch (wie Anm. 28), S. 1051, 1053.

31 Handbuch (wie Anm. 28), S. 1024.

32 Ziegert (wie Anm. 1), S. 449 (hier: Erinnerungen von Jacques Rosenthal).

33 Fifty Years of Bookselling. An Interview with Herr Ludwig Rosenthal of Munich, in: Daily Mail. Continental Edition, Munich Art Supplement, 29. 8. 1907.

34 Holland, Hyazinth: Marie Görres, in: ADB, 9. Band, 1879, S. 389. Vgl. auch Binder, Franz: Erinnerungen an Marie Görres, in: Historisch-Politische Blätter, 70. Band (1872), S. 397–419, 497–524.

35 StadtA München, NL Binder 1: Taschenkalender 1868.

36 StadtA München, NL Binder 1: Taschenkalender 1868, 1871. Binder (wie Anm. 34), S. 508.

37 Wohl: August Druffel, Dr. phil., Amalienstraße 9; * 21. 8. 1841 Koblenz, seit November 1868 in München, zunächst als Mitarbeiter an der Akademie der Wissenschaften, ab 1877 als Privatdozent an der Universität, ab 10. 6. 1885 als Honorarprofessor an der philosophischen Fakultät, † 23. 10. 1891 München. StadtAM, PMB D 226.

38 Tagebuchnotizen Binder vom 5. 6. und 9. 6. 1871. StadtAM, NL Binder 1.

39 StadtAM, NL Binder 1: Taschenkalender 1868, 1871.

40 Gesuch um Bürgeraufnahme. StadtAM, EBA 1865/1123. Vgl. auch Titelei der Kataloge Nr. 8, 9 und 11.

41 Geschäftsanzeige, 1884 an die Bayerische Akademie der Wissenschaften versandt. Privatbesitz.

42 Fifty Years of Bookselling (wie Anm. 33).

43 Die bayerische Staatsbibliothek in historischen Beschreibungen, München (u. a.), 1992, S. 194.

44 Meiner, Annemarie: 100 Jahre Theodor Ackermann. München 1965, S. 12.

45 Stadtadressbuch 1863 (nach dem Stand vom Oktober 1862), S. 25.

46 Stadtadressbuch 1863, S. 18.

47 Ebd., Geschäftsanzeigen, S. 55. Vgl. auch Schulz (wie Anm. 12), S. 366. Geschäftsanzeige in Katalog Nr. 9, S. 88.

48 Katalog Nr. 4: Protestantische Theologie. Katalog Nr. 5: Unterhaltungs-Schriften u. Anhang. Katalog Nr. 6: Theologie Catholique (erschien in allen Sprachen außer Deutsch). Katalog Nr. 7: L'Amerique, l'Asie, l'Afrique, les Terres Australes.

49 Unter anderem Nr. 6 (Porträts der Reformatoren und ihrer Freunde sowie protestantischer Theologen überhaupt. 28 Seiten), Nr. 7 (Deutsche katholische Predigt-Werke aus den Jahren 1500–1870. Anhang Marienpredigten. 32 Seiten). Beide Nummern sind als lieferbar angekündigt in Katalog Nr. 8 (1871).

50 Dieser erschien bis zum Jahr 1907 in 179 Nummern. Meiner (wie Anm. 44), S. 14.

51 Raphael Nathan (Notel) Rabinowitz, * 17. 5. 1830 Neuschagoren (Novo-Shagory), Litauen, † 29. 11. 1888 Kiew. StadtAM, PMB R 6. Jüdisches Lexikon, Band IV, Berlin 1930, S. 1218.

52 Hans Sebald Beham's alttestamenarische Holzschnitte und deren Verwendung zur Bücher-Illustration 1529–1612, in: Repertorium für Kunstwissenschaft, Band 5, Stuttgart 1882, S. 379–405.

53 Vgl. Ludwig Rosenthal's Antiquariat (wie Anm. 3), Einleitung.

54 Kaltwasser, Franz Georg: Die Bibliothek als Museum, Wiesbaden 1999, S. 244.

55 Kaltwasser (wie Anm. 54), S. 358 f., 422 f., 428.

56 Fifty Years of Bookselling (wie Anm. 33). Fünfzig Jahre (wie Anm. 8), S. 208. Ziegert (wie Anm. 1), S. 448.

57 Siehe den Anhang „Verlags- und Partie-Artikel" im Katalog Nr. 177 (Alte geographische Atlanten), München 1931.

58 Bürger (wie Anm. 1), S. 5. Fünfzig Jahre (wie Anm. 8), S. 207–209. Dieser Beitrag stammt wohl ebenfalls aus der Feder von Paul Bürger. Eine Auswahl von Zeitungsartikeln: Königlich privilegierte Berlinische Zeitung, Vossische Zeitung, Nr. 590 (Morgen-Ausgabe) v. 17.12.1909. Berliner Tagblatt v. 7. 1. 1910. In England: The Clique, Nr. 998 v. 24. 12. 1909.

59 Catalogue 130: A Collection of Choice Manuskripts, Incunables, Books of Hours, Maps, Music Autographs, Woodcut Books, München 1909, 40 Illustrationen. Darin insbesondere die Nummern 65 (Missale speciale), 94 (Missale mixtum), 151 (Verrazano-Globuskarte). Zum Missale speciale siehe den Beitrag zu Otto Hupp.

60 Ziegert (wie Anm. 1), S. 448; Fünfzig Jahre (wie Anm. 8), S. 208.

61 Aretin, Karl Otmar von: Karl Maria von Aretin, in: NDB, Band 1, S. 349. Bosls Bayerische Biographie, hrsg. von Karl Bosl, Regensburg, 1983, S. 25. Löffler, Bernhard: Die bayerische Kammer der Reichsräte 1848 bis 1918 (Schriftenreihe zur bayerischen Landesgeschichte, Band 108). München 1996, S. 164 f.

62 Militaria, 285 Nummern. München 1871. Der ebenfalls mit Stücken aus dem Aretin-Nachlass angekündigte Katalog Nr. 10 (Autographen und Porträts aus dem Nachlass Aretin) war bei Erscheinen von Nr. 11 noch nicht publiziert.

63 Aeltere und neuere Ornamentbücher und Stiche aller Kunstschulen, Schreib- und Zeichenbücher, Architectur und Archäologie, 946 Positionen. München 1872.

64 Löffler (wie Anm. 61), S. 285, 583. Kögler, Walter: Das Haus Fugger-Glött und die Industrialisierung um die Mitte des 19. Jahrhunderts. Bearb. von Bernhard Ehrhart und Franz Karg, in: Jahrbuch des Historischen Vereins Dillingen an der Donau 88 (1986), S. 47–120, und 89 (1987), S. 91–114.

65 Hierzu erschien ein Katalog mit 2.067 Nummern aus dem gesamten graphischen Bereich [Kupferstiche, Holzschnitte, Radierungen, Handzeichnungen]. München 1869. Die Bibliothek des Grafen wurde ab 1. Juni 1871 durch den Antiquar Carl von Lama in Dillingen a. d. Donau versteigert. Laut freundlichem Hinweis von Herrn Karg, Fürstl. und Gräfl. Fuggersches Familien- und Stiftungs-Archiv, Dillingen/Donau.

66 Fünfzig Jahre (wie Anm. 8), S. 208. Olbrich (wie Anm. 1), S. A 165. Der Spiegelschwab (wie Anm. 1).

67 Hugo Philipp Graf von Waldbott-Bassenheim, * 30. 6. 1820, † 17. 5. 1895. Reichsrat 1842–1895, katholisch, liberalkonservativer Politiker. Löffler (wie Anm. 61), S. 590. StAAu, BA Memmingen 3563.

68 Laut Schreiben des Buxheimer Domänenverwalters an Hugo von Waldbott-Bassenheim vom 26. 1. 1883. StAAu, NL Friedrich Ludwig Waldbott-Bassenheim 54.

69 StAAu, NL Friedrich Ludwig Waldbott-Bassenheim 54.

70 Brief vom 14. 4. 1883 an seinen Rechtsanwalt Kilp in Memmingen. StAAu, NL Friedrich Ludwig Waldbott-Bassenheim 36.

71 Am 17. 12. 1883 erfolgte seine Wiederwahl zum Vorstand. StadtAM, Jahrbuch der Stadt München 1883, II, S. 595.

72 Lagerort: Bayerische Staatsbibliothek, Bavar. 534 dde.

73 StAAu, Waldbott-Bassenheim: Rentamt Buxheim, Fasz. 28. Max Brissel gründete im Jahr 1862 eigens eine „Bücher-Auctions-Anstalt für Süd-Deutschland", über die er seine Bücher-Auktionen durchführte. Laut erstem Katalog der Auktions-Anstalt über eine Versteigerung mehreren Privatbibliotheken, beginnend am 9. 12. 1862 mit 3.809 Nummern.

74 Ziegert (wie Anm. 1), S. 448.

75 Titel des Kataloges: Münchener Bücherauktion, 21.–25. Juli 1891. Katalog einer reichhaltigen Sammlung von seltenen und werthvollen Büchern, Handschriften und Drucken, welche den 21.–25. Juli 1891 durch Ludwig Rosenthals Antiquariat in München, Hildegardstr. 16, zur Versteigerung gelangt.

76 Ludwig Rosenthal's Antiquariat (wie Anm. 3), Einleitung.

77 Maurice Leon (Moritz) Ettinghausen, * 25. 1. 1883 Paris (Vater: Hermann Ettinghausen, um 1906 Kaufmann in London), Bibliograph und Journalist, besitzt englische Staatsangehörigkeit, schreibt für deutsche und englische Zeitungen, lebt seit 1906 als „Correspondent" in München und besitzt im Jahr 1912 Prokura für die Firma Ludwig Rosenthal. StadtAM, PMB E 15. Sigilla veri (Semi-Kürschner), Lexikon der Juden, – Genossen und – Gegner aller Zeiten und Zonen ... Zweite vermehrte und verbesserte Auflage, 2. Band, 1929, S. 295. Anfangs der 1930er Jahre ist Ettinghausen im Londoner Antiquariat Maggs Bros. in leitender Funktion tätig, er korrespondiert 1931 mit Erwin Rosenthal wegen Ankaufs der Oettingen-Wallersteinischen Bibliothek. NL Hans Koch, Ordner 5. In den 1940er Jahren Teilhaber im Antiquariat von Albi Rosenthal in Oxford. Rosenthal, Bernard M.: Cartel, Clan or Dynasty? The Olschkis and the Rosenthals 1859–1976, in: Harvard Library Bulletin, vol. XXV, Nr. 4, p. 398. An dieser Stelle sind auch Teile der Korrespondenz mit J. P. Morgan vom 16. 1. und 20. 2. 1912 abgedruckt.

78 Archives of The Morgan Library, New York, Early Acquisitions Files – Rosenthal, Ludwig.

79 Aus dem Antiquariat (wie Anm. 1), S. A 166. Ziegert (wie Anm. 1), S. 448 f.

80 Max Ziegert, † 13. 12. 1930 Miltenberg, 78 Jahre alt. Er gründete im Jahr 1899 in Frankfurt a. Main ein Buch- und Kunstantiquariat und gab viele wertvolle Kataloge heraus. Börsenblatt für den Deutschen Buchhandel, Nr. 300 v. 30. 12. 1930, S. 204.

81 Börsenblatt für den Deutschen Buchhandel, Nr. 8 v. 9. 4. 1923, S. 447.

82 StadtAM, PMB H 301. Ziegert (wie Anm. 1), S. 449.

83 Ziegert (wie Anm. 1), S. 449.

84 Josef Müller, * 31. 5. 1816 Buttenweisen, † 2. 1. 1886 München, I. ∞ Fanny Frank, * 1813/14 Buttenwiesen, † 11. 1. 1878 München, II. ∞ Fanny Theilhaber, * 1. 6. 1851 Heidenheim. StadtAM, PMB M 264. Minna (Wilhelmine) Müller, verh. Rosenthal, * 30. 6. 1847 Buttenwiesen, † 26. 1. 1933 München. StadtAM, PMB R 258.

85 StadtAM, PMB R 258, EBA 1865/1123.

86 Jette Rosenthal, * 23. 11. 1844 Fellheim, † 13. 8. 1920 München, ∞ David Halle, Lehrer in Schnaittach, † 23. 5. 1872. StadtAM, PMB H 35.

87 Schulz (wie Anm. 11), S. 365.

88 Rosenthal, Jacques: Autobiographical notes, Bibliothek der University of San Francisco.

89 Vgl. Ziegert (wie Anm. 1), S. 448.

90 StadtAM, PMB R 258.

91 Ludwig Rosenthal's Antiquariat (wie Anm. 3), Einleitung. Aus dem Antiquariat (wie Anm. 1), S. A 165. Ziegert (wie Anm. 1), S. 448.

92 Der alte Antiquar, in: Frankfurter Zeitung, Nr. 58 v. 22. 1. 1929. In leicht veränderter Form abgedruckt in: Bücher–Bücher–Bücher–Bücher, Elemente der Bücherliebekunst von Karl Wolfskehl, München 1931, S. 73–75, sowie in: Ruben, Margot/Bock, Claus Viktor (Hrsg.): Wolfskehl, Karl, Gesammelte Werke, 2. Band, Hamburg 1960, S. 538.

Das Antiquariat Jacques Rosenthal

Wie aus Jakob ein Jacques wurde

Im Jahr 1878 wurde ein junger Mann, Juniorteilhaber eines renommierten Münchner Antiquariats, nach Paris geschickt, um dort die Geschäftskontakte mit führenden französischen Antiquaren, Bibliothekaren und Sammlern zu vertiefen und auszubauen. Er sollte sich generell für die Firma auf dem französischen Markt umsehen, sich mit ihm vertraut machen und möglichst bald zu „ihrem Mann in Frankreich" werden.[1] Der Aufenthalt in der französischen Metropole sollte für Jakob Rosenthal zu einem Wendepunkt seines Lebens werden. Er fand hier genau das Umfeld vor, in dem er seine vielfältigen Talente entfalten konnte. Schon während seines einjährigen Aufenthalts in Paris beschloss er, sich fortan nur noch „Jacques" zu nennen. An dieser Stelle mag ein Rückblick auf den bisherigen Lebensweg von Jakob Rosenthal angebracht sein. Er wurde am 17. Juli 1854 in Fellheim in Bayerisch-Schwaben geboren und übersiedelte mit seinem Vater Joseph Rosenthal und dem Bruder Ludwig im Mai 1867 nach München[2], wo er bestens auf sein zukünftiges Berufsleben als Antiquariatsbuchhändler vorbereitet wurde. Hatte sein älterer Bruder Ludwig noch zu Fuß zwei Stunden in das ehemalige Kloster Buxheim laufen müssen, um Privatunterricht in Englisch zu nehmen, so war für Jakob bereits ein Hauslehrer engagiert. Der Vater wünschte, dass alle seine Buben „tüchtig französisch und englisch" lernen, und hatte für Jakobs Unterricht in französischer Sprache einen landesbürtigen Privatlehrer engagiert, der ihm außerdem gepflegte Umgangsformen beibringen sollte. Mit seinem Instruktor unternahm Jakob Spaziergänge, auf denen ausgiebig Konversation gepflegt wurde. Zweimal in der Woche begleitete Jakob ihn in die Gastwirtschaft des Jakob Abenthum am Dultplatz (später: Maximiliansplatz) 21 zum Essen. Während der Mahlzeiten wurden ebenfalls ausgiebige Gespräche geführt.[3]

Die Lehre als Antiquariatsbuchhändler absolvierte Jakob bei seinem Bruder Ludwig in München. Danach strebte er – wie in Antiquarskreisen üblich – in die Fremde, um sich bei anderen Handlungen umzusehen. Die erste Tätigkeit nahm er bei dem Buch- und Kunstantiquariat von Ernst Carlebach in Heidelberg an. Diese Stelle war sicher mit Bedacht gewählt, gehörte doch Carlebach zu einer neuen Generation junger aufstrebender und hervorragend ausgebildeter Antiquare. Er hatte seine Lehrzeit bei berühmten Häusern Europas absolviert, so bei der Firma Brockhaus in Leipzig und bei Trübner & Cie in London, und war erst 1863 von Mannheim zugezogen. In Heidelberg konnte sich Carlebach in einem wichtigen Zweig des örtlichen Wirtschaftslebens, nämlich der Versorgung der Universität mit Büchern, mit seinem wissenschaftlichen Antiquariat sehr schnell etablieren. Ein Hinweis auf die Größe seines Geschäfts mag sein, dass er im Jahr 1908 bereits die Nummer 300 seiner Versteigerungskataloge publizieren konnte. Auch im politisch-gesellschaftlichen Leben der Stadt spielte der 1923 verstorbene Ernst Carlebach als langjähriger Vorsitzender des Synagogenrates eine gewichtige Rolle.[4]

Von Heidelberg wechselte Jakob Rosenthal zu der alteingesessenen „Bielefeld'schen Hofbuchhandlung" nach Karlsruhe, die seit dem Jahr 1867 von Josef Bielefeld geführt wurde.[5] Ob in der Wahl seiner Arbeitgeber, die sicherlich über gute Kontakte jenseits des Rheins verfügten, bereits eine frühe Neigung zu französischer Literatur erkennbar ist oder etwa langfristige geschäftliche Dispositionen des Bruders Ludwig dahinterstecken, mag dahingestellt bleiben. Erkennbar bleibt jedoch eine Vita, die Jakob Rosenthal mit manch anderen bedeutenden Antiquaren der zweiten Hälfte des 19. Jahrhunderts verbindet. Diese entwickelten sich über die Volksschule, eine Buchhändler- oder Antiquariatslehre und im Selbststudium ohne akademische Ausbildung zu Spezialisten ihres Faches und wurden später zu Ratgebern von Sammlern und Bibliotheksdirektoren. Beispielhaft für diesen Kreis sei der gleichaltrige Karl Wilhelm Hiersemann genannt, der 1854 als Sohn eines Gutsbesitzers geboren wurde und ebenfalls über die Volksschule und privaten Sprachunterricht in Englisch und Französisch (beim örtlichen Pfarrer) seine Schulbildung erhielt. Zunächst Schüler an der Buchhändler-Lehranstalt in Leipzig, absolvierte er dann eine Lehre bei der bekannten Buch- und Antiquariatsbuchhandlung „List & Francke" in Leipzig und gründete 1884 die später weltbekannte Firma „K. W. Hiersemann" in Leipzig.[6]

Jakob Rosenthal kehrte nach den Gehilfenstationen in Heidelberg und Karlsruhe in seine Heimatstadt zurück und trat mit seinem älteren Bruder Nathan (1849–1921) als Teilhaber in die florierende Firma seines Bruders Ludwig ein. Dies erfolgte zum 20. Januar 1874.[7] Ein früherer Eintritt im Jahr 1871 oder 1872[8] scheint aufgrund des zu dieser Zeit stattfindenden auswärtigen Aufenthalts von Jakob Rosenthal eher unwahrscheinlich. Ludwig Rosenthal besaß, obwohl in ganz Europa tätig, eher eine Vorliebe für die romanische und angloamerikanische Welt und reiste sehr gerne und mit hohem Ertrag durch Spanien und Italien, aus welchen Ländern er reiche Fischzüge an Inkunabeln und frühen Manuskripten nach Hause brachte. Ab 1877 traf man Jakob

Rosenthal vermehrt auf Reisen an, auf welchen er nicht nur erwarb und verkaufte, sondern auch Kontakte zu Bibliotheksdirektoren und Sammlern knüpfte. Im Jahr 1878 ging er nun im Auftrage seines Bruders nach Paris, wobei von Anfang an wohl an einen längeren Aufenthalt gedacht war. Die Gründe hierfür waren sicherlich in erster Linie geschäftlicher Natur. Paris war zu diesem Zeitpunkt neben London das Zentrum des europäischen Buch- und Antiquariatshandels. Am Platz Paris wurden viele frühe Handschriften und Inkunabeln weitervermittelt. Hier hatte sich an den Universitäten und an den großen Bibliotheken auch bereits eine kritische Inkunabel- und Handschriftenwissenschaft etabliert, die den deutschen Verhältnissen voraus war. So mag es für die Firma Ludwig Rosenthal ratsam gewesen sein, einmal vor Ort in Paris engere persönliche Kontakte zu knüpfen. Vielleicht war man auch mit dem bisherigen Firmenvertreter in Paris, einem Monsieur Springer, nicht so ganz zufrieden. Da Jakob Rosenthal nach seinem Paris-Aufenthalt nach London weiterreiste, dem zweiten Zentrum des europäischen Antiquariatshandels, und von da über Köln wieder zurück nach München, möchte man bei dieser Tour fast an eine Art „Kavaliersreise" an die Zentren des europäischen Antiquariatshandels denken. Eine Tour, die den jungen Antiquar in die Welt der großen Antiquare, Bibliothekare und Sammler einführen sollte. Das Herz des jungen Antiquars blieb auf dieser Tour jedenfalls in Paris hängen, wo er sich später nicht selten wochenlang aufhielt, um nach alten Büchern zu suchen.

In seinen Erinnerungen geht Jacques Rosenthal sehr ausführlich auf seinen ersten Aufenthalt in der französischen Metropole ein, so dass wir über seine Kontakte und Beschäftigungen gut unterrichtet sind. [9] Neben Monsieur Springer konnte er auch auf einen frisch verheirateten Cousin als erste Anlaufstelle zurückgreifen. Die erste Wohnung lag an der Rue de Vaugirard, ganz nahe am Théâtre de l'Odeon. „Es war ein streng solides Hôtel meublé. Studentinnen oder gar Freundinnen waren ausgeschlossen. Nur solide Herren oder beglaubigte Ehepaare hatten Zutritt. Unser Concierge war unbestechlich." Der Besuch eines neuen Freundes, der bis spät in die Nacht dauerte, hätte ihm bald die Kündigung durch den Concierge gebracht, da der Freund eine etwas dünne weibische Stimme hatte. Jakob Rosenthal, bereits in jungen Jahren hoch gebildet und mit ausgezeichneten Sprachkenntnissen versehen, dazu eloquent und ein guter Unterhalter, fiel es offensichtlich in Paris nicht schwer, neue Kontakte zu knüpfen. Mit Anatole Claudin, Inhaber der berühmten „Libraire ancienne" an der Ecke des Quai Conti zur Rue Guénégaud, verband ihn bald eine herzliche Freundschaft. Später lud ihn Claudin, der sich in seiner freien Zeit intensiv der Erforschung früher Drucktypen widmete, an Sonn- und Feiertagen öfter in sein Landhaus nach

Charenton ein. In diesem mit seltenen, zum Teil äußerst kostbaren Büchern angefüll-
ten Refugium entwickelten sich manche gelehrte Disputationen, die den Forscher und
den jungen Antiquar näher zusammenbrachten. Claudin war zwar Buchhändler, doch
in seiner Seele ein eminent zielstrebiger Forscher, so dass jedes Buch, das er für seine For-
schungszwecke benötigte, zunächst unverkäuflich war. Hatte er jedoch den „letzten
Tropfen historischen und bibliographischen Blutes aus dem Buch herausgequetscht"[10],
war das Buch zum Verkauf frei, und so konnte Jakob Rosenthal manche der bedeutendsten französischen Frühdrucke für sich und sein Haus erwerben.

Richtungsweisend für den weiteren Lebensweg Jakob Rosenthals sollte jedoch das
Zusammentreffen mit dem Gelehrten und Bibliothekar Leopold Delisle (1826–1910)
werden, der seit 1874 als Generaldirektor der Bibliotheque Nationale in Paris vorstand
und heute noch als einer der größten jemals lebenden Kenner auf dem Gebiet der
Handschriften- und Inkunabelkunde gilt. Delisle kann in jeder Hinsicht als Förderer
Jakob Rosenthals angesehen werden. Er nahm den jungen Mann unter seine Fittiche
und lud ihn zur Teilnahme an seinen Seminaren über mittelalterliche Handschriften
ein, die er am Sonntagnachmittag zu Hause abzuhalten pflegte. Mit den dabei erlern-
ten Kenntnissen entwickelte sich sein Schüler rasch zu einem Kenner in Handschrif-
ten- und Inkunabelkunde. Daneben machte Jakob die Bekanntschaft des Direktors
der École des Chartes, Émile Chatellain, sowie des gleichaltrigen, ebenfalls von Leopold Delisle geförderten, jungen Gelehrten Paul Durrieu (1855–1925), mit dem ihn eine
lebenslängliche Freundschaft verbinden sollte. Sein Stöbern bei Buchhändlern, Antiquaren und Sammlern in Paris zahlte sich durch einige imposante Entdeckungen aus,
die ihn vielfach mit den großen europäischen Bibliotheken in besten Kontakt brachten. Der Pariser Nationalbibliothek brachte er eine Anzahl kostbarer Manuskripte und
Frühdrucke zu. Bei einem privaten Sammler sah er eine eigenhändige literarische
Niederschrift Friedrich des Großen, die dieser zur Prüfung an Voltaire geschickt hatte.
Obwohl der Besitzer das Stück zunächst nur dann hergeben wollte, wenn Elsass-
Lothringen an Frankreich zurückgegeben wäre, konnte Jakob Rosenthal die Schrift für
den deutschen Kaiser Wilhelm I. erwerben. Der Berliner Nationalbibliothek ver-
schaffte er das „Evangeliarum Prumense", einen der schönsten Miniaturcodices des
Mittelalters, durch eine von ihm selbst eingeleitete und selbst dotierte Sammlung.[11]
Diese nicht nur vom Kaufmannskalkül, sondern auch mäzenatisch bestimmten Käufe
und Vermittlungen brachten ihm viele über Jahrzehnte währende freundschaftliche
Kontakte mit Bibliotheksdirektoren, Gelehrten und höchsten Regierungskreisen ein
und bereiteten wohl auch das Feld für andere Verkäufe. Solche aufsehenerregenden

15
Jacques Rosenthal. Aufnahme um 1910.

Transaktionen stärkten natürlich das internationale Renommee der Firma Ludwig Rosenthal. Gleichzeitig trugen sie ebenso zum Aufbau einer elitären Aura um die Rosenthals bei, die von Jakob Rosenthal vielleicht stärker und bewusster gepflegt wurde als von seinem Bruder Ludwig, aber auch von den Familienmitgliedern der zweiten und dritten Generation in unterschiedlicher Ausprägung weiter getragen wurde. Der „Mythos Rosenthal" mag zu einem Gutteil auf diese spektakulären Transaktionen im letzten Viertel des 19. Jahrhunderts zurückgehen. Zahlreiche Orden und Auszeichnungen sind Ausdruck dieser Bemühungen. Der deutsche Kaiser Wilhelm II. verlieh Jacques Rosenthal 1907 den „Königlich Preußischen Kronen-Orden IV. Klasse", 1910 erhielt er den Titel „Königlich preußischer Hofantiquar" zuerkannt.[12] Die französische Regierung ernannte ihn wegen seiner Verdienste um die Nationalbibliothek zum Officier d'Académie, in Bayern erhielt er den Titel „Hofantiquar" verliehen, auf den er zeitlebens sehr stolz war. Papst Pius XI., vormals Bibliotheksdirektor an der Ambrosiana in Mailand und seit Jahrzehnten mit Jacques Rosenthal bekannt, verlieh im 1927 die aus Anlass seines 70. Geburtstages gestiftete silberne Medaille.[13] Die Universitäten Berlin und München ehrten ihn ebenfalls mit Medaillen.

Jakob jedenfalls entwickelte sich in Frankreich zu einem glühenden Frankophilen, und bevor noch sein erstes Jahr in Paris um war, wechselte er seinen Vornamen in „Jacques". Am Ende seines Aufenthaltes in der französischen Metropole hatte Jakob Rosenthal den Weg vom vorwiegend kaufmännisch orientierten Antiquar zum Kaufmann und Gelehrten eingeschlagen.

Die Aufträge des Königs

In der Literatur über Jacques und Ludwig Rosenthal wird immer wieder Bezug genommen auf die engen Kontakte beider zum Hofe des bayerischen Königs Ludwig II. Dieser wusste die Münchner Buchhändler und Antiquare mit immer neuen Wünschen nach entlegenster Fachliteratur zur Geschichte des Sonnenkönigs Ludwig XIV. zu überraschen. Ende der 1870er Jahre steckte der bayerische König mitten in den Plänen für das Neue Schloss auf Herrenchiemsee. Linderhof und Neuschwanstein wurden aus- und aufgebaut und die Bücheranforderungen des Königs in französischer Architekturgeschichte versetzten den bayerischen Gesandten in Paris sowie deutsche und französische Buchhändler oftmals in hektische Betriebsamkeit. Nach den Erinnerungen Jacques Rosenthals hatte die Firma Ludwig Rosenthal Mitte der 1870er

Jahre bereits einen solch guten Ruf bei Hofe, dass der damalige Kabinettssekretär des Königs, August von Eisenhart[14], „täglicher Gast im Hause [war], immer neue Wünsche und Aufträge seines Herrn überbringend. Alles – in Wort und Bild – mußte durch die Fa. Ludwig Rosenthal herbeigeschafft werden."[15] Ob die Beziehungen der Firma zum königlichen Haus wirklich so eng waren, lässt sich durch schriftliche Quellen nicht belegen. Manches wurde vielleicht aus der Rückschau überhöht. In den Unterlagen der Königlichen Kabinettskasse wie der Hofkasse taucht jedenfalls Ludwig Rosenthal als direkter Kunde nur in wenigen Fällen auf, in den Jahren 1878 und 1879 jeweils nur ein Mal: Für das Werk von Dechy, „Memoires d'un garde du corps du roi", überwies die Kabinettskasse am 15. Oktober 1878 an die Firma Ludwig Rosenthal 9 Mark.[16] Für den zweibändigen Monicart „Versailles immortalise" erhielt die Firma am 27. März 1879 24 Mark überwiesen.[17] Das weitaus größere Geschäft tätigte in dieser Zeit jedoch – glaubt man den Büchern der königlichen Hofhaltung – die Münchner Buchhandlung von Theodor Ackermann. So erhielt Ackermann von der Kabinettskasse im Jahr 1879 für Bücherlieferungen – es handelte sich überwiegend um „französische Bücher" – insgesamt 1.051,10 Mark ausbezahlt.[18] Vielleicht gab es ja noch andere Kanäle, über welche die Bücherwünsche des Königs abgewickelt wurden. Jedenfalls soll Jacques Rosenthal während seines Aufenthaltes in Paris von seiner Firma aus München den Auftrag erhalten haben, alles, was er zu Ludwig XIV. erreichen könne, insbesondere Architekturbücher, zu kaufen. Diesen Auftrag erfüllte er nach der Familientradition „en masse". Immerhin ist die Vorstellung sehr amüsant, dass die Familie Rosenthal die architektonischen Konzeptionen des Königs für Herrenchiemsee und Neuschwanstein indirekt beeinflusst habe.

Eine Episode aus dieser Zeit sei aus den Erinnerungen des Enkels Bernard Rosenthal wiedergegeben: Unter den dringenden Bücherwünschen des Königs befand sich ein Buch, das nicht gefunden werden konnte. „Jacques, bombarded by telegrams, having exhausted every possibility, finally managed to wangle an introduction to the most renowned French bookman of the time, Paul Lacroix, or as he is better known to us ‚Le Bibliophile Jacob'. It was difficult to arrange to see this eminent gentleman, but the young German bookseller had made it clear that he came on the king's business and therefore was admitted. He explained his predicament, to which Lacroix replied, that if King Ludwig said the book existed, then it must exist." Der große Buchhändler bemerkte das Erstaunen des jungen Mannes, ließ ihn eine Weile warten und zeigte ihm dann ein Bündel Briefe, die alle an ihn adressiert waren – geschrieben von Ludwigs eigener Hand. „They [die Briefe] reveal him to be a man of great culture, of wide learning – a real scholar – indeed, an admirable man." Wenig Tage später hatte Lacroix einen Verweis auf das gesuchte Buch in einem Werk über das Schloss Versailles ermittelt – also musste es existieren. Gefunden wurde das seltene Werk jedoch von keinem der beiden Größen des europäischen Buchhandels.[19]

Dass diese Geschichte nicht nur wunderbar erzählt ist, sondern auch eine Wahrheit in Bezug auf die hervorragenden Literaturkenntnisse Ludwigs II. enthält, zeigt ein Briefwechsel, den der bayerische Gesandte in Paris zum Jahresende 1878 mit Friedrich von Ziegler[20], dem neuen Kabinettssekretär Ludwigs II., führte. Am 16. Dezember 1878 schrieb Johann Evangelist Reither[21] an Ziegler, wobei er sich auf die allerhöchsten Aufträge zur Beschaffung von Büchern vom 15., 17., 20., und 26. November bezog: Er habe sofort darauf die Buchhandlung Delaroque in Paris mit der Ausführung beauftragt, derselben sei es trotz der sorgfältigsten Recherchen nur gelungen, die „Histoire de Mme de Maintenon par le Duc de Noailles, 4 vol." käuflich zu erwerben und unter dem 3. des Monats an die Adresse Zieglers zur Absendung zu bringen. Am 14. Dezember konnte das Haus noch drei weitere seltene Bücher expedieren, darunter die „Memoires et lettres pour servir à l'histoire de Madame de Maintenon, publies par La Beaumelle". Die darin erwähnten Memoiren einer Madmoiselle d'Amnale gebe es nicht, namentlich seien sie von Lavalee nie veröffentlicht worden. „Er [Buchhändler Delaroque] glaube wohl, daß dieser Autor die Publikation des in Rede stehenden Buches angezeigt, jedoch nicht ausgeführt, wie er auch andere Werke angefangen und unvollendet gelassen habe." Auch zwei weitere Bücher aus der Regierungszeit Ludwigs XIV. habe Herr Delaroque noch nicht ausfindig machen können, er setze aber seine Nachforschungen fort.[22] Insgesamt zeigen diese Beispiele bei aller Überspanntheit in Beschaffung der noch so entlegensten Werke aber doch, wie ausgezeichnet Ludwig II. über die zeitgenössische wie aktuelle Literatur zu seinem Lieblingsthema „Ludwig XIV." informiert war und welches dichte Netz an Beamten, Bibliothekaren, Buchhändlern und Gelehrten er für seine Bücherbeschaffung geknüpft hatte.

Selbst für die Beschaffung noch nicht publizierter Bücher war dem König kein Einsatz zu gering. So hatte der französische Autor Baron Imbert de St.-Amand dem König anlässlich eines Besuches am 28. Juli 1875 erklärt, dass sein Verleger Dentu den zweiten Band der „Les femmes de Versailles" erst in der nächsten Wintersaison bringen werde. Ludwig wies daraufhin unverzüglich den bayerischen Gesandten in Paris Gideon Rudhart an[23], sich beim Verleger um die Drucklegung des Werkes zu bemühen. Dentu konnte bereits am 31. Juli Rudhart das Angebot unterbreiten, er werde das Werk sofort in Druck setzen, wenn man ihm 100 Exemplare zu je 3 frs 50 cts abneh-

me. So werde es in der zweiten Septemberhälfte erscheinen. Am 3. August vermeldete
Rudhart an Kabinettssekretär Eisenhart in München, er habe, um keinen Zeitverlust
eintreten zu lassen, „heute noch das Anerbieten angenommen und Herrn Dentu
ersucht, die Drucklegung thunlichst zu beschleunigen". Bei Fertigstellung solle ein
Exemplar sofort expediert werden, die übrigen 99 werde er dem Verleger überlassen,
„da die Einsendung nach München kaum einen Zweck hätte und eine Verwerthung
hier verschiedenen Bedenken unterliegen dürfte". Mitte Oktober 1875 war das Buch
allerdings immer noch nicht erschienen.[24]

Die Etablierung eines eigenen Geschäfts

Aus den 1880er Jahren sind wenig geschäftliche Dinge zu Jacques Rosenthal überliefert. Er reiste viel durch Europa, vor allem nach den österreichischen Staaten, nach
England und Frankreich. Dort hielt er sich oftmals mehrere Wochen auf und vertiefte
seine Studien in Kenntnis der frühen Manuskripte und Drucke. Einmal im Jahr ließ
er bei der Münchner Polizeidirektion seinen Reisepass in das europäische Ausland ver-
längern. Am 11. November 1885 erhielt er auf zwei Jahre einen Pass für Reisen nach
England und Frankreich, am 27. April 1888 einen Pass für drei Jahre in die österreichischen Staaten, England und Frankreich. Ab 1891 stellte die Polizeidirektion generelle
Reisepässe für das „In- und Ausland" auf zwei bzw. drei Jahre aus. In die 1880er Jahre
fielen jedoch wichtige persönliche Weichenstellungen: Am 21. Dezember 1882 ehelichte
er vor dem Münchner Standesamt die 25-jährige Emma Guggenheimer, Tochter des
wohlhabenden Münchner Großhändlers Sigmund Guggenheimer. Die Braut stammte
aus einer der angesehensten jüdischen Familien Münchens: Der Großvater Bernard
Guggenheimer (1791–1865) konnte sich im Jahr 1825, von Harburg im Ries kommend,
mit einer Großhandelskonzession in München niederlassen, wobei der Stadtmagistrat
bei der Konzessionserteilung seinen guten Ruf und insbesondere sein Vermögen von
30.000 Gulden in Betracht ziehen konnte. Drei Brüder des Vaters Sigmund, nämlich
Moritz, Eduard und Josef Guggenheimer, waren als Bankiers tätig und führten das
Bankhaus Guggenheimer & Co. Emma Guggenheimer war im elterlichen Wohnhaus
am Promenadeplatz 17, das der Vater im Jahr 1860 erworben hatte, aufgewachsen.[25]
Die junge Familie wohnte weiterhin im dritten Stock der Thierschstraße 5, wo Jacques
im Oktober 1877 eingezogen war. Nach der Geburt der Tochter Theodora (7. 9. 1884)
bezog die Familie eine Wohnung im dritten Stock des Hauses Maximilianstraße 9, das

16
Emma und Jacques Rosenthal mit dem Sohn Erwin. Aufnahme von 1905. Hofatelier Bernhard Dittmar, München.

im Besitz der Bankiersfamilie Schülein war. Dort wurde am 9. April 1889 auch der Sohn Erwin geboren.[26]

Am 26. Juli 1888, vier Monate nach seinem Vater Joseph Rosenthal, erhielt auch Jacques Rosenthal von der Stadt München die Aufforderung, innerhalb von 14 Tagen das Bürgerrecht in München zu erwerben, nachdem dafür die Voraussetzungen nach Art. 17 der Gemeindeordnung mit Rücksicht auf Steueranlage und Aufenthalt gegeben wären. Den tieferen Hintergrund für die Maßnahme der städtischen Verwaltung ist aus dem Schriftwechsel nicht ersichtlich. Vielleicht waren die Rosenthals den städtischen Beamten nur bei einer Revision der Steuerrechnung aufgefallen. Die Steuerlast von Jacques Rosenthal bestand jedenfalls 1888 in 243,00 Mark Gewerbesteuer und 4,20 Mark Kapitalsteuer. Kurze Zeit nach der magistratischen Aufforderung erkannte Jacques Rosenthal, der immer noch in Fellheim sein Heimatrecht beanspruchen konnte, die Verpflichtung auf Erwerb des Münchner Bürgerrechts an und erklärte sich bereit, die Gebühr von 171 Mark zu entrichten. Am 31. August erfolgte seitens des

Magistrats der Beschluss auf Verleihung des Bürger- und Heimatrechts, am 3. September 1888 die Ausstellung der Urkunde.[27]

Die Firma nahm in den 1880er Jahren einen stetigen Aufschwung, die Brüder konnten zahlreiche große Bibliotheken aus Privatbesitz erwerben und mit den Aufkäufen in rascher Abfolge aufsehenerregende Kataloge publizieren. Das Lager nahm inzwischen gigantische Ausmaße an. Mitte der 80er Jahre konnte Ludwig Rosenthal seinen Bestand mit 800.000 Bänden angeben, ein Umfang, der dem Bücherbestand der Hof- und Staatsbibliothek gleichkam.[28] Im Geschäftsgang setzten die drei Brüder jeweils eigene Schwerpunkte: Ludwig blieb weiterhin der „maior domus". Er repräsentierte das Haus nach außen und innen, führte die Gehilfen und Lehrlinge, war erster Ansprechpartner im Ladengeschäft und pflegte die heimischen Kontakte. Auslandsreisen führten ihn vornehmlich nach Südeuropa. Außerdem führte er aus alter Neigung die Kontakte mit amerikanischen Kunden. Jacques vertrat das Haus ebenfalls nach außen, pflegte insbesondere die mittel- und westeuropäischen Kontakte, reiste nach Paris, London, aber auch in die österreichischen Länder. Der mittlere Bruder, Nathan, war mit einem Sprachfehler behaftet und bei weitem nicht so leutselig wie seine Brüder. Er hielt sich vom Kundengeschäft und von öffentlichen Auftritten weitgehend zurück, erledigte vornehmlich die Buchführung und führte die schriftliche Korrespondenz.[29] An den in den 1870er Jahren allenthalben feststellbaren Bestrebungen zur Bildung berufsständischer Vereine und Verbände waren die Rosenthals nicht als treibende Kräfte beteiligt. In München überließen sie Theodor Ackermann, dem großen Konkurrenten am Platz, den Vortritt. Ackermann wurde sowohl bei der Gründungsversammlung des „Bayerischen Buchhändler-Vereins" am 2. August 1879 wie auch bei der Gründungsversammlung des „Münchener Buchhändlervereins" am 8. Juni 1880 zum 1. Vorsitzenden gewählt. Unter den zu Jahresbeginn 1881 eingetragenen 16 Mitgliedern des Münchner Vereins war kein Rosenthal vertreten. In beiden Vorstandschaften scheint bis zur Auflösung der Verbände im Jahr 1936 kein Familienmitglied tätig gewesen zu sein.[30]

Im Jahr 1895 entschlossen sich die drei Brüder zur Teilung des Geschäfts. Jeder nahm ein Drittel des Lagers – von außen besehen eigentlich ein unglaubliches Unterfangen, über eine Million Bücher, Handschriften, Grafiken ohne große Differenzen nach Wert und Anzahl zu teilen und dann noch friedlich und in Freundschaft am selben Platz bestehen zu wollen. Die Gründe für die Trennung der Brüder sind nicht bekannt. Natürlich erreichte das Lager inzwischen riesige Ausmaße und man überlegte sich, wie man die Bestände effektiver verwerten könnte. Andererseits war Jacques inzwischen selbst zu einer Größe im Antiquariatshandel herangewachsen und strebte mit 40 Jahren nach mehr Eigenständigkeit. Außerdem waren beide Familien gewachsen, die drei Buben Ludwigs drängten ins Geschäft und man musste Weichen für die Zukunft aller Kinder stellen. Zudem erlebte der Antiquariatshandel in den 1890er Jahren einen großen Aufschwung. Der Hang zum schönen Buch, zum Buch als dekoratives Ausstattungselement brachte den Antiquaren vermehrte Kundschaft aus bürgerlichen Kreisen zu. Parallel dazu hatten die Preise angezogen. So war eine Teilung des Geschäfts nur folgerichtig. Ludwig blieb natürlich im Stammhaus. Nathan zog aus dem Haus seines Bruders aus, eröffnete mit seinem Anteil ein Antiquariat in der Schwanthalerstraße 75 und begnügte sich damit, den Lagerbestand zu veräußern. Er führte weiterhin ein ruhiges und zurückgezogenes Leben hinter seinen Büchern, heiratete nicht, zeugte jedoch zwei Kinder, die er später adoptierte. Diese erbten das Geschäft und noch sein Enkel Arthur führte ein bekanntes Antiquariat in München.

Jacques eröffnete am 1. Mai 1895 ein „Buch- und Kunstantiquariat" in der Karlstraße 10.[31] Die Geschäftsgründung war offenbar gut vorbereitet, denn Jacques Rosenthal publizierte in der Karlstraße sofort zahlreiche Kataloge, die Besonderes brachten und in Gestaltung und Inhalt den wissenschaftlichen und internationalen Anspruch der Neugründung belegten.[32] Dass die frühen Kataloge meist in französischer und/oder lateinischer Sprache abgefasst waren, unterstreicht dies sehr deutlich. Sein Sammelgebiet war – zieht man seine Geschäftsanzeigen heran – sehr umfassend: Bilderhandschriften, Inkunabeln, illustrierte Bücher des 15. bis 18. Jahrhunderts, Wappenbücher, Porträts, Städteansichten, Landkarten des 15. und 16. Jahrhunderts, Stammbücher, kostbare alte Einbände, Exlibris u. a. bis hin zu Sportblättern, Sportbüchern und Geheimwissenschaften. Wie im Münchner Antiquariat dieser Zeit üblich, führte er neben der Buchabteilung noch eine umfangreiche grafische Abteilung, v. a. eine Porträtsammlung. Ein Spezialgebiet „Genealogie und Heraldik" gehörte, da es in München zahlreiche Kenner und Spezialisten dafür gab, naturgemäß dazu.[33] Der bedeutendste Heraldiker der Zeit, Otto Hupp, gehörte selbstverständlich zu den Stammkunden bei Jacques Rosenthal.

In 15 Jahren publizierte Jacques Rosenthal etwa 45 Kataloge, wobei er gewisse Traditionen des Ludwig Rosenthal'schen Antiquariats weiterhin pflegte, so die Reihen Katholische Theologie[34], Slavica[35] und Graphik[36]. Vielleicht waren in der „Bibliotheca Slavica" noch Reste jener großen Bibliothek Karl Maria von Aretins enthalten, die Ludwig Rosenthal erstmals 1871 in seinem Katalog Nr. 8 angeboten hatte. Einige Kataloge, die er noch unter seinem Bruder begonnen hatte, führte Jacques Rosenthal unter der Seriennummer seines Bruders nun als „alte Serie" parallel mit diesem weiter, so die Kataloge Nr. 83 (Sciences occultes) und Nr. 85 (Choix de Portraits rares et precieux), beide um 1892/93 zusammengestellt. Der internationale Ruhm Jacques Rosenthals gründete sich aber auf seine Inkunabelbestände, die ihn im Bereich der Frühdrucke zu einem führenden Haus in Europa machten. Die kurz hintereinander publizierten Inkunabelkataloge mit insgesamt 3.500 aufgeführten Nummern[37] oder auch der Katalog Nr. 38 (De Imitatione Christi)[38] versetzten Berufskollegen und Sammler in Erstaunen. Viele seiner Kataloge entwickelten sich daher zu Nachschlagewerken ersten Ranges und galten schon bald als unentbehrliche Hilfsmittel für Bibliotheken und Sammler. Die beiden Inkunabelkataloge – so hieß es im Jahr 1924 – „muß jeder Inkunabelsammler auf seinem Schreibtisch haben".[39]

An Versteigerungen und Auktionen beteiligte sich Jacques Rosenthal nur selten. Aufgrund seiner großen Lagerbestände hatte er es natürlich auch nicht nötig, Geschäfte auf diesem Weg zu tätigen. Zugegriffen hat er nur bei wertvollen Sammlungen. Vom 21. bis 23. Mai 1900 führte er in der Karlstraße eine Auktion mit der einzigartigen „Bibliothek Tessier" durch. Unter diesem Versteigerungstitel war ein Großteil der Bibliotheken des verstorbenen Cavaliere Andrea Tessier und des Marchese de Tessier zusammengefasst, insgesamt fast 1.000 Nummern, bestehend aus Handschriften, Inkunabeln, illustrierten Büchern des 15. Jahrhunderts, schönen Einbänden, Seltenheiten und Graphiken. Im Jahr 1917 versteigerte Jacques Rosenthal zusammen mit dem Münchner Kunsthändler Hugo Helbing und dem berühmten Berliner Kunsthändler und Verleger Paul Cassirer in Berlin die Sammlung Eduard Aumüller, eine der bedeutendsten in Privatbesitz befindlichen grafischen Sammlungen, darunter allein 56 Blätter Rembrandt-Radierungen und rund 130 Werke Albrecht Dürers, insgesamt 900 Einzelstücke.[40]

So konnte Jacques Rosenthal sein Antiquariat bald gleichrangig neben dem seines Bruders platzieren, welchem im Übrigen die Aufteilung seines Geschäfts nicht geschadet hatte. Trotz Trennung hatte sich dessen Bücherbestand von etwa 800.000 Stück Mitte der 1880er Jahre auf etwa eine Million im Jahr 1907 erhöht[41], womit er wieder mit der Hof- und Staatsbibliothek gleichgezogen hatte.

Seine verlegerischen Ziele verband Jacques Rosenthal nicht mit der Erwartung hoher Auflagen und breiter Publikumsresonanz. Im Gegenteil, seine Zielgruppe bildete die kleine Schar von Buchwissenschaftlern, Gelehrten, hochkarätigen Sammlern und Bücherfreunden, denen er neue Forschungsergebnisse, Hilfsmittel oder einfach nur schöne Faksimiledrucke zur Verfügung stellen wollte. Die tiefere Kenntnis der

Frühdrucke, der Handschriften, aber auch der frühen Graphik und der Miniatur-malerei lagen ihm dabei programmatisch am Herzen. Oftmals entstanden grundle-gende Arbeiten auf seine Initiative hin: Dietericus Reichling regte er zu einer Überar-beitung und Vervollständigung des Inkunabelregisters von Hain an, das er schließlich als achtbändigen Appendix zu Hain publizierte. Den Inkunabelforscher Konrad Haebler veranlasste er zur Niederschrift des grundlegenden Werkes über die deutschen Buchdrucker des 15. Jahrhunderts im Auslande, das dieser ihm zum 70. Geburtstag überreichen konnte.[42] Gemeinsam ist allen Publikationen die bibliophile Ausstattung, die Freude des Verlegers am „schönen Buch" ist unverkennbar. Am deutlichsten ist sie erkennbar am 1909 herausgebrachten Faksimiledruck des „Münchener Boccaccio", einer von Jean Fouquet um 1458 illustrierten und in der Bayerischen Staatsbibliothek aufbewahrten Bilderhandschrift. Das Mappenwerk, eingeleitet mit einer historisch-kritischen Studie des Freundes Paul Durrieu (in Deutsch und Französisch), wurde auf geleimtem Büttenpapier in 300 Exemplaren aufgelegt. Dass er seinem gelehrten Freunde, der sich intensiv mit der Person des aus Tours stammenden Fouquet beschäf-tigte, bei der Eröffnung des Vorhabens eine beinahe kindliche Freude bereitete, soll nicht unerwähnt bleiben.[43] Von den Zeitgenossen gerühmt wurde auch die Hungarica-Reihe des ebenfalls mit ihm befreundeten Grafen Alexander Apponyi.[44]

Wie schon aus den Verlagsprojekten hervorscheint, besaß Jacques Rosenthal an der bibliophilen Gestaltung von Neudrucken großes Interesse. Als sich im Herbst 1898 in Berlin um Fedor von Zobelitz (1857–1934) die „Gesellschaft der Bibliophilen" bildete, gehörten Ludwig und Jacques Rosenthal wenn nicht zu den Gründungsmitgliedern, so doch zu den Förderern der ersten Stunde. Als Beginn deren Mitgliedschaft ist jeden-falls in den Registern der Gesellschaft das Jahr 1898 eingetragen.[45] Ob sie sich in der 1907 gegründeten „Gesellschaft der Münchener Bücherfreunde" heimisch fühlten, mag bezweifelt werden. Diese von Literaten und der Schwabinger Boheme getragene Gemeinschaft hielt es eher mit dem unangepassten und auftrumpfenden Zeitgeist und pflegte nicht nur witzige Privatdrucke, sondern machte auch durch freizügig-turbu-lente Schwabinger Faschingsfeste von sich reden. Wenn die Rosenthals auch zu man-chen Exponenten dieser Gesellschaft freundschaftliche und geschäftliche Kontakte pflegten, dürfte sich in deren Kreis eher die jüngere Antiquarsgeneration um Emil Hirsch wohl gefühlt haben.[46]

Zeitgeist und Hausbau

Dem Neubau eines Geschäftsgebäudes gehen, vor allem wenn es an anderer Stelle und in exponierter Lage errichtet werden soll, umfangreiche wirtschaftliche und strategische Erwägungen voraus. So wird auch Jacques Rosenthal den Ort für sein neues Domizil erst nach reiflicher Überlegung ausgewählt haben. Sein bisheriges Geschäft an der Ecke Karlstraße/Barerstraße war räumlich den Büchermassen nicht mehr gewachsen. Zaghaft, doch bestimmt, befasste er sich mit dem Gedanken ein Haus zu kaufen. Nun lag das bisherige Ladengeschäft bereits sehr zentral zwischen Karolinenplatz, Karlsplatz, Hauptbahnhof und Museumsviertel am Königsplatz im Umkreis zahlreicher neu etablierter Kunst- und Antiquitätenhandlungen.

Insbesondere die Gegend um den Karolinenplatz und die Brienner Straße hatte sich um 1900 zu einem Zentrum des Kunst- und Antiquitätenhandels nicht nur Münchens, sondern Europas entwickelt. An jeder Ecke planten und bauten die besten und bekanntesten Architekten Deutschlands neue repräsentative Wohn- und Geschäftshäuser. Die Firma Lehmann Bernheimer, die sich vom Teppichgeschäft zum Einrichtungshaus mit angeschlossener Kunsthandlung entwickelt hatte, ließ 1888/89 ihren Neubau am Lenbachplatz nach Plänen Friedrich von Thierschs errichten. Schon nach wenigen Jahren waren die Räume zu klein geworden und 1910 sollte das Geschäftshaus mit einem – ebenfalls von Thiersch geplanten – historisierenden Neubau an der Ottostraße 13, 14 und 15 bedeutend erweitert werden. Die zahlreichen hallenartigen Ausstellungs- und Verkaufsräume mit großartigem museal-palaisartigem Charakter konnten dem betuchten Kunden für jeden Zeitgeschmack die ideale Kombination von Interieur und kunstvoller Ausstattung liefern.[47] Der unweit von Jacques Rosenthal seit 1885 in der Sophienstraße 6 befindlichen Kunst- und Antiquitätenhandlung von Julius Böhler war ebenfalls der Platz zu eng geworden. So ließ Julius Böhler 1905 von Gabriel von Seidl einen repräsentativen Neubau in der Brienner Straße 12 (heute: 25) entwerfen, der selbst für Münchner Verhältnisse aus dem Rahmen fiel. Das Äußere des Hauses war angelehnt an den italienischen Palazzostil, was sich nach innen fortsetzte. Im Erdgeschoss und im ersten Stock befanden sich ungefähr 20 Ausstellungsräume, die von Zeitgenossen als „ein kleines zweites National-Museum" gerühmt wurden.[48] Am Maximiliansplatz 7 – neben dem neuen Börsengebäude – errichtete Gabriel von Seidl im Jahr 1912 für Siegfried Drey und Adolf Stern, Inhaber des Antiquitätengeschäftes „A. S. Drey", ein neues vierstöckiges Geschäftshaus im Stil eines italienischen Renaissancepalastes. Auch dieses Gebäude konnte mit Fug und Recht als ein wahrer „Kunstpalast" eingestuft werden, in dem sich hohe Kunst und feiner Geschmack zusammenfanden.[49] Ein weiterer großer Name im Münchner Kunsthandel dieser Zeit, die Gemäldegalerie Heinemann, die nach dem Tod des Gründers David Heinemann im Jahr 1902 auf Hermann und Theobald Heinemann übergegangen war, bezog zum 1. Januar 1904 ihre neuen Räume am Lenbachplatz 5 und 6. Auch dieses Haus wurde von einem viel beschäftigten Münchner Architekten der Zeit, Emanuel von Seidl, gestaltet.[50]

Diese Manifestationen aus Stein und Putz waren natürlich in erster Linie Ausdruck des jeweils eigenen individuellen geschäftlichen Erfolges, doch wären sie nicht denkbar ohne einen kulturellen und wirtschaftlichen Wandel, der sich in den 1850er Jahren andeutete und um die Jahrhundertwende auf den vorläufigen Höhepunkt zustrebte. Gekennzeichnet ist diese Epoche rein äußerlich von einer Ausweitung des Kunstbetriebes, der – nach dem Ende der stilbildenden ludovizianischen Hofkunst und dem unter Ludwig II. fast gänzlich erfolgten Rückzug des Hofes aus dem kulturellen Leben und öffentlichen Raum – weitgehend von bürgerlichen Wertvorstellungen geprägt wurde. Innerhalb dieses veränderten kulturellen Rahmens suchten die Träger des bürgerlichen Gemeinwesens wie das wirtschaftlich erstarkte Bürgertum nach neuen Formen der Repräsentation und der Ausstattung. Als äußeres Zeichen der zunehmenden Prosperität des Bürgertums machte sich allenthalben eine große Bautätigkeit bemerkbar, alte Bürgerhäuser wurden abgerissen oder aufgestockt. Die luxuriösen Häuser, Palais und Wohnungen verlangten aber auch nach geschmackvoller Einrichtung. Eine zunehmende Zahl von Kunsthandlungen, Galerien, kunstgewerblichen Werkstätten, Ausstellungsräumen und Verkaufsläden suchte diesen Bedarf zu decken. Wenn Bernd Roeck (unter Blickrichtung auf die Stadt Florenz als die Metropole des europäischen Kunsthandels) diese Zeit als „Goldgräberzeit des Kunstsammelns" benannt hat, so dürfte das auch die Situation in München ganz treffend beschreiben.[51] Vor Ausbruch des Ersten Weltkrieges konnte München mit etwa 100 Kunst- und Antiquitätenhandlungen zur führenden Kunsthandelsstadt in Deutschland gezählt werden.[52]

Nicht nur im Bereich der bildenden Künste, auch im literarischen Leben entwickelte sich München seit der Mitte des 19. Jahrhunderts zu einem Anziehungspunkt aller Produktivkräfte und zum Marktplatz der (sich abwechselnden) Stilrichtungen. Im Sog dieser Entwicklung kam es zu einer ständig sich steigernden Zahl von neuen Verlagen, Druckereien, Buchhandlungen und Antiquariaten. Zählte man 1882 noch 49 Buchdruckereien und 38 lithographische Anstalten, so war deren Zahl im Jahr 1912 auf insgesamt 200 gestiegen.[53] Auch die Zahl der Buchhandlungen und Verlage war immens gewachsen: 33 Buchhandlungen zählte man im Jahr 1878, auf 143 Verlage und Sortimentsbuchhandlungen kommt Reinhard Wittmann gegen Ende des 19. Jahrhunderts. Eine vergleichbare „Multiplizierung der buchhändlerischen Betriebe hatte im 19. Jahrhundert keine andere deutsche Stadt, vielleicht keine europäische Stadt zu verzeichnen".[54] Um 1900 hatte München Stuttgart den Platz als süddeutsche Buchhandelsmetropole abgenommen und war nach Leipzig und Berlin auf den dritten Platz vorgestoßen. Ihr spezifisches Gepräge erhielt die Münchner Buchkultur um die Jahrhundertwende jedoch von den zahlreichen Antiquariaten, die weit mehr als in Leipzig oder Berlin eine Rolle von europäischer Bedeutung spielten. Um 1900 waren es immerhin 40 Firmen, die sich mit antiquarischem Buchhandel befassten.[55] Mag die Bezeichnung „Medienhauptstadt Mitteleuropas"[56] vielleicht ein bisschen zu hochgegriffen sein, eine große Anziehungskraft auf Dichter und Künstler, Literaten und Kritiker, Kunstreisende und Kunstsammler, auf mittellose Avantgardisten und arrivierte Wohlstandsbürger übte die Stadt um die Jahrhundertwende auf jeden Fall aus.

Den entscheidenden Impuls für den sich immer schneller drehenden Kunstbetrieb in der Stadt im letzten Viertel des Jahrhunderts gab die vom Münchener Kunstgewerbeverein anlässlich seines 25-jährigen Bestehens im Münchner Glaspalast 1876 veranstaltete Deutsche Kunst- und Gewerbeausstellung. Die auf der Ausstellung gezeigten „Werke alter Meister" sollten mit einem Schlag die Kunst und die Stilformen der Renaissance wieder salonfähig machen. Die „Münchener Renaissance" wirkte nicht nur für Architektur und Inneneinrichtung mehr als ein Jahrzehnt stilprägend, sondern vor allem auf die Buchausstattung. Ihr wichtigster Verfechter war Georg Hirth (1841–1916), der im Jahr 1871 wegen seiner Heirat mit Elise Knorr von Berlin nach München gekommen war. Er stellte in reich illustrierten Publikationen die vergessene altdeutsche Buchornamentik des 16. Jahrhunderts vor und propagierte den ausdrucksstarken, harmonischen Formenschatz der Inkunabeln und Renaissance-Drucke. Mit seinen eigenen Verlagswerken bewies Georg Hirth, welche buchkünstlerische Qualität durch das organische Zusammenwirken von Papier, Schrift, Illustration, Ausstattung, Satz und Druck zu erzielen war. Zusammen mit Hirth ist der Augsburger Verleger Dr. Max Huttler zu nennen, der in München eine reich ausgestattete Kunstbuchdruckerei besaß, in der Otto Hupp ab 1885 seinen „Münchener Kalender" herausbrachte, der mit seinen kräftigen Holzschnittwappen und markanten Farben so etwas wie „das klassische Werk dieser Zeit" geworden ist. Dem Münchner Vorbild folgten Schriftgießereien, Druckereien und Buchbindereien überall in Deutschland. Allerdings geschah dabei des Guten oft zu viel, wurde eine Menge von ornamentalen

Motiven aufeinander gepfropft, was zu Spott über diesen „Münchner Speisekartenstil" führte. Dennoch hatte München damals eine führende Rolle im Bereich der Stilbildung und Geschmacksprägung in der deutschen Buchgestaltung übernommen.[57] Neue Formen der Buch- und Schriftgestaltung hatten schon bald eine solche Breitenwirkung entfaltet, dass sich im Jahr 1890 eine Typographische Gesellschaft bildete, die sich der Fortbildung der Berufsgenossen widmen wollte.[58] Hans von Weber, 1898 von Dresden nach München gekommen und wohl der „eigenwilligste Verleger am Jahrhundertbeginn", gründete 1906 seinen „Verlag für Kunst und Literatur" (ab 1908: Hyperion-Verlag), in dem die luxuriös ausgestatte Zweimonatsschrift „Hyperion" erschien, die jedoch bald aufgrund des Missverhältnisses von exklusiver Ausstattung und kommerziellem Erfolg einging.[59] In diese Zeit fällt auch das elitäre und ambitionierte Projekt einer literarisch-künstlerischen Zeitschrift samt Mappenwerk, „Die Insel", die von Rudolf Alexander Schröder, Alfred Walter Heymel und Otto Julius Bierbaum begonnen wurde, finanziert von dem Luxus-Bohemien Heymel. Ab Dezember 1899 erschien „Die Insel" mit dem Untertitel „Monatsschrift mit Buchschmuck und Illustrationen" erstmals. Wenn auch die Startauflage von 10.000 Stück im dritten Jahr auf 80 Abonnenten zurückging, so ist doch der buchkünstlerische Wert als außerordentlich anzusehen. Geblieben ist ebenso der Ruhm.[60] Eine weitere ambitionierte Verlegergestalt war Hugo Schmidt, der 1912 seinen Verlag mit hohem künstlerischen und wissenschaftlichen Anspruch gründete. Mit seinen Faksimileausgaben berühmter Werke der Buchmalerei und der Holzschnittkunst suchte er seiner Maxime vom „wissenschaftlich-schönen Buch" nahe zu kommen.[61]

Eine herausragende Rolle für die Entwicklung der deutschen Buchkunst im 20. Jahrhundert spielte der Verleger Georg Müller (1877–1917). Er übernahm 1903 (zunächst noch mit Reinhard Piper als Teilhaber) den bankrotten Verlag von Georg Heinrich Meyer und startete sogleich ein buntes, breit gefächertes Verlagsprogramm von kaum zu überblickender Vielfalt. Ab 1907 prägte der Buchkünstler und Illustrator Paul Renner (1878–1956) die gesamte Buchgestaltung des Verlags, in der insbesondere die Luxusdrucke in Halbleder oder Halbpergament durch geschmackvolle noble Gestaltung bestachen.[62] Neben Georg Müller gehörten noch Albert Langen und Reinhard Piper (ab 1904; mit verlegerischer Passion für Malerei, Kunst und Illustrationswerken) zu den großen drei der Schwabinger Verlagsszene.

Am ausgehenden 19. Jahrhundert hatte sich also München zu einem Zentrum moderner deutscher Buchkunst und zu einem „Eldorado" für Bibliophile entwickelt. Zahlreiche Buchkünstler und ambitionierte Verleger wetteiferten um das bestmöglichste organische Zusammenspiel von Papier, Schrift, Illustration, Ausstattung, Satz und Druck und hatten dabei nicht immer die großen Käufermassen im Blick. Künstler, Literaten, Verleger, Bücherliebhaber, Kunstliebhaber und Sammler trafen sich nun bei den Antiquaren, auf der Suche nach Vorlagen für Schrifttypen und Einbandgestaltung und auf der Suche nach gelungenen Handschriften und Druck-werken älterer und neuerer Art. Und ganz nebenbei führte man Gespräche über Fragen der Buchwissenschaft, über die alten Meister und die neue Kunst, die alle historischen Epochen im Zeitraffer innerhalb eines Jahrzehnts neu entdeckt, kopiert und umge-formt hatte. Wenn auch die Antiquariate schon über Jahrzehnte hinweg Treffpunkt für Wissenschaftler und Sammler waren, so übernahmen sie in einer Zeit des Umbruchs und der Suche nach neuen Kunst- und Ausdrucksformen zunehmend eine Funktion als Ort für kenntnisreiche Gespräche und Gedankenaustausch.[63] Manche Antiquare, wie etwa der Münchner Emil Hirsch, führten geradezu „Salons", in denen sich Künstler, Literaten, Wissenschaftler und Bücherfreunde zum Austausch trafen. So mancher Einheimische, Zugereiste oder Fremde mag in dieser Umgebung ein Stück seines „Arkadien" gefunden haben. Eine Sehnsucht, welche die Kunst- und Kultur-szene in ganz Europa zwischen Fin de Siècle und dem Ausbruch des Ersten Weltkrieges so sehr bewegte.[64]

So konnte es für Jacques Rosenthal bei seinen Überlegungen zum Hausbau nur klar sein, dass es beim Neubau seines Geschäftes nicht nur um die Vergrößerung der Geschäftsräume und des Lagers gehen konnte, er musste an exponierter Stelle zugegen sein und ebenso wie die führenden Münchner Kunsthandlungen der Zeit ein stil- und geschmacksbildendes Zeichen setzen. Das bedeutete für ihn: heraus aus der zwar zen-tral gelegenen, aber doch etwas schattigen Lage hinter dem Maximiliansplatz und mit-ten hinein in die neu entstehende „Kunst- und Antiquariatsmeile" um die Brienner Straße. Der ideale Platz fand sich relativ rasch. Das Haus gegenüber dem Kunsttempel von Julius Böhler, der überdies mit Jacques Rosenthal befreundet war, wurde zum Kauf angeboten und man entschied sich zu Jahresbeginn 1909 – trotz des hohen Preises[65] – für den Kauf und den Abbruch des Hauses, das für Geschäfts- und Wohnräume zu wenig Platz bot. Planung und Innenausstattung lagen in Händen des Sohnes Erwin, der aus den zahlreichen Angeboten und Entwürfen ein Projekt des jugendlichen Architekten Dr. Gustav von Cube auswählte.

Am 28. Oktober 1909 reichte Jacques Rosenthal ein Vorprojekt Cubes für das Wohnhaus bei der städtischen Lokalbaukommission ein: vier Geschosse, ausgebautes Dachgeschoss, im rückwärtigen Teil sollten vom ersten bis dritten Stock an drei Seiten

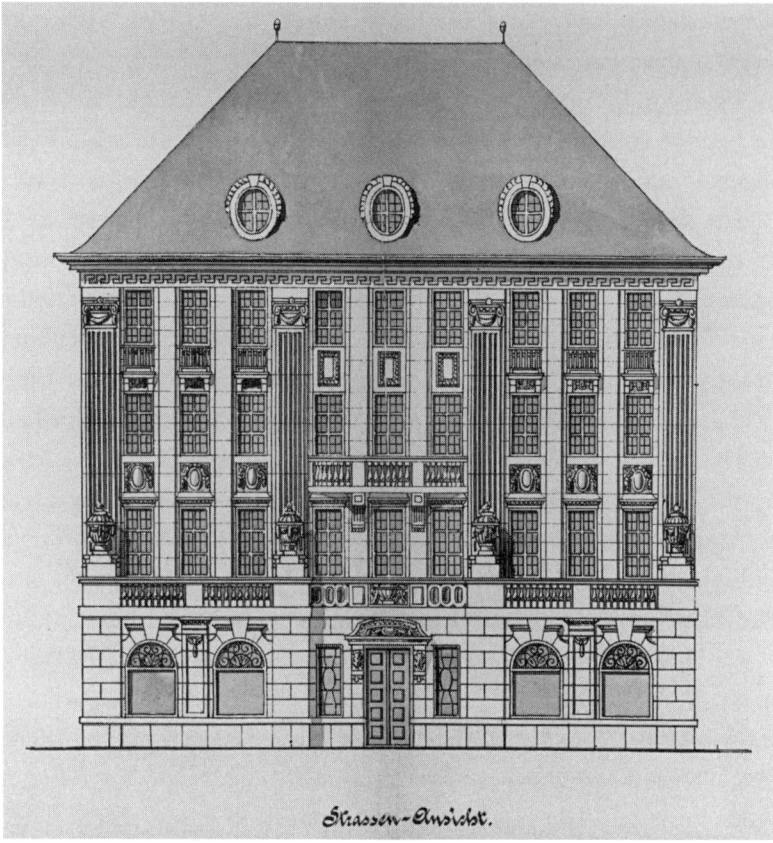

Strassen-Ansicht.

17
Vorprojekt für das Wohn- und Geschäftshaus von Jacques Rosenthal in der Brienner Straße 47. Es
wurde am 28. Oktober 1909 vom Architekten Dr. von Cube bei der städtischen Lokalbaukommission
eingereicht, aber wegen des üppigen Fassadenschmucks abgelehnt.

Balkone angebracht sein, zur Straße hin waren im Stil Louis XVI. vier vom ersten bis
zum dritten Stock durchlaufende Säulenreihen vorgesehen, an deren Grund jeweils
antikisierende Vasen angebracht waren. Das Dachgeschoss sollte mit drei großen runden Dachgaubenfenstern erhellt werden. Damit begann ein monatelanges zähes Rin-
gen und Feilschen mit den städtischen Baubehörden um die Durchführbarkeit dieses
Projekts, das wegen der repräsentativen und auffälligen Fassaden- und Dachkonzeption
überhaupt nicht den Gefallen der städtischen Baubeamten wie der gutachtlich beteiligten „Künstlerkommission" fand. Wenn man so will, finden sich bereits hier Belege
für einen speziellen „Münchner Weg" im Umgang mit Architektur, der unter dem

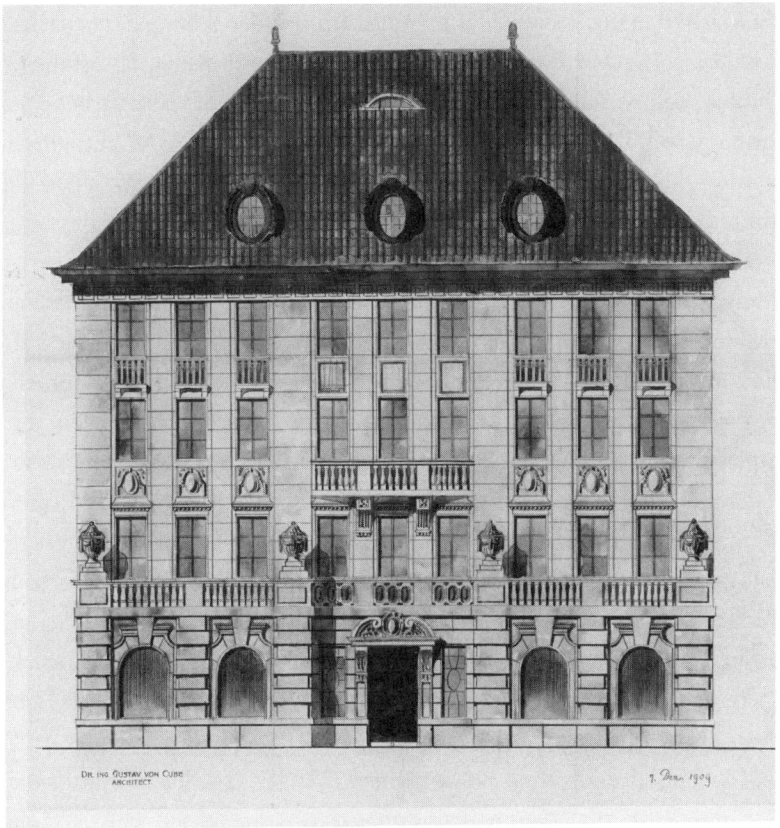

18
Abgeänderter und purifizierter Entwurf für das Wohn- und Geschäftshaus von Jacques Rosenthal
in der Brienner Straße 47, 7. Dezember 1909. Fassadenansicht. Architekt Dr. Gustav von Cube.

Motto „nichts zu sehr" die Architekturdiskussion bis in unsere heutigen Tage bestimmt. Zunächst lehnte die Lokalbaukommission das Vorhaben wegen zu geringer
Abstände zu den Nachbarn und den Rückgebäuden sowie wegen der zu groß dimen-
sionierten Dachfenster und der voluminösen Vasen ab. Daraufhin reichte der Architekt
am 18. November 1909 ein modifiziertes Projekt mit drei rechteckigen Dachfenstern,
Weglassung der Vasen, aber Belassung der Säulenreihen bei der LBK ein.[66] Dazu hatte
das Stadtbauamt am 29. November folgende Erinnerung: „Die an und für sich gut
gegliederte Fassade passt nicht in den Charakter der Häuser an der Brienner Strasse;
besonders die durch drei Geschosse reichenden Pilasterstellungen bringen einen neuen,

III

zu grossen Masstab in die Fassade, was im Vergleich mit der Teilung der benachbarten Häuserfassaden störend wirken wird. Um die Gleichheitlichkeit des Straßenbildes nicht zu stören, sollten statt der dunkelgrauen Dachplatten die naturfarbenen, roten Ziegelplatten gewählt werden." Die „Künstlerkommission" – eine Vorläuferin der Stadtgestaltungskommission – schloss sich diesem Diktum noch am selben Tag an. Daraufhin reichte der Architekt am 7. Dezember ein modifiziertes Projekt ein, mit purifizierter Fassade, runden Dachfenstern und Weglassung der Säulenreihen, doch Beibehaltung der Vasen. Letzteres rief jedoch wiederum die „Künstlerkommission" auf den Plan. Noch am selben Tag gab das Gremium zu Protokoll, die vier auf dem Erdgeschoss angebrachten Vasen seien „zu groß geraten", sie könnten eventuell ganz fortbleiben oder wären durch kleinere zu ersetzen. Außerdem dürften die vier Zwischenpfeiler der drei Obergeschosse nicht als Pilaster ausgebildet werden. Sie sollten nicht erhaben ausgestaltet werden und könnten mit Kannelüren oder Bossen verziert und mit Kartuschen usw. bekrönt werden. Die Dachgauben fanden überhaupt kein Gefallen: „Die drei Dachgauben (Ochsenaugen) sind entweder ganz fortzulassen oder zu verkleinern!" Am 17. Dezember legte von Cube der Lokalbaukommission neue überarbeitete Baupläne vor, die wegen des an der Ostfassade vorgesehenen Erkeraufbaues jedoch erneut abgelehnt wurden. Am 30. Dezember zog schließlich Cube den Erkeraufbau an der Ostfassade zurück.

Der aufreibenden und zähen Diskussionen mit der Lokalbaukommission leid, reichte Jacques Rosenthal den neuen Entwurf diesmal gleich bei der obersten Aufsichtsbehörde, dem Innenministerium, ein. Damit setzte er eine jahrhundertealte Tradition Münchner Bürger fort, unliebsame Entscheidungen des Magistrats durch direkten Rekurs an die Regierenden auszuhebeln und gegebenenfalls zu wenden. Dies hatte auch den Erfolg, dass das Ministerium am 12. März 1910 den eingerichteten Fassadenplan genehmigte, jedoch unter der Bedingung, „daß der Balkon im 2. Obergeschoß nur auf das Mittelfenster erstreckt wird und statt der geschweiften eine gerade Grundform erhält". Über die Regierung vor Oberbayern erhielt nun die Lokalbaukommission das Ergebnis mitgeteilt und musste sich nun seinerseits an Cube wenden, um von diesem die vollständigen Plansätze zu erhalten. Am 22. Juli 1910 erteilte schließlich die Lokalbaukommission die endgültige Baugenehmigung. Bereits im Vorfeld der Entscheidung hatte Ende März der bekannte Münchner Bauunternehmer Karl Stöhr mit dem Abbruch der alten Gebäude begonnen, der bis Ende Mai durchgeführt war. Am 4. November 1910 zeigte der Bauleiter der Firma Stöhr bei der städtischen Baubehörde die Vollendung des Rohbaues an. Am Tag darauf begann die

Baufirma mit dem Innenausbau des Hauses, der am 3. März des darauf folgenden Jahres „größtenteils vollendet" war. Am 3. April erteilte die Lokalbaukommission Jacques Rosenthal die „Wohnungsbewilligung". Für die Innenausstattung des Hauses wurden zwei weltbekannte Münchner Firmen gewonnen: die Königlich Bayerische Hof-Möbelfabrik Ballin und die Innenausstattungsfirma Anton Pössenbacher, die mit ihren Stoffen, Möbeln, Tapeten und Teppichen die Fürstenhöfe Europas ausstattete. Eröffnet wurde das Geschäft Ende Mai 1911.[67]

Der Eingang von der Straße führte direkt in den großen Ausstellungssaal, dessen Wände mit gepresstem blauem Plüsch bekleidet waren, rechts schlossen sich die verschiedenen Arbeitsräume an, links befand sich ein kleinerer Ausstellungsraum im Stile einer romanischen Kapelle. Hier befand sich eine ausgewählte Kollektion von Miniaturhandschriften und Einzelminiaturen. In diesem Raum konnte man einen dreiteiligen Altar aus dem italienischen Trecento bewundern. Ging man durch den Ausstellungsraum hindurch, gelangte man in eine Art Bibliothekssaal, von welchem eine Treppe zu einem kleinen Kupferstichkabinett führte, das ausgefüllt war mit Kupferstichen und seltenen Holzschnittwerken. Dieses Kabinett war eine wahre Fundgrube für den Graphiksammler, besaß Jacques Rosenthal doch eine große Kollektion von etwa 70.000 Blättern, darunter viele Städteansichten, Porträts, Exlibris, französische und englische Blätter und vieles mehr. Neben dem Kabinett befand sich ein Raum, in dem Druckerzeugnisse des 15. Jahrhunderts und alte Holzschnittbücher ausgestellt waren.

In allen Räumen standen geschmackvolle Schränke und Vitrinen mit schönen alten Einbänden und alten Holzstichen, an den mit Tuch bespannten Wänden hingen Gemälde alter Meister, auf den Schränken und Tischen standen wertvolle Globen aus dem 16. Jahrhundert. Die Böden waren mit wertvollen Teppichen belegt. In einigen Ausstellungsräumen standen, vom Tageslicht angestrahlt, ausladende Tische, auf denen die Schätze dem Besucher ausgebreitet werden konnten. Umlaufende Wandfriese wie auch Deckenbeleuchtung und Türrahmen im Stil von Louis XVI. setzten den Fassadenaufbau nach innen fort und vermittelten dem Besucher den Eindruck einer wohl durchdachten, opulenten Inszenierung, wobei die Räumlichkeiten eine geradezu sakrale Aura durchwehte. Damit hatte sich das Haus Jacques Rosenthal in München neben den „Kunsttempeln" der Böhlers, Dreys und Bernheimers eindrucksvoll positioniert. In Deutschland gab es wohl kaum ein Antiquariat, das mit solchen Räumlichkeiten aufwarten konnte, abgesehen vielleicht von dem prunkvollen vierstöckigen Stadtpalais des Antiquariats Joseph Baer in der Frankfurter Hochstraße, das im Jahr 1899 errichtet wurde und imposante bibliotheksähnliche Räume aufwies.[68]

19

Innenansicht des Antiquariats Jacques Rosenthal, Brienner Straße 47. Verkaufsraum im Erdgeschoss, rechts vom Eingang. Aufgenommen in den 1920er Jahren. Atelier Jaeger & Goergen, München.

Die Etablierung des Hauses Rosenthal in der Brienner Straße dürfte die Anziehungskraft des „Kunstviertels" zwischen Brienner Straße und Maximiliansplatz für Kunden wie für Geschäftsinhaber noch erhöht haben. Weitere prominente Antiquare sollten in den nächsten Jahren dieser Bewegung folgen: Gottlob Hess verlegte im Juli 1914 sein Antiquariat von der Arcostraße in die Brienner Straße 9.[69] Nach dem Ersten Weltkrieg ging die Konzentrationsbewegung weiter: In der Barer Straße 22 gründete Hans Werner Täuber im Jahr 1921 sein Antiquariat, das nach dem Eintritt von Dr. Ernst Weil im Jahr 1924 als „Täuber & Weil" firmierte und durch vorzügliche Kataloge in Naturwissenschaften und Medizin bekannt wurde.[70] Das 1923 von Dr. Georg Karl und Dr. Curt von Faber du Faur zunächst in der Corneliusstraße 15 gegründete Kunst- und Literaturantiquariat „arbeitete" sich innerhalb weniger Jahre über den Marienplatz zur Max-Joseph-Str. 7 vor, wo es durch große Auktionen von

20

Innenansicht des Antiquariats Jacques Rosenthal, Brienner Straße 47. Eingangshalle. Aufgenommen in den 1920er Jahren. Atelier Jaeger & Goergen, München.

sich reden machte. Anfangs der 1930er Jahre konnte es sich schließlich am Karolinenplatz 1 situieren. Emil Hirsch verlegte sein Kunstantiquariat im Jahr 1925 an den Karolinenplatz 2. Nicht weit entfernt, zunächst in der Ottostraße 3a, dann in der Karlstraße 4, befand sich das Antiquariat des Rosenthal-Neffen Isaak Halle, in dem der berühmte Schulte-Strathaus an seinen Katalogen arbeitete.

Mehr als ein Geschäftsfreund: Leo Olschki

Leo Olschki, eigentlich Samuel Lev Olschki, wurde im Jahr 1861 in Johannisburg in Ostpreußen als Sohn eines Buchdruckers geboren und liebte es schon als Kind, lose Druckbogen zu sammeln und sie in vollständige Exemplare zusammenzustellen. Für

Bernard Rosenthal ein unmissverständlicher Beweis für das Fließen von wahrem Buch-händlerblut in den Adern.[71] Die Biographien von Leo Olschki und Jacques Rosenthal weisen manche Gemeinsamkeiten und Berührungspunkte auf. Wie jener verbrachte Samuel Lev die Kindheit in einem Ort abseits der großen Städte, wuchs jedoch eben-so in einem Elternhaus auf, das auf die Erziehung außerhalb der Sabbatschule großen Wert legte und von einer liberalen Grundeinstellung geprägt war. Außerdem waren beide Jungen von einem großen Wissensdurst und Bildungshunger beseelt, vielleicht sogar besessen. Samuel Lev liebte Griechisch und Latein so sehr, dass seine Mutter noch außerhalb des gymnasialen Unterrichts einen eigenen Sprachlehrer engagierte. Umfangreiche Kenntnisse in den neuen und alten Sprachen erarbeitete er sich durch außerschulischen Unterricht. Zu Hause hatte er bereits Jiddisch, Hebräisch und Polnisch gelernt. Nach Absolvierung einer Buchhändlerlehre in Berlin ging er 1883 des milden Klimas wegen und seiner Gesundheit zuliebe nach Italien, leitete in Verona zunächst die Antiquariatsabteilung einer Buchhandlung, lernt erst dort Italienisch und tauchte in die italienische Dichtung und Literatur ein, insbesondere die der Renais-sance und des Humanismus. In dieser Zeit wandelte er den mittleren Namen Lev in das italienische Leo um und trug ihn nun als ersten Namen. Innerhalb weniger Jahre entwickelte sich der Zuwanderer Leo Olschki zum führenden Inkunabelexperten Italiens und zum publizierenden Gelehrten und Buchwissenschaftler. Der italienischen Buchwissenschaft gab er durch Gründung von Publikationsreihen ein Forum zur Ver-breitung neuester Erkenntnisse. Seit 1899 führte er in Florenz eine illustrierte Monats-schrift für Bücherfreunde, „La Bibliofilia", an der ausgewiesene Buchwissenschaftler aus ganz Europa mitarbeiteten. Dieses einzige, ausschließlich der Geschichte und der Kunst der Bücher gewidmete Periodikum diente natürlich auch dem eigenen Nutzen des Antiquars. Waren darin von internationalen Fachleuten beschriebene Einzelstücke erst einmal einem breiten Publikum bekannt, konnte das nur deren Verkaufswert stei-gern.[72] Im Jahr 1917, mitten im Ersten Weltkrieg, gründete er mit Hilfe seines Sohnes Leonardo ein internationales Journal für romanische Philologie, das „Archivum Romanicum".[73] Vielleicht haben diese Projekte der Olschkis auch Jacques und seinen Sohn Erwin dazu animiert, ihrer Firma durch Etablierung einer eigenen Forschungs-reihe einen mehr wissenschaftlichen Anstrich zu geben.

Leo Olschki hatte 1886 die „Libreria Leo S. Olschki" und die „Casa Editrice Leo S. Olschki" in Verona gegründet und war über Venedig im Jahr 1897 nach Florenz gekommen, dem Zentrum des bibliophilen Buchhandels in Italien und dem Zentrum des europäischen Kunsthandels. Hier hatten sich viele Künstler und Kunstliebhaber

21
Jacques Rosenthal und Leo Olschki in Fiuggi, 1914.

aus allen Teilen Europas niedergelassen und jeder Kunstinteressierte, insbesondere auch die großen Kunstsammler aus den USA, legten in der Stadt einen Aufenthalt ein. Leo Olschki etablierte dort nahe der Ponte Vecchio an zentraler Stelle seine Buchhandlung und wurde hier zum bedeutendsten italienischen Antiquar um die Jahrhundertwende. Auf den amerikanischen Sammler Henry Walters machte der große Katalog 53 Leo Olschkis („Monumenta typographica") einen derartigen Eindruck, dass er die ganze Sammlung erwarb.[74] Der Dichter Gabriele d'Annunzio beschrieb ihn als „Prince of booksellers, first in erudition, first in fortune; softened and ennobled".[75]

Natürlich war es unvermeidbar, dass Olschki seinen Gegenpart nördlich der Alpen einmal treffen würde. Beide trafen sich in den 1890er Jahren und entwickelten eine tiefe Freundschaft zueinander. Bezeichnend für das Verhältnis der beiden zueinander ist eine Episode, die in einem Brief von Leo Olschki an Henry Walters aus dem Jahr 1906 berichtet wird: Jacques Rosenthal kam extra nach Florenz, um ein von verschiedenen Seiten umworbenes und bei Olschki angebotenes Manuskript aus dem 14. Jahrhundert zu erstehen. Olschki musste ihn jedoch mit dem Hinweis vertrösten, dass er das Manuskript bereits Walters angeboten habe und erst auf die Rückantwort warte. Dies versuchte der Freund mit der Behauptung zu umgehen, dass Walters derzeit überhaupt nichts kaufe („although he assured me that you don't buy anything at all in this moment"). Trotzdem wartete Olschki bis zum 20. des Monats auf Walters Rückantwort, und als sie nicht kam, verkaufte er das Stück an Jacques Rosenthal, „which he brought into the trade at a price which will overpass by many thousands that [which] I asked for …".[76] Im Jahr 1921 gab Jacques Rosenthal zum 60. Geburtstag seines Freundes Leo Olschki die Festschrift „Collectanea Variae Doctrinae" heraus, an der sich 14 international renommierte Buchwissenschaftler und Antiquare beteiligten.

Leo Olschki galt mit Jacques Rosenthal als einer der maßgeblichen Männer, welche die Aufmerksamkeit der Bibliophilen auf das Studium der Inkunabeln gelenkt hatten. Leo Olschki war sich dieser besonderen Stellung auch bewusst. So schrieb er selbst in einem Brief an Belle da Costa Greene, der legendären Bibliothekarin des amerikanischen Kunst- und Buchsammlers John Pierpont Morgan: „The Incunabula being my speciality since over twenty years, I can say that nobody is superior to me in the valuation of them. The bibliographer [Anatole] Claudin said, that I was the first, who called the attention of bibliophiles to the study of incunabula …" Noch stärker zugespitzt liest es sich bei Bernard Rosenthal, der sich an den Ausspruch eines Freundes erinnert, „that Olschki an Rosenthal invented incunabula".[77]

Im Gegensatz zu Leo Olschki führten Jacques und Ludwig Rosenthal mit J. P. Morgan und Miss Greene eine mehr sachlich-geschäftsmäßige Korrespondenz, die beide erst einige Zeit nach Leo Olschki anbahnen konnten. Anknüpfungspunkt für Jacques Rosenthal war der Verkauf eines Buches im Wert von 20 Dollar an J. Pierpont Morgan am 22. Mai 1909 in Paris. Am 3. Juni 1909, ein Jahr nach seinem Bruder Ludwig, suchte Jacques Rosenthal den Kontakt mit Miss Bell Greene. Das Schreiben erfolgte handschriftlich und begann mit der Ankündigung: „I take the liberty to send for your library a set of my Illustrated Catalogues. At first sight you will be convinced that they are carefully made." Zum Schluss bat er um seine Empfehlung bei Mr. Morgan: „Will you be as good enough as to recommend me to Mr. Morgan for his favour." Die Geschäftskontakte Jacques Rosenthals waren – im Gegensatz zu denen seines Bruders Ludwig – zunächst jedenfalls nicht von Erfolg gekrönt: zwei Verkaufs-angebote über Manuskripte vom 31. Dezember 1909 und 31. Januar 1910 an Belle Greene wurden beide Male von ihr mit kurzen Reversen abgelehnt. So erfolgte am 7. März auf das Januarangebot die lapidare Antwort: „I beg to say that Mr. Morgan does not care to purchase the manuscript of which you write therein."[78]

„Den Ruhm des Hauses bewahren": Die Zeit von 1919 bis 1931

Zur wirtschaftlichen Situation des Antiquariats in der Zeit des Ersten Weltkrieges und in den ersten Jahren danach sind keine Unterlagen überliefert. Wie die Buchhandlungen litten wohl ebenso die Antiquariate bald nach Kriegsausbruch unter Absatzeinbußen. Mit der Einberufung der waffentauglichen Männer bis 45 Jahre zum Heeresdienst dürfte auch für die Rosenthals ein erheblicher Teil der Käuferschicht weggebrochen sein. Reinhard Wittmann spricht von 20.000 potenziellen Käufern für die Münchner Buchhandlungen. Dazu kamen kriegsbedingte Einschränkungen des Verkaufs, wie etwa das Verbot des Verkaufs von Reiseführern und Landkarten, sowie die sich ab dem Jahr 1916 spürbar verschlechternde wirtschaftliche Gesamtlage, die bei der „besseren" Kundschaft ebenfalls zu Kaufzurückhaltung führte.[79] Nimmt man die bei Jacques Rosenthal publizierten Kataloge als Gradmesser, so ließ ab 1915 die Geschäftstätigkeit deutlich nach: Die 1914 begonnene Serie „Illustrierte Bücher des 15. bis 19. Jahrhunderts" wurde im selben Jahr noch bis Teil 6 fortgesetzt. Im Jahr 1915 erschienen noch zwei Katalogbearbeitungen, im Jahr darauf wurde kein Katalog publiziert, im Jahr 1917 erschien ein Katalog (Nr. 76: Pergamentminiaturen des 12. bis 16.

Jahrhunderts). Der nächste Katalog Nummer 80 sollte allerdings erst wieder im Jahr 1924 erscheinen. Bei sinkender Nachfrage und der nach dem Krieg einsetzenden Inflation hatte man sich verstärkt auf die Verwertung der eigenen umfangreichen Lagerbestände gestützt und Erwerbungen zurückhaltend getätigt.[80]

Nach dem Ende der Inflation im November 1923 erlebte der Antiquariatshandel sogleich eine „drastische Belebung und Steigerung". Auch im Antiquariatshaus Jacques Rosenthal war zum Jahresende 1923 eine „steigende Nachfrage nach wertvollen Objekten" spürbar.[81] Die Gründe für die ansteigende Konjunktur im Münchner Antiquariat waren jedoch nicht nur in der allgemeinen wirtschaftlichen Erholung zu suchen. Die weiterhin kritische Finanzlage mancher Sammlungsbesitzer wie die staatliche Abschöpfung bei Sach- und Vermögenswerten taten ein Übriges hinzu. Eine außerordentliche Belebung ergab sich jedoch aus der Nähe zum Nachbarland Österreich. Dort waren zahlreiche Stifte und adelige Gutsherrschaften nach dem Ersten Weltkrieg und dem Zusammenbruch des Habsburgerreiches in Finanznot geraten. Dies hatte – neben der ungewöhnlich tiefen wirtschaftlichen Depression in Österreich – vielfach seinen Grund darin, dass den Stiften und Gutsherrschaften nach dem Zusammenbruch des Habsburgerreiches der Zugriff auf ihre nun in der Tschechoslowakei und Ungarn liegenden Besitzungen verwehrt war und dass damit auch die adeligen Sponsoren der Stifte durch den Verlust ihrer Ländereien ebenfalls in Finanznot geraten waren. Manche Stifte und adelige Familien waren daher gezwungen, zur Erlangung von Finanzmitteln an den Verkauf ihrer wertvollen Bibliotheken zu gehen, zu denen wiederum die Münchner Antiquare wegen ihrer traditionell guten Kontakte nach Österreich besten Zugang hatten. Nach den Aussagen von Karl Hartung, der die Ausläufer dieser Zeit noch als Lehrling bei Karl & Faber miterlebt hatte, reisten die Münchner Antiquare damals in Österreich „von Stift zu Stift"[82]. Ein weiterer Zeitzeuge, der zum Jahresbeginn 1923 von Harrassowitz in Leipzig zu Jacques Rosenthal gewechselte Adolf Seebaß, bemerkt rückblickend ebenfalls, dass sich aus den österreichischen Klöstern zu dieser Zeit „kostbare Handschriften herausholen" ließen.[83] Die guten Kontakte der Firma Rosenthal nach Österreich lassen sich durch die ab Mitte der 1920er Jahre in Teilen überlieferte Geschäftskorrespondenz gut belegen. Demnach pflegte insbesondere der Seniorchef Jacques Rosenthal intensive Kontakte mit österreichischen Stiften, entweder direkt oder über österreichische, insbesondere Wiener Kunsthandlungen und Antiquare. Oft genug ging es dabei nicht nur um Bücher und Manuskripte, sondern auch um den Verkauf oder die Begutachtung von Bildern und kunsthandwerklichen Erzeugnissen. Das erzbischöfliche Ordinariat

Salzburg erbat etwa am 10. März 1932 von Jacques Rosenthal eine Expertise zu vier niederländischen Gobelins aus dem Domkirchenschatz, die man in den Verkauf geben wollte.[84] Dass auch in deutschen Adelskreisen finanzielle Engpässe oder massive Erbschaftssteuerforderungen des Staates zum Verkauf wertvoller Bibliotheken und zur Zertrümmerung glanzvoller Sammlung führten, lässt sich an den Verkäufen der Pappenheimer Bibliothek, der Fürstenbergischen Kupferstich- und Münzsammlungen oder – als Glanzlicht dieser Zeit – am Verkauf der Maihinger Bibliothek des Fürsten Eugen von Oettingen-Wallerstein im Jahr 1931 ohne weiteres belegen.

Die steigende Nachfrage ab dem Herbst 1923 wie auch ausgedehnte Erwerbungen veranlassten Jacques und Erwin Rosenthal, die Mitarbeiter verstärkt in der Bücheraufnahme einzusetzen. Unter Heranziehung des eigenen – immer noch riesigen – Lagerbestandes wurden aufsehenerregende Kataloge zusammengestellt, die in ihrer Ausstattung und Bearbeitungsintensität über die der Vorkriegszeit weit hinausgingen. Mit ihrem wissenschaftlichen Anmerkungsapparat, den ausführlichen Beschreibungen und Erörterungen der weltweiten Überlieferung waren einzelne Kataloge fast als eigene Forschungsprojekte zu begreifen. Die Anfang der 1920er Jahre neu verpflichteten Mitarbeiter, wie Fritz Finkenstaedt oder Adolf Seebaß, ergänzten sich dabei hervorragend mit den für die Katalogerarbeitung herangezogenen „freien" Wissenschaftlern, wie etwa Ernst Schulz oder Konrad Haebler. So wuchs das Antiquariat Rosenthal ebenso in eine „geisteswissenschaftliche wie handelsbestimmte Potenz" hinein. Manches Problem wurde mitbearbeitet, „ohne daß Kauf, Gewinn, Verlust oder sonst etwas Merkantiles damit verbunden war".[85]

Die Reihe der herausragenden Katalogbearbeitungen leitete Fritz Finkenstaedt mit dem 1924 erscheinenden Katalog 80 (Inkunabeln in gotischen Einbänden) ein, der von der Fachpresse als wichtiger Beitrag zur Einbandliteratur gewürdigt wurde und schon nach einem Jahr nahezu vergriffen war. 1925 folgten der zahlreiche Inkunabeln enthaltende Katalog „Illustrierte Bücher" und der aufsehenerregende erste Teil der „Einhundert Handschriften des abendländischen Mittelalters vom neunten bis zum fünfzehnten Jahrhundert", dem 1928 der zweite Teil folgte. Beide unter Federführung von Ernst Schulz entstandenen Kataloge bestachen nicht nur durch ihre ausführliche Kommentierung, sondern auch durch die hervorragende Qualität der Abbildungen und die insgesamt aufwändige Ausstattung. Der aus den beiden Katalogen resultierende Verkaufserfolg hat den personellen wie finanziellen Aufwand sicherlich gerechtfertigt. In einem Handexemplar des Antiquariats findet sich bei den meisten Stücken am Rande ein „verkauft" vorgetragen, wobei die Mehrzahl der wertvollen Manuskripte an

Käufer in den USA gingen.[86] Die Reihe dieser hervorragend bearbeiteten und kommentierten Kataloge ließe sich beliebig fortsetzen. Nahezu jede Neuausgabe enthielt grundlegende Beiträge zur Buchwissenschaft, in der Regel mit Bezug auf herausragende Stücke des Katalogs. Katalog 87 (Seltene Drucke des XV. und XVI. Jahrhunderts) leitete Konrad Haebler mit einem Aufsatz zum Registrum in frühen deutschen Drucken ein. Die Einleitung zu Katalog 89 (Zeitungen und Relationen des XV. bis XVIII. Jahrhunderts) verfasste Karl D'Ester, der an der Ludwig-Maximilians-Universität eine Professur für Zeitungswissenschaften innehatte.[87] Für die trotz der ausbrechenden Weltwirtschaftskrise weiterhin gute Konjunktur im Antiquariatshandel spricht der Verkaufserlös aus dem 1930 erschienenen Katalog 93 (Frühe Holzschnittbücher). Aus dem Angebot von 632 Stücken wurden immerhin 485.000,– Reichsmark erlöst.[88]

Dazwischen blieb den Rosenthals immer noch Zeit für Extraausgaben oder humorvolle Sonderdrucke. Als Festgabe zum 75. Geburtstag des Seniorschefs erstellten die Mitarbeiter des Hauses zusammen mit dem Sohn Erwin den ungemein aufwändigen Katalog 91 (Handschriften und Frühdrucke in deutscher Sprache), der 70 der wertvollsten Stücke des Hauses enthielt, darunter als Nummer 1 eine seltene Ausgabe der Weltchronik des Rudolf von Ems. Nahezu jedes dargebotene Stück war mit einer Abbildung versehen. Die Verlags- und Publikationstätigkeit des Hauses war unter dem Einfluss des Sohnes Erwin bereits vor dem Ersten Weltkrieg intensiviert worden und erfuhr nun mit der Wiederbelebung der „Beiträge zur Forschung" eine Fortsetzung. Die Hefte orientierten sich inhaltlich jeweils an „künstlerisch und wissenschaftlich bedeutenden Stücken" des Antiquariates, die eine Auswertung über den Rahmen des Kataloges hinaus verdienten. Dass man mit dieser Publikationsreihe ebenso den Bekanntheitsgrad und damit die Verkaufserlöse mancher Stücke zu steigern suchte, dürfte als erwünschter Nebeneffekt im Hintergrund mitgespielt haben.

Wenn nun Jacques Rosenthal auch das Pensionsalter überschritten hatte, so dachte doch keiner im Antiquariat – am wenigsten er selbst – an seinen Rückzug aus den Geschäften. Im Gegenteil, er blieb weiterhin der unumschränkte Chef des Hauses. Die Geschäftskorrespondenz, die Auszeichnung und Zuweisung der erworbenen Stücke, die Festlegung von Angeboten – alles lief über ihn. Er hatte die Türe zum Verkaufsraum stets offen, während sein Sohn Erwin – sofern er im Hause war – in Ruhe hinter verschlossenen Türen arbeiten wollte. An einen Rückzug war auch vorläufig nicht zu denken, da Erwin mit seinen Geschäftsgründungen in Berlin und Lugano stark beansprucht war und sich viel auf Reisen befand, auf denen er natürlich die Geschäfte des

22
Porträt Jacques Rosenthal. Aufnahme um 1925.

Münchner Hauses mit betreute. Trotz der häufigen Abwesenheiten hatten Vater und Sohn ein sehr enges Kommunikationsnetz aufgebaut, das den heutigen modernen Technologien an Effektivität kaum nachstand. Beide pflegten auf Reisen mittels Schnellbriefen oder Telegrammen beinahe täglichen Schriftverkehr mit dem Münchner Haus. Bei oftmals täglich wechselndem Aufenthaltsort verlangte das ein Höchstmaß an Disziplin und Planung. So waren beide unterwegs stets über den laufenden Geschäftsgang unterrichtet und – was ebenfalls von größter Wichtigkeit war – über die eingehenden Zahlungen. Nahezu jeden Tag gingen von unterwegs Anweisungen zum Kauf und Verkauf von Stücken ein. Waren Vater und Sohn beide außer Haus, fungierte in der Regel ein besonders geachteter Mitarbeiter als Ansprechpartner. Dies war ab Mitte der 1920er Jahre bis zu seinem Ausscheiden zum Jahresende 1931 Fritz Finkenstaedt, danach übernahm Adolf Seebaß diese Rolle und nach ihm Hans Koch. Vater und Sohn wurden mit unterschiedlichen Titulaturen angesprochen, Erwin Rosenthal mit „Sehr geehrter Herr Doktor" und sein Vater mit „Sehr geehrter Herr Hofantiquar". Letzterer war auf seinen Hoftitel so stolz, dass er darauf auch in Zeiten der Demokratie nicht verzichten wollte.[89]

Auf ihre Reisen nahmen Vater und Sohn stets Stücke aus den Lagerbeständen zum Angebot und Verkauf mit, ein Posten, welcher als „Reiselager" lief. So war immer ein Teil der Bestände unterwegs oder bei potenziellen Käufern bzw. anderen Antiquariaten zur Ansicht ausgeliehen. Hier war es äußerst bedeutsam, den Überblick zu behalten und die Register sauber zu führen, zumal die ausgeliehenen Posten immense Werte besitzen konnten. So nahm Erwin Rosenthal am 15. Mai 1928 als „Reiselager" sechs frühe Handschriften im Versicherungswert von 110.500,– Reichsmark auf seine Auslandsreise mit. Davon konnte er in London immerhin eine Handschrift an Sotheby's verkaufen. Am 18. März 1931 nahm er auf seine Berlinreise Handschriften und Einblattdrucke im Versicherungswert von 36.000 Mark mit. Sein Vater fuhr fünf Wochen später – am 27. April – mit sechs frühen Handschriften im Versicherungswert von 73.500 Mark nach Paris, die er dort schließlich am 10. Mai seinem Freunde Leo S. Olschki zur Ansicht überlassen konnte.[90] Insbesondere Erwin Rosenthal pflegte seine Reisen in beträchtlichem Umfang mit Kunsthandelgeschäften zu verbinden. Die Reise in die Niederlande am 4. Juni 1929 erfolgte unter Mitnahme von acht Gemälden italienischer und niederländischer Meister. Am 5. Oktober 1929 führte er auf seiner Berlinreise neun Gemälde niederländischer und italienischer Maler mit. Für die Reise nach Amsterdam am 16. November 1929 ließ er 20 Gemälde und Zeichnungen im Versicherungswert von ca. 50.000 RM zusammenstellen.[91] Am 13. Februar 1932 ließ er sechs Handzeichnungen und sechs Miniaturen für eine Reise nach London zusammenstellen, um sie dort der Firma Maggs Bros. zur Ansicht und zum eventuellen Verkauf zu überlassen.

Die Ende der 1920er Jahre zunehmenden Reiseaktivitäten Erwin Rosenthals dokumentieren jedoch bereits eine im Wandel begriffene Geschäftswelt. Trotz der großartig erarbeiteten und internationale Maßstäbe setzenden Kataloge, trotz der ausgezeichneten Resonanz dieser Kataloge beim Fachpublikum und in Sammlerkreisen und trotz des weiterhin bestehenden internationalen Renommees der Firma war der finanzielle Handlungsspielraum der Firma Jacques Rosenthal geringer geworden. Bereits seit Mitte der 1920er Jahre tat sich eine Schere zwischen Verkaufserlös einerseits sowie dem Ertrag für die Inhaber und den Geldinvestitionen für Neuerwerbungen andererseits auf. So mussten immer wieder Darlehen und Bankkredite für die Finanzierung von Neuerwerbungen aufgenommen werden. Erwin Rosenthal hat dies in seinen ab 1926 überlieferten Memoranden drastisch dargestellt. Allerdings sahen die beiden Inhaber zunächst von der Entlassung von Mitarbeitern ab, da durch weniger Personal die vorhandenen Bestände nicht effektiv genug vermarktet und abgebaut werden könnten.[92] Das Diktat der Liquidität, oder besser die Aufrechterhaltung der Liquidität, sollte demnach, auch wenn es nach außen hin nicht sichtbar wurde, für die kommenden Jahre wesentlich die Geschäftspolitik des Hauses bestimmen. Oftmals mussten die Ansatzpreise für einen schnellen Verkauf nach unten gemindert werden, wodurch die Gewinnspanne gemindert wurde. „Zur Befestigung des großen Namens" wollte man jedoch nicht vom Kauf und vom Absatz großer „Hauptstücke" absehen, was jedoch weiterhin eine große Reisetätigkeit erforderte. Höherwertige Ankäufe wurden mangels genügender Reserven an Betriebskapital mehrfach in Zusammenschluss mit einer kapitalkräftigen Auslandsfirma getätigt, bevorzugt mit der Firma L'Art Ancien in Lugano bzw. (ab 1927) Zürich oder auch mit Leo Olschki in Florenz. Zum Teil besaßen Mitarbeiter der eigenen Firma Anteile an wertvollen Inkunabeln und Handschriften. Insbesondere Helmuth Domizlaff, der über Jahre hinweg am Aufbau einer eigenen Firma plante, war darin engagiert. Er besaß noch 1935 Hälftenanteile an zahlreichen Stücken.[93]

Im Jahr 1929 waren die Bankkredite zwischenzeitlich auf 200.000,– Reichsmark angewachsen, da zwei zu Jahresbeginn erworbene Handschriften des Mittelalters nicht an die interessierten Bibliotheken in Paris und Zürich verkauft werden konnten. Bei einem Darlehenszins von 12 % stellte die Finanzierung des Kredits eine enorme geschäftliche Belastung dar. Einen Teil konnte man über Zedierung des Hälftenanteils am Codex Wernigerode (Wert 50.000 Mark) an die Firma L'Art Ancien ausgleichen. Durch Verkauf des Codex noch im Sommer floss dann wenigstens ein Gewinnanteil ans Geschäft zurück, wodurch zumindest die Prosperität dieses Jahres gesichert blieb.[94]

Während Erwin in seinen Memoranden die wirtschaftliche Situation des Hauses sehr offen und schonungslos darstellte, scheint sein Vater dem weniger Beachtung geschenkt zu haben. Möglicherweise wollte er die ganze Dramatik der Situation nicht wahrhaben. Die Reputation des Hauses und die Bewahrung des großen Namens gingen ihm vor allen Dingen. Die finanzielle Misere des Hauses hat ihn vielleicht im Umgang mit Geschäftskunden und Konkurrenten etwas härter auftreten lassen. Manche Äußerungen von Kollegen deuten darauf hin. Der Wiener Kunsthändler und Antiquar Robert Heck, Teilhaber an der bekannten Firma V. A. Heck am Kärntner Ring 12 in Wien, beschwerte sich 1929 massiv bei Erwin Rosenthal über das Geschäftsgebaren seines Vaters beim Erwerb eines mittelalterlichen Codex aus Sammlerbesitz durch den Münchner Museumsverein. Es sei „ausserdordentlich schwer", gemeinsame Geschäfte mit Jacques Rosenthal zu machen, darin „sind sich wohl alle Kollegen einig".[95]

Mag bei dem Klagelied Robert Hecks die Enttäuschung über entgangene Geschäftsprovisionen mit eingeflossen sein, so bleibt in der Zusammenschau doch festzuhalten, dass Jacques Rosenthal zeitlebens seine eigenen Geschäftsinteressen in konsequenter Weise durchzusetzen suchte. Dass es dabei mitunter zu Konfrontationen mit Berufskollegen kam, war für ihn Teil des Geschäfts. Schon bei der Durchsicht der Neuerwerbungen wurden potenzielle Käufer ins Auge gefasst und sogleich angeschrieben. Dass er dabei nicht immer auf willige Käufer stieß, hat ihn sicher nicht irritiert. So richtete er am 19. Januar 1929 an den Münchner Verleger Otto Gmelin eine Offerte über ein Buch seines „berühmten Vorfahren" J. G. Gmelin aus der ersten Hälfte des 18. Jahrhunderts.[96] Gmelin schickte nun seinerseits das Kärtchen postwendend mit folgendem Vermerk zurück: „Hat mich sehr erheitert, dass sie mir die Lebensgeschichte meiner eigenen Vorfahren mitteilen! Habe das Buch längst, nehme es aber trotzdem für meine Verwandte. Besten Dank! G[melin]."[97]

Ausklang

Der Börsenkrach traf den Münchner Antiquariatshandel zunächst nicht in dem Ausmaß wie andere Wirtschaftszweige. Die eigentliche Krise des Münchner Antiquariats begann nach den Erinnerungen Karl Hartungs erst mit dem Jahr 1931. In diesem

23
Außenansicht des Antiquariats Jacques Rosenthal, Brienner Straße 47. Farbiges Aquarell.

Jahr hätten die Auswirkungen der Weltwirtschaftskrise voll auf den Antiquariatshandel durchgeschlagen. Noch im Juni 1931 führte die Firma Karl & Faber eine sehr erfolgreiche Auktion mit der Fürstlich Oettingen-Wallersteinischen Bibliothek in Maihingen durch, bei der sehr gute Preise erzielt werden konnten. Dies sei allerdings die letzte ertragreiche Versteigerung des Hauses in den dreißiger Jahren gewesen. Danach seien die Preise rapide abgestürzt, zum Teil auf ein Fünftel oder ein Zehntel der Preise, die noch Mitte der 1920er Jahre gezahlt wurden.[98] Unterzieht man die Geschäftsbücher der Firma Jacques Rosenthal einer genaueren Untersuchung, so tritt daraus ebenfalls zutage, dass zwar von 1930 auf 1931 bereits ein spürbarer Umsatzrückgang zu verzeichnen war, dass aber der große Einbruch im Gesamtumsatz wie im Auslandsgeschäft in der zweiten Jahreshälfte 1931 erfolgte.[99] Insbesondere das Auslandsgeschäft, das seit jeher einen großen Anteil am Geschäftsvolumen hatte, brach in der Folgezeit nun total zusammen. Während der Inlandsumsatz von 44.363,– Reichsmark im Jahr 1931 auf 25.144,– Reichsmark im Jahr 1934 sank, reduzierte sich der Auslandsumsatz von 290.692,– Reichsmark im Jahr 1931 auf 62.330,– Reichsmark im Jahr 1932, um dann bis 1934 auf 34.865,– Reichsmark zu sinken. Damit waren die Umsätze der Firma im Jahr 1934 auf ein Zehntel des Umsatzes von 1928/30 gesunken. Eine „Geschäftsschrumpfung von geradezu unerhörten Ausmassen" hatte stattgefunden.[100]

Der Einbruch im Verkauf machte sich natürlich auch im Ladengeschäft bemerkbar. Ab Sommer 1931 finden sich im Briefwechsel zwischen Vater und Sohn ebenso wie in der laufenden Geschäftskorrespondenz immer häufiger diesbezügliche Bemerkungen. „Abendpost fiel wieder völlig aus, da sind die paar Kunden, die sich sporadisch zeigen, wenigstens ein kleiner Ersatz", berichtete am 19. August 1931 Fritz Finkenstaedt an Jacques Rosenthal, der in Badgastein zum Jahresurlaub weilte.[101] Manchmal herrschte eine bedrückende Stille in den Verkaufsräumen. So musste Jacques Rosenthal am 22. Januar 1934 dem Sohn Erwin mitteilen: „Sonst gibt es leider hier nichts erfreuliches Neues und herrscht unheimliche Ruhe in unserem Hause." Am 22. Mai 1935 berichtete er dem Sohn: „Hier ist im Geschäft Todesstille und wird es auch, wenn die Dinge so weitergehen, so bleiben."[102]

Die Boykottaktionen der Nationalsozialisten taten ein Übriges, um die wirtschaftliche Situation des Hauses zu verschlimmern. „Geschäftlich gibt es immer weniger zu berichten, denn es wird immer stiller und flauer, trotz der Haupt-Fremdensaison", schrieb Jacques Rosenthal am 4. August 1933 an Erwin. „Wir spüren eben doch den Boycott, der gegen die jüdischen Geschäfte immer weiter geht."[103] Vielleicht als Reaktion auf den für den 1. April ausgerufenen Boykotttag, der die Firma Rosenthal zur Eröffnung der Chester-Beatty-Ausstellung besonders hart traf, hatte Jacques Rosenthal bereits am 8. April 1933 gegenüber dem Verband des Deutschen Kunst- und Antiquitätenhandels seinen Austritt als Vorsitzender der Gruppe „Antiquariat" erklärt.[104] Da viele Händler mit enormen Preisabschlägen auf die sinkende Nachfrage reagierten, bestimmte Jacques Rosenthal Anfang August 1933, dass den Händlern im Allgemeinen zu den bisherigen Preisen ein Rabatt von 25% angeboten werden sollte. Die Kommissionsvertretung in Leipzig gab man wegen der „Kosten und Unbequemlichkeiten" zum Jahresende 1933 auf.[105]

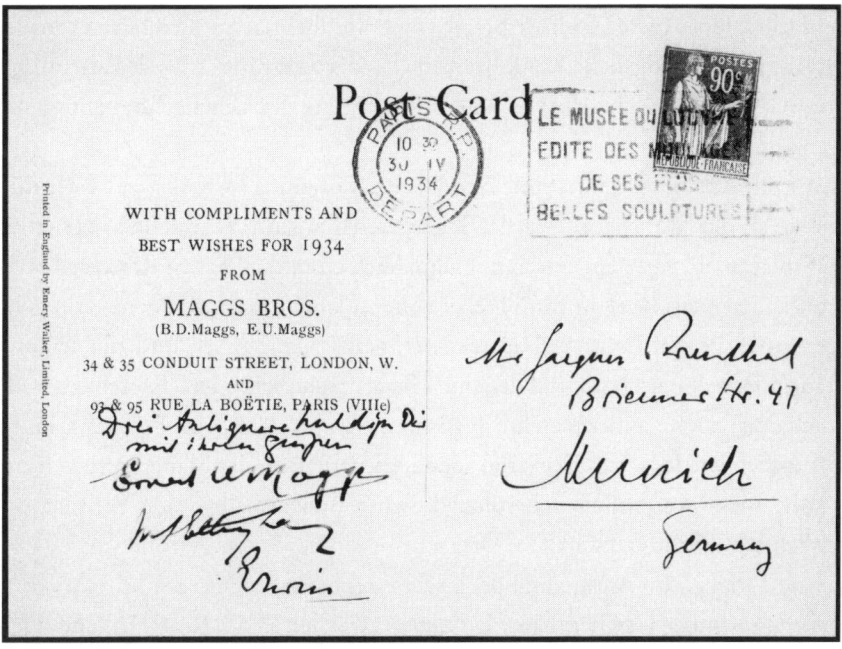

24
Grüße dreier Antiquare aus Paris an Jacques Rosenthal (mit Unterschriften von: Ernest Maggs, Maurice Ettinghausen und Erwin Rosenthal), 30. April 1934.

Trotz aller widrigen Umstände versuchte man immer wieder, die Firma im Blickpunkt der Öffentlichkeit zu halten. „Damit die Leute sehen, dass die Firma noch existiert und lebensfähig ist", ließ Jacques Rosenthal im Juli 1934 aus den wertvollen Stücken einer neu erworbenen kleinen Bibliothek sowie aus etlichen hundert Nummern des eigenen Lagers einen Katalog „Neuerwerbungen" herstellen.[106] Vielleicht wollte er sich damit zur Feier seines 80. Geburtstages, den er in größter Zurückgezogenheit beging, eine kleine Freude bereiten. Das letzte Aufleuchten Rosenthal'scher Gelehrsamkeit und Katalogbearbeitung sollte nach dreijähriger Pause im Jahr 1934 dann Ernst Schulz mit seinem Katalog 95 „Humanismus" setzen. Der Titel mag geradezu programmatisch an das Ende einer Ära gesetzt sein, die den Idealen der Gelehrsamkeit, der Wahrheit und der Wissenschaft verpflichtet war. Um wenigstens das Inlandsgeschäft einigermaßen am Laufen halten zu können, entschlossen sich die Rosenthals zu einer stillen Partnerschaft mit dem Konkurrenten Dr. Georg Karl, der über seine Auktionen in den Jahren 1934 und 1935 Stücke aus dem Lagerbestand in den Verkauf bringen sollte und auch brachte. Über diese Geschäftsbeziehung sollte aber nach außen nichts verlauten, damit laut Dr. Karl „die liebe Konkurrenz nichts davon erführe".[107] Als Parteimitglied dürfte aber auch Dr. Karl selbst an einer Offenlegung der Geschäftsbeziehung nicht gelegen sein.

Seit Ende der 1920er Jahre hinderten Jacques Rosenthal bisweilen gesundheitliche Probleme an der Wahrnehmung des Tagesgeschäfts. Zum Jahresende 1932 erlitt er einen Schlaganfall, von dem er sich nur allmählich erholte.[108] Erwin Rosenthal berichtet darüber in einem Brief an Ruth Heller vom 14. Januar 1933: „Meinem Vater geht es einigermaßen besser. Er ist viel ausser Bett, geistig ganz frisch und nur leider am Gebrauch der rechten Hand und des einen Fusses recht behindert. Es steht zu hoffen, dass sich doch auch das noch ziemlich ganz ausgleichen lässt." Im Februar konnte er bereits täglich wieder etwas spazieren gehen, die Irritation der Hand hatte sich dagegen noch nicht wesentlich gebessert.[109] Ferner machte ihm eine Schwäche des Augenlichts zusehends zu schaffen. Dies scheint ihn besonders getroffen zu haben, da dies seine Tätigkeit im Antiquariat doch sehr einschränkte.[110] So konnte es nicht ausbleiben, dass manche Geschäfte des Hauses nun zwischen Erwin Rosenthal und führenden Mitarbeitern, wie Adolf Seebaß, Hans Koch und Ludwig Nussbaum, abgewickelt wurden. Dabei kam es bisweilen zu Spannungen zwischen dem jungen Buchhalter Nussbaum und dem Seniorchef. Am 13. Dezember 1935 beschwerte sich Nussbaum vehement bei dem auswärts weilenden Erwin über den Vater, welcher die Sekretärin Frl. Heimann „mit Fragen, Aufnahme überflüssiger Briefe und ähnlichen Dingen beschäftigt und durchaus Miene macht, dies zur Gewohnheit zu machen".

Der seit dem Jahr 1933 in der Familie diskutierte und von Erwin für die finanzielle Sanierung als unabdingbar erachtete Verkauf des Hauses war von Jacques Rosenthal nur schwer zu akzeptieren. Es war ihm wohl nicht unrecht, dass die Verkaufsverhandlungen des Sohnes so bald zu keinem Ergebnis führten. So schrieb er am 22. Juni

1934 an den Sohn: „Wegen des Hausverkaufs ist eine gewisse Stille eingetreten. […] Sehr gerne möchte ich einige Bilder verkaufen, um unsere Schuld bei A[ufhäuser] zu verringern. Ich würde dies einem Verkauf des Hauses bei weitem vorziehen, wenn wir für letzteres nicht einen den hohen Wert entsprechenden Preis bekommen könnten."[111] Um die hohen Unterhaltskosten des Hauses zu senken, dachte er sogar daran, mit seiner Ehefrau die Wohnung im dritten Stock des Hauses aufzugeben und zu vermieten.[112] Zunächst blieben die beiden jedoch im Haus. Erst als im Juli 1935 der Kaufkontrakt mit dem neuen Besitzer unter Dach und Fach war, mussten beide ernsthaft an einen Auszug aus ihrem Haus denken.[113] Bereits einen Monat später erfolgte der Umzug des Antiquariats in die Konradstraße 16 und am 1. Oktober 1935 zog Jacques Rosenthal mit seiner Ehefrau in das Regina-Palast-Hotel am Maximiliansplatz 5, das beide nun als ständigen Wohnsitz nahmen. Warum die beiden in ein Hotel zogen, mag mit der angeschlagenen Gesundheit beider zusammenhängen. Jacques Rosenthal konnte kaum noch sehen, seine Beweglichkeit war sehr eingeschränkt. Im Hotel fanden beide eine Rundum-Versorgung, die sie sich finanziell wohl auch leisten konnten. Eine Auswanderung in die Schweiz, die zu diesem Zeitpunkt noch ohne große Umstände möglich gewesen wäre, kam für beide offenbar nicht in Frage. Am 28. Dezember 1935 schloss Erwin Rosenthal mit Hans Koch den Vertrag über den Verkauf der Firma ab. So endete ein schreckliches Jahr für den weltberühmten Antiquar: das Haus verkauft, die Firma verkauft, ohne festen Wohnsitz im Hotel wohnend: ein Lebenswerk war zerflossen. Kein Wunder, dass er auch nach dem Verkauf der Firma nicht von ihr lassen konnte, immer wieder im Antiquariat erschien und sich – bisweilen zum Unwillen des sehr um ein gutes Auskommen bemühten Hans Koch – in geschäftliche Angelegenheiten einmischte. Und das, obwohl er laut Vertrag nur dazu ermächtigt war, die Provisionszahlungen von Hans Koch an die Rosenthals entgegenzunehmen.[114]

Am 5. Oktober 1937 starb Jacques Rosenthal im Hotel Regina, relativ unbeachtet von den Zeitgenossen und den zahlreichen früheren Kunden. Zur Totenfeier auf dem Israelitischen Friedhof fand sich nur ein kleiner Kreis von Trauergästen ein. Unter ihnen befand sich auch der neue Firmeninhaber Hans Koch. Ihm dankte Erwin Rosenthal in besonderem Maße: „Mein lieber Herr Koch. Mit grösster Dankbarkeit nahm ich nicht nur Ihre ausserordentlich schönen und herzlichen Worte entgegen, sondern ich war auch sehr von der Tatsache, dass Sie zur Beisetzung meines Vaters herbeigekommen sind, gerührt. In Anbetracht des kleinen Kreises, der sich zu dieser Feier einfand, ist es mir ein sehr beglückendes Gefühl, dass gerade Sie nicht fehlten."[115] Der Wirtschaftsverband deutscher und ausländischer Antiquariats- und Exportbuchhändler mit Sitz in Leipzig wählte für sein Beileidsschreiben den formalen Weg über Hans Koch: Den Hinterbliebenen gelte die „herzlichste Teilnahme". „Wir brauchen Ihnen, die Sie ihn ja gut gekannt haben, natürlich nicht zu sagen, welche ausserordentlichen Verdienste der Heimgegangene sich um das deutsche Antiquariat erworben hat, und wir wünschen Ihnen, dass Sie den hohen Ruf des Hauses, den es im In- und Ausland durch die hervorragende Kenntnisse und Eigenschaften seines Gründers geniesst, erhalten und mehren können."[116]

Anmerkungen:

1 Rosenthal, Bernard M.: Cartel, Clan or Dynasty? The Olschkis an the Rosenthals 1859–1976, in: Harvard Library Bulletin, vol. XXV, nr. 4, October 1977, p. 385.

2 StadtAM, PKR, Serie 6, 21 322.

3 Rosenthal, Jacques: Autobiographical notes. Bibliothek der University of San Francisco. Bei dem darin benannten Sprachlehrer Chapozy handelt es sich wohl um Marc Ludwig Joseph Emil Choupot, der sich am 31. Juli 1858 hier als Kunstmaler anmeldete und am 20. August 1858 von der Polizeidirektion die Bewilligung erhielt „frz. Conversationsstunden zu erteilen". Er stammte aus Arbais im frz. Departement Jura und war bei der Ankunft 32 Jahre alt. StadtAM, PKR, Serie 6, 17 826.

4 Geschichte der Juden in Heidelberg, Heidelberg 1996, S. 261, 373.

5 Schulz, O. A.: Allgemeines Adressbuch für den Deutschen Buchhandel, 50. Jahrg. (1888), 26.

6 Taschenbuch für Bücherfreunde, hg. von Prof. Dr. Albert Schramm, 1. Jahrgang (1925), München 1924, S. 117–119.

7 Laut Eintrag in: Schulz (wie Anm. 5), S. 365.

8 Vgl. Taschenbuch für Bücherfreunde (wie Anm. 6), S. 121–123. Rosenthal (wie Anm. 1), p. 384. Rosenthal (wie Anm. 3). Die Angaben auf dem im Jahr 1888 angelegten polizeilichen Meldebogen von Jacques Rosenthal („seit 21. 4. 1883 Teilhaber an der Fa. Ludwig & Nathan Rosenthal") scheinen so nicht zu stimmen. StadtAM, PMB R 258.

9 Vgl. Rosenthal (wie Anm. 3).

10 Rosenthal (wie Anm. 1), p. 386.

11 Münchner Neueste Nachrichten, Nr. 192 v. 17. 7. 1924, Nr. 192 v. 17. 7. 1929.

12 StadtAM, PMB, R 258.

13 Bayerische Staatszeitung, Nr. 204 v. 6. 9. 1927.

14 August (Ritter von) Eisenhart (1826–1905), Kabinettssekretär vom 1. 1. 1870–11. 5. 1876. Schärl, Walter: Die Zusammensetzung der bayerischen Beamtenschaft von 1806 bis 1918 (Münchener historische Studien, Abt. Bayerische Geschichte, hg. von Max Spindler, Band 1), Kallmünz 1955, S. 223.

15 Erinnerungen von Jacques Rosenthal bei Ziegert, Max: Ludwig Rosenthal, der Gründer von Ludwig Rosenthal's Antiquariat in München, in: Börsenblatt für den Deutschen Buchhandel, Nr. 82 v. 9. 4. 1923, S. 450.

16 BayHStA, Geheimes Hausarchiv, Hofsekretariat, Nr. 426, S. 32 u. Hofsekretariat, Nr. 392, S. 14.

17 BayHStA, Geheimes Hausarchiv, Hofsekretariat, Nr. 427, S. 33 u. Hofsekretariat, Nr. 393, S. 11–14.

18 BayHStA, Geheimes Hausarchiv, Hofsekretariat, Nr. 427, S. 35.

19 Vgl. Rosenthal (wie Anm. 1), p. 386–387.

20 Friedrich (Ritter von) Ziegler (1839–1897), Kabinettssekretär vom 1. 1. 1877–11. 11. 1879 u. vom 29. 5. 1880–9. 8. 1883. Schärl (wie Anm. 14), S. 218 f.

21 Johann Evangelist (Ritter von) Reither (1831–1916), ab 1. 10. 1877 Geschäftsträger bei der französischen und belgischen Regierung, zum 1. 4. 1889 in den Ruhestand versetzt. Schärl (wie Anm. 14), S. 334.

22 BayHStA, Geheimes Hausarchiv, Kabinettsakten König Ludwig II., Nr. 289.

23 Gideon (Ritter von) Rudhart (1833–1898), ab 7. 7. 1871 Geschäftsträger bei der französischen und belgischen Regierung, zum 1. 9. 1877 als Geheimer Legationsrat I. Klasse und a. o. Gesandter und bev. Minister nach Berlin versetzt. Schärl (wie Anm. 14), S. 337.

24 BayHStA, Geheimes Hausarchiv, Kabinettsakten König Ludwig II., Nr. 290.

25 Sigmund Guggenheimer, * 17. 9. 1818 München, † 18. 4. 1892 München; ∞ Klara Wassermann, * 17. 12. 1827 Harburg, † 28. 1. 1898 München; Emma Guggenheimer, * 5. 12. 1857 München. StadtAM, PMB G 565, 566.

26 StadtAM, PMB R 258.

27 StadtAM, EBA 1888/2207.

28 Vgl. den Geschäftszettel, der im April 1884 der Bayerischen Akademie der Wissenschaften zugesandt wurde. Privatbesitz Edith Petten-Rosenthal.

29 Ziegert (wie Anm. 15), S. 447 f.

30 StAM, Polizeidirektion 4747, 4748.

31 StadtAM, PMB, R 258.

32 Katalog Nr. 1: Musik des 15.–18. Jahrhunderts. Katalog Nr. 2: Scriptores mathematici. Katalog Nr. 3: Japan und China vom 16.–18. Jahrhundert. Alle drei Kataloge 1895 erschienen.

33 Lt. Vortrag Karl Hartung vom 12. 7. 2000.

34 Bibliotheca chatholico-theologica, umfassend die Katalog-Nummern 10, 12, 14, 15, 16, 17, 19 und 20.

35 Bibliotheca Slavica (Nummern 47–50), insgesamt 8.961 Positionen, erschienen 1909–1911.

36 Alte Ansichten/Vues anciennes (Nummern 54–65).

37 Katalog Nr. 24: Inkunabula typographica. Pars I. 1900. Katalog Nr. 40: Inkunabula typographica. Pars II. 1905.

38 Handschriften, Codices, Inkunabeln, Katalog sehr aufwendig gestaltet, bibliophile Gestaltung, am Rande mit Holzschnitten.

39 Taschenbuch für Bücherfreunde (wie Anm. 6), S. 122.

40 Vgl. Graphik alter Meister, Sammlung Eduard Aumüller. Katalog. Berlin 1917.

41 Fifty Years of Bookselling. An Interview with Herr Ludwig Rosenthal of Munich, in: Daily Mail. Continental Edition, Munich Art Supplement, 29. 8. 1907.

42 Münchner Neueste Nachrichten, Nr. 195 v. 20. 7. 1924.

43 Graf Paul Durrieu, * 2. 10. 1855 Strassburg, † 25. 11. 1925 Paris. Rosenthal (wie Anm. 3).

44 Hungarica. Ungarn betreffende im Ausland gedruckte Bücher und Flugschriften. Gesammelt und beschrieben von Graf Alexander Apponyi. Zunächst 2 Bände: 1. Band 488 S., 2. Band 423 S., gedruckt in 125 Exemplaren.

45 Homeyer, Fritz: Deutsche Juden als Bibliophile und Antiquare, zweite erweiterte und verbesserte Auflage, Tübingen 1966, S. 114. Neumann, Peter: Hundert Jahre Gesellschaft der Bibliophilen 1899–1999, München 1999, S. 17–19.

46 Vgl. Wittmann, Reinhard: Hundert Jahre Buchkultur in München, München 1993, S. 98.

47 Kahn, Julius: Münchens Großindustrie und Großhandel, 2. Auflage, München 1913, S. 293–297. Keller, Johann: Der Kunsthandel, in: 800 Jahre München, Ein deutsches Städtebild im Wandel der Zeit, München (1958), S. 101 f.

48 Kahn (wie Anm. 47), S. 298–299, Zitat: S. 299.

49 Kahn (wie Anm. 47), S. 300–301.

50 Kahn (wie Anm. 47), S. 291–292.

51 Roeck, Bernd: Florenz 1900, Die Suche nach Arkadien, München 2001.

52 Keller (wie Anm. 47), S. 107.

53 Wittmann (wie Anm. 46), S. 39, 50.

54 Wittmann (wie Anm. 46), S. 38.

55 Wittmann (wie Anm. 46), S. 98.

56 Wittmann Reinhard: Verlage in Schwabing (1892–1914), in: Schwabing, Kunst und Leben um 1900, Essayband zur gleichnamigen Ausstellung im Münchner Stadtmuseum, München 1998, S. 159.

57 Wittmann (wie Anm. 46), S. 41.

58 Wittmann (wie Anm. 46), S. 39.

59 Wittmann (wie Anm. 46), S. 73–75. Wittmann (wie Anm. 56), S. 167–169.

60 Wittmann (wie Anm. 46), S. 72. Wittmann (wie Anm. 56), S. 165 f. Vgl. dazu Eggers, Gisinda: Die legendäre Insel-Wohnung, in: Schwabing, Kunst und Leben um 1900, Essayband zur gleichnamigen Ausstellung im Münchner Stadtmuseum, München 1998, S. 175–187.

61 Aus der Werkstatt, Ein Tätigkeitsbericht des Verlags Hugo Schmidt München, 1912–1924/25, München 1925.

62 Wittmann (wie Anm. 46), S. 68–69. Wittmann (wie Anm. 56), S. 163–164. Flemmer, Walter: Verlage in Bayern, Pullach 1974, S. 140 f.

63 Vgl. Fischer, Ernst: „Eine glückliche Vermischung …“. Zum Verhältnis von Bibliophilie und Antiquariat im ersten Drittel des 20. Jahrhunderts, in: Aus dem Antiquariat, Nr. 1/2002 (Beilage zu: Börsenblatt für den Deutschen Buchhandel Nr. v. 29. 1. 2002), S. A 21.

64 Vgl. Roeck (wie Anm. 51).

65 Der Kaufpreis ist nicht bekannt. Als Anhaltspunkt mag gelten, dass Julius Böhler das gegenüberliegende Grundstück Nr. 12 im Jahr 1903 für 400.000 Mark erwarb. StadtAM, PMB B 166. Zum Vergleich: Ein Angestellter im Antiquariat Ackermann verdiente zu dieser Zeit je nach Aufgabengebiet im Monat 80,– bis 130,– Mark. Meiner, Annemarie: 100 Jahre Theodor Ackermann, München 1965, S. 15.

66 Hier und im Folgenden: StadtAM, LBK 1 624, 19 310.

67 StadtAM, PMB R 258.

68 Fischer (wie Anm. 63), S. A 21.

69 StadtAM, PMB H 264.

70 StadtAM, PMB D 55.

71 Rosenthal (wie Anm. 1), p. 388.

72 Vgl. Rosenthal (wie Anm. 1), p. 390, 396.

73 Rosenthal (wie Anm. 1), p. 392.

74 Olschki, Leo S.: Selbstbiographie, in: Adressbuch der Antiquare Deutschlands und des gesamtes Auslandes. Mit selbstbiographischen Beiträgen bedeutender Antiquare, Weimar 1926, S. 29–34, hier: 31.

75 Zitiert nach Rosenthal (wie Anm. 1), p. 391.

76 Rosenthal (wie Anm. 1), p. 395.

77 Rosenthal (wie Anm. 1), p. 397.

78 The Morgan Library, Archives, Early Acquisitions Files – Rosenthal, Jacques.

79 Wittmann (wie Anm. 46), S. 105–106.

80 Vgl. Memorandum Erwin Rosenthals vom 31. 12. 1927. NL Hans Koch, Mappe 3.

81 Seebaß, Adolf: Brienner Straße 47. Kleine Erinnerungen an das Jahr 1923, o. O. [1979], S. 28–29.

82 Lt. Vortrag Hartung vom 12. 7. 2000.

83 Seebaß (wie Anm. 81), S. 28.

84 NL Hans Koch, Ordner 5.

85 Seebaß (wie Anm. 81), S. 27.

86 Privatbesitz Jens Koch.

87 Karl D'Ester, * 11. 12. 1881 Vallendar a. Rhein, † 31. 5. 1960 Aurach b. Fischbachau. StadtAM, EWK.

88 Privatbesitz Jens Koch.

89 NL Hans Koch, Ordner 8.

90 Hier und im ff.: NL Hans Koch, Ordner 8.

91 Darunter Stücke von van Dyck, Brueghel und St. Aubin.

92 NL Hans Koch, Mappe 3.

93 NL Hans Koch, Ordner 1.

94 Memoranden vom 31. 12. 1928 und 31. 12. 1929. NL Hans Koch, Mappe 3.

95 Schreiben v. 12. 7. 1929. NL Hans Koch, Ordner 5.

96 Der genaue Titel ist nicht genannt, doch handelte es sich vermutlich um: Gmelin, Johann Georg: Reise durch Sibirien 1733–1743. 4 Bände. Göttingen 1751–1752.

97 NL Hans Koch, Mappe 9.

98 Lt. Vortrag Hartung vom 12. 7. 2000.

99 NL Hans Koch, Geschäftsbücher.

100 Laut Schreiben Erwin Rosenthal an das Landesfinanzamt v. 2. 4. 1935. NL Hans Koch, Mappe 3.

101 NL Hans Koch, Ordner 8.

102 NL Hans Koch, Ordner 1.

103 NL Hans Koch, Ordner 1.

104 Julius Böhler, stellv. Vorsitzender des Verbandes, bedauerte dies in einem Schreiben vom 20. April 1933 an den mit ihm befreundeten Jacques Rosenthal. NL Hans Koch, Ordner 5.

105 Brief Jacques Rosenthal an Erwin Rosenthal vom 14. 11. 1933. NL Hans Koch, Ordner 1.

106 Brief an Erwin Rosenthal v. 1. 7. 1935. NL Hans Koch, Ordner 1.

107 Brief Jacques Rosenthal an Erwin Rosenthal vom 3. 3. 1934. NL Hans Koch, Ordner 1.

108 Am 23. 12. 1932 berichtet Erwin Rosenthal an die Witwe Rita Finkenstaedt: „Wie sie ja wissen werden, ist mein Vater durch seine Krankheit in seiner Bewegungsmöglichkeit stark gehemmt." NL Hans Koch, Ordner 2.

109 NL Hans Koch, Ordner 2.

110 Vgl. den Brief der Ehefrau Emma Rosenthal an Hans Koch vom 3. 10. 1935 aus Rom: Es gehe ihm zufriedenstellend, „aber die rasche Abnahme seines Augenlichtes bedrückt ihn & mich natürlich sehr". NL Hans Koch, Ordner 1.

111 NL Hans Koch, Ordner 2.

112 NL Hans Koch, Ordner 1.

113 Vgl. den Brief von Erwin Rosenthal an Prof. Hans Rose in Jena vom 15. 7. 1935: „Das stolze Haus in der Brienner Straße ist in diesen Tagen verkauft worden." NL Hans Koch, Ordner 2.

114 NL Hans Koch, Ordner 7.

115 NL Hans Koch, Ordner 7.

116 Schreiben vom 19. 10. 1937. NL Hans Koch, Ordner 7.

Der Kosmos der Rosenthals:
Bücherkenner, Künstler und Wissenschaftler

Friedrich Finkenstaedt, Antiquar

25
Fritz Finkenstaedt. Aufnahme um 1930.

Friedrich (Fritz) Finkenstaedt gehörte zu den hoffnungsvollsten und fähigsten Nachwuchskräften im deutschen Antiquariatshandel der 1920er Jahre, dessen Stern allerdings auf tragische Weise erlosch. Nach eineinhalbjähriger (verkürzter) Lehrzeit bei Harrassowitz in Leipzig, wo er unter Otto Venediger ausgebildet wurde, trat er am 1. April 1922 bei Jacques Rosenthal ein, bei dem er zu seiner großen Überraschung sofort angenommen worden war.[1] Jacques Rosenthal erkannte sehr schnell seine glänzenden Begabungen in vielerlei Bereichen, sei es in der Katalogerstellung, in der Kundenbetreuung oder in kaufmännischen Dingen. So war Friedrich Finkenstaedt bald an der Erstellung wichtiger Kataloge federführend beteiligt. Unter seiner Oberleitung entstand der im Jahr 1924 erschienene aufsehenerregende Katalog Nr. 80 „Inkunabeln in gotischen Einbänden" (engl. Untertitel: 150 Incunabula in their valuable original monastic bindings), worin zahlreiche seltenste Drucke und äußerst seltene Holzschnitt-Bücher aufgeführt sind. Die interne Firmenkorrespondenz wie auch die Geschäftsverbindung zwischen dem Stammhaus und den oftmals auf Reisen befindlichen Jacques und Erwin Rosenthal lief zumindest ab 1928 meist über Finkenstaedt.[2] Auch im Umgang mit den Geschäftskunden war die Kompetenz und der freundliche Umgang allgemein geschätzt. Adolf Seebaß, der nach ihm bei Harrassowitz in die Lehre kam und ihm Anfang 1923 von Leipzig aus zu Jacques Rosenthal nachfolgen konnte, beschreibt ihn als „belebendes Element in dem etwas trockenen Antiquariatsbetrieb".[3]

Guten Kontakt pflegten die Finkenstaedts zu Erwin Rosenthal, der mit seiner Familie manchmal in das Haus der Finkenstaedts in Planegg, das die Familie im April 1925 bezogen hatte, zu Besuch kam. Die beiden Mädchen Gabriella und Nicoletta Rosenthal sandten den Finkenstaedt-Söhnen Michael und Peter öfters Karten und Zeichnungen.[4]

Obwohl seine hervorragende Position im Hause Rosenthal nicht gefährdet war, verließ er Ende Dezember 1931 das Antiquariat, um sich trotz der im weltweiten Antiquariatshandel nun auch voll einschlagenden Weltwirtschaftskrise selbstständig zu machen. Eine gewisse Unruhe und Unternehmungslust hatte ihn schon in seiner Jugend ungewohnte Wege gehen lassen. Geboren am 7. Juni 1897 in Osnabrück, wählte er im Ersten Weltkrieg die Offizierslaufbahn und beendete den Dienst als Oberleutnant. Nach dem Krieg war er in Freikorpsverbänden aktiv, interessierte sich aber auch für kommunistische Ideen und baute sich eine Sammlung kommunistischer Schriften auf, die er jedoch schon nach wenigen Jahren wieder veräußerte.[5]

Jacques Rosenthal bedauerte seinen Weggang sehr und stellte ihm ein blendendes Zeugnis aus. Finkenstaedt zähle zu den „höchst qualifizierten Herren des antiquarischen Nachwuchses", seine berufliche Tätigkeit sei von scharfer Intelligenz, starkem Willen und vorbildlichem Fleiß geprägt gewesen, insgesamt sei er eine „hervorragend begabte, markante und liebenswürdige Erscheinung".[6] Zu Jahresbeginn 1932 reiste Friedrich Finkenstaedt mit großen Hoffnungen per Schiff nach den Vereinigten Staaten, um dort neue Geschäftskontakte zu knüpfen. Schon die Ankunft in New York stand unter einem unglücklichen Stern, da er wegen eines fehlenden Visavermerks der Reederei zunächst nicht einreisen konnte und zwei Wochen auf Ellis Island interniert wurde.[7] Danach quartierte er sich in einem Hotel ein, schrieb Offerten, besuchte die großen Bibliotheken und Antiquariatshäuser, wie die Morgan Library oder das Antiquariat von Lathrop C. Harper, wo er zwar freundlich aufgenommen wurde, auch allerhand verkaufte, jedoch keine größeren Abschlüsse tätigen konnte und somit wenig erlöste. Am 2. Februar schrieb er sehr hoffnungsvoll nach Hause, beklagte jedoch, dass

„das finanzielle Ergebnis noch sehr mager" und das Leben in der Stadt „wirklich sehr, sehr teuer" sei.[8] Nach einem Vierteljahr kehrte er enttäuscht, körperlich geschwächt und wohl auch in Sorge um das finanzielle Fortkommen der Familie, nach Hause zurück. In tiefer Depression beging er am 21. Mai 1932 in seinem Haus in Planegg Selbstmord. Erwin Rosenthal verfasste im „Börsenblatt" einen Nachruf auf ihn.[9]

ANMERKUNGEN:

1   Seebaß, Adolf: Brienner Straße 47, Kleine Erinnerungen an das Jahr 1923, Herrn Dr. Erwin Rosenthal
     zum 9. April 1979 dankbar überreicht, o. O., [1979], S. 4–6.
2   NL Hans Koch, Ordner 8.
3   Seebaß (wie Anm. 1), S. 5.
4   Gespräch mit Michael Finkenstaedt am 26. 9. 2001.
5   Seebaß (wie Anm. 1), S. 4–6.
6   Privatbesitz Finkenstaedt.
7   Gespräch mit Michael Finkenstaedt am 26. 9. 2001.
8   Brief an seine Ehefrau in Planegg. Privatbesitz Michael Finkenstaedt.
9   Börsenblatt für den Deutschen Buchhandel, Nr. 120 v. 26. Mai 1932.

Konrad Haebler, Inkunabelforscher

Konrad Haebler (1857–1946) kam über die Tätigkeit an der Königlichen Bibliothek in Dresden und seine iberischen Archiv- und Bibliotheksreisen (1890, 1897–98) Ende des 19. Jahrhunderts zur Wiegendruckforschung, worin er sich innerhalb kurzer Zeit zu einem international anerkannten Fachmann entwickelte. Im Jahr 1904 wurde er zum Vorsitzenden der Kommission für den Gesamtkatalog der Wiegendrucke in Berlin ernannt. In dieser Funktion übernahm er einen großen Teil der Inventarisierungsarbeit in Deutschland selbst. Im Zuge seiner Forschungen entwickelte er die Methode des Drucktypenvergleichs zu einem messenden Verfahren, mit dem er zahlreiche undatierte und unsignierte Inkunabeln bestimmen konnte. Zusammengefasst hat er diese Forschungen in einem „Typenrepertorium der Wiegendrucke" (6 Bände, 1905–1924). Im Jahr 1920 verließ er die Wiegendruckkommission, lebte seit 1921 wieder in Dresden und wandte sich vorwiegend der Erforschung des Bucheinbandes zu.[1] Mit Jacques Rosenthal verband Haebler eine langjährige Freundschaft, die nach der Entpflichtung Haeblers von der Wiegendruckkommission zu zahlreichen gemeinsamen geschäftlichen wie wissenschaftlichen Projekten führte. Ab Mitte der 1920er Jahre war er an allen

26
Konrad Haebler. Aufnahme aus: Wiegendrucke und Handschriften. Festgabe für Konrad Haebler. 1919.

wichtigen Inkunabelkatalogen des Antiquariats mit wissenschaftlichen Beiträgen beteiligt.[2] Darüber hinaus fertigte er zahlreiche Expertisen über herausragende Einzelstücke des Antiquariats an. Jacques Rosenthal regte Haebler zu manchen wissenschaftlichen Publikationen an, unter anderem zu seinem umfangreichen Werk über „Die deutschen Buchdrucker des 15. Jahrhunderts im Auslande", das Haebler im Juli 1924 Jacques Rosenthal zum 70. Geburtstag überreichen konnte.[3] Konrad Haebler eröffnete im Jahr 1927 auch die neue Folge der „Beiträge zur Forschung. Studien aus dem Antiquariat Jacques Rosenthal" mit einem Beitrag über „Die italienischen Fragmente vom Leiden Christi, das älteste Druckwerk Italiens". Zum 70. Geburtstag im selben Jahr ehrte ihn Jacques Rosenthal mit der Festgabe „Eine unbekannte Bücheranzeige des 15. Jahrhunderts". Allerdings waren die beiden großen Inkunabelkenner in ihren Urteilen nicht immer gleicher Meinung. Dem Vorwort zum Katalog der Einblattdrucke von 1929/30 ging ein intensiver Schriftwechsel über den Inhalt des Vorwortes voraus, mit dem sich Haebler zunächst nicht einverstanden erklären konnte.[4]

Haebler blieb auch nach der Machtübernahme der Nationalsozialisten dem Haus Rosenthal sehr verbunden, wenngleich die persönlichen wie schriftlichen Kontakte nachließen. Nach längerer Pause wandte sich Haebler am 18. März 1934 wieder brieflich an Erwin Rosenthal, worin er unter anderem anführt: „Ich habe im Lauf der letzten Monate oft an Sie und Ihren Herrn Vater gedacht und ich würde mich sehr freuen, einmal von Ihnen zu hören, wie Sie die schweren Zeiten des letzten Jahres verlebt haben und ob Sie weiter auf dem ungastlichen Boden des Deutschen Reiches auszuharren gedenken." Unterschrift: „Mit freundschaftlichem Gruß". Am 18. Juli 1934 wandte sich Haebler noch einmal an ihn: „Es gereicht mir zur besonderen Freude, Ihnen mit der Tat beweisen zu können, daß sich trotz der veränderten politischen Verhältnisse an meinen freundschaftlichen Gesinnungen gegen Ihr Haus nichts geändert hat."[5] Am 13. Dezember 1946 ist Haebler in Dorf Wehlen bei Dresden verstorben.

ANMERKUNGEN:

1 Lülfing, Hans: Konrad Haebler, in: NDB, 7. Band, 1966, S. 422–423.
2 Kat. Nr. 87 (1927): Seltene Drucke des XV. und XVI. Jahrhunderts (300 Nrn.). Darunter einzigartige Raritäten, wie das älteste italienische Druckwerk, die Passio Christi, angeboten für 15.000 Reichsmark, ebd. Nr. 82. Kat. Nr. 91 (1929): Handschriften und Frühdrucke in deutscher Sprache, Festgabe zum 75. Geburtstag von Jacques Rosenthal, hrsg. aus den Beständen des Antiquariats von Erwin Rosenthal und Mitarbeitern des Antiquariats (70 Nrn, aufwendige Gestaltung, fast jedes Exemplar ist mit einer Abbildung vertreten). Kat. Nr. 92 (1929/30): Einblattdrucke von den Anfängen der Druckkunst bis zum Tode Maximilians I. 1455–1519 (124 Nrn., Buchausstattung, zahlreiche Abbildungen).
3 MNN, Nr. 195 v. 20. 7. 1924.
4 NL Hans Koch, Ordner 5.
5 NL Hans Koch, Ordner 5.

Ludwig Nussbaum, Buchhalter

Ludwig Nussbaum nahm, obwohl er nur ein Jahr unter Erwin Rosenthal tätig war, bereits nach kurzer Zeit eine Schlüsselposition im Antiquariat ein. Schon bald nach seiner Einstellung im Dezember 1934 besaß er das absolute Vertrauen des meist im Ausland befindlichen Erwin Rosenthal. Als sich der Verkauf der Firma im Jahr 1935 immer mehr abzeichnete, wickelte Erwin Rosenthal über ihn den Verkauf von umfangreichen Stücken aus dem Lager ab. Im zunehmend von Devisenkontrollen und Ausfuhrbeschränkungen behinderten Auslandsgeschäft konnte der versierte Kaufmann und Buchhalter noch viele Verkäufe tätigen. Insbesondere oblag ihm die Geschäftsverbindung mit der Genfer Niederlassung der Antiquariatsbuchhandlung Leo Olschki. Dem Holocaust konnte er durch Auswanderung nach Shanghai entgehen.

Ludwig Nussbaum wurde am 27. Juni 1898 in Frankfurt a. Main als einziges Kind des Kaufmannsehepaares Adolf und Emma Nussbaum geboren und übersiedelte zum

Jahresende 1912 mit seinen Eltern nach München. Er besuchte hier das Realgymnasium, absolvierte anschließend eine zweijährige kaufmännische Lehre im Damenkonfektionsgeschäft S. Bachmann in der Rosenstraße 11 und wurde im März 1917 zum Kriegsdienst eingezogen. Ab Januar 1919 war er als leitender Buchhalter im Musarion-Verlag und dann (ab 1. Dezember 1921) für sechs Jahre im renommierten Münchner Delphin-Verlag tätig, wo er auch die buchhändlerische Korrespondenz zu führen hatte. Im Jahr 1926 kehrte er zu seiner Lehrfirma zurück, musste diese Stellung aber im März 1930 wegen Auflösung des Betriebes aufgeben.[1] Danach wurde er arbeitslos.

Auf die frei werdende Stelle eines Bilanzbuchhalters bei Jacques Rosenthal wies ihn die Stellenvermittlung der israelitischen Kultusgemeinde in München hin. In seinem Bewerbungsschreiben an Erwin Rosenthal vom 7. Dezember 1934 zeichnete er ein beredtes Bild der schwierigen Arbeitsmarktlage für jüdische Arbeitssuchende in dieser Zeit. Seine Stellenbewerbungen seien jedes Mal an der „Nichtarierfrage" gescheitert. „In diesen Zeiten besteht daher für einen jüdischen Arbeitslosen nur die eine Hoffnung, in einem jüdischen Geschäft Beschäftigung zu finden."[2] Zwischen Erwin Rosenthal und Ludwig Nussbaum entwickelte sich in kurzer Zeit ein persönliches Vertrauensverhältnis, weshalb Erwin Rosenthal die Trennung von ihm zum Jahresende 1935 sehr bedauerte. So schrieb er ihm am 26. Dezember 1935 aus Florenz: „Unser Abschiedsschmerz ist gegenseitig, auch ich hätte mich gefreut, wenn uns eine längere Arbeitsgemeinschaft geschenkt worden wäre. Ich hatte noch allerhand Hoffnungen auf Sie gesetzt und war sicher, dass sie auch auf mehr buchhändlerischem Gebiet sich vorzüglich bewährt hätten. Heute bleibt mir nur noch, Ihnen für Ihre außerordentlich treue und selbstlose Arbeit zu danken."[3]

Der neue Firmeninhaber Hans Koch stellte ihn zum Jahresbeginn 1936 sogleich wieder als Buchhalter ein. Im Zuge der dem Pogrom vom 8. November folgenden Verhaftungswelle wurde Ludwig Nussbaum am 11. November 1938 als einer von rund 1.000 Münchnern in das Konzentrationslager Dachau verschleppt und dort als „Schutzhäftling" Nr. 21.762 registriert.[4] Offensichtlich wurde er bis zum Jahresende wieder auf freien Fuß gesetzt. Davor war ihm wie vielen anderen Häftlingen aber wohl die Zusage abgepresst worden, dass er seine Auswanderung betreiben wolle.[5] Eine Weiterbeschäftigung im Antiquariat war daher nicht mehr möglich. Dies bestätigt ein Arbeitszeugnis, das ihm Hans Koch am 31. Dezember 1938 ausstellte. Darin heißt es einleitend: „Herr Ludwig Nussbaum war vom 28. Dezember 1935 bis heute in meiner Firma als selbständiger Buchhalter und kaufmännischer Mitarbeiter tätig und verläßt seinen Posten, um auszuwandern." Hans Koch lobt darin nicht nur die „Exaktheit seiner Arbeit und sein reiches kaufmännisches Wissen", sondern auch „seine Zuverlässigkeit und vertrauenswürdige Persönlichkeit".[6]

In einer Zeit verstärkten finanziellen Zugriffs des NS-Staates auf den Besitz und das private Vermögen der jüdischen Bevölkerung war eine Auswanderung jedoch nicht einfach zu bewerkstelligen. Darüber hinaus hatten die demokratischen Länder ihre strenge Einwanderungspolitik gegenüber den Juden auch nach der Pogromnacht nicht geändert. So war die Ausreise nach Shanghai – einer Stadt mit einem praktisch freien Zugang, ohne Visum und ohne offizielle Genehmigung – plötzlich ein nahe liegendes Reiseziel und oftmals der einzige Ausweg. Am 7. Juni 1939 erfolgte in der Meldekartei Gräfelfing, wohin Ludwig Nussbaum im Jahr 1932 mit seiner Ehefrau gezogen war, seine Abmeldung nach Shanghai – gerade noch rechtzeitig, bevor im August 1939 die japanischen Behörden über Shanghai die ersten Einreisebeschränkungen verhängten, welche die Zuwanderung nahezu zum Erliegen brachten.[7] Hans Koch hatte bis zur Ausreise Ludwig Nussbaum heimlich in Heimarbeit weiterbeschäftigt, auch die dafür notwendigen Geldmittel waren mit seiner „erheblichen Unterstützung" aufgebracht worden.[8] Die Ankunft Ludwig Nussbaums in Shanghai bestätigt eine Liste der im August 1944 im Shanghaier Polizeibezirk Dee Lay Jao lebenden Ausländer: Nussbaum, Ludwig, 46 Jahre alt, Adresse: 1080 Tung Yuhang Lu, Beruf: Employee. Classification Group: German Refugee. Unter seiner Adresse war auch eine Nussbaum Risa, 41 Jahre alt,[9] gemeldet, was darauf hindeutet, dass sich Ludwig Nussbaum nach der Scheidung von seiner in Gräfelfing zurückgebliebenen protestantischen Ehefrau in Shanghai wieder verehelichte.[10]

Nach Kriegsende blieben viele der Flüchtlinge trotz Rück- und Weiterwanderungsabsichten zunächst im „Wartesaal" Shanghai hängen, da eine Abreise aus den verschiedensten politischen, organisatorischen und administrativen Gründen nicht zu realisieren war. Eine Rückkehr nach Deutschland war aufgrund der mangelnden Bereitschaft der Aliierten in den ersten beiden Nachkriegsjahren nur wenigen möglich.[11] Auch Ludwig Nussbaum hegte Rückkehrpläne nach Deutschland.[12] Offenbar ließ sich sein Vorhaben jedoch nicht verwirklichen. Spätestens im Jahr 1951 nahm er mit seiner Ehefrau Risa den Wohnsitz in Florida in den USA. Ludwig Nussbaum starb im Juni 1974 in Miami, Risa Nussbaum, geb. am 10. November 1903, starb dort im Januar 1987.[13]

Anmerkungen:

1 StadtAM, Einwohnerkartei. NL Hans Koch, Mappe 10.
2 NL Hans Koch, Mappe 10.
3 NL Hans Koch, Ordner 8.
4 KZ-Gedenkstätte Dachau, Archiv 34.695.
5 Heusler, Andreas/Weger, Tobias: Kristallnacht. Gewalt gegen die Münchner Juden im November 1938, München 1998, S. 126, 134.
6 NL Hans Koch, Mappe 5.
7 Hochstadt, Steve: Flucht ins Ungewisse, Die jüdische Emigration nach Shanghai, in: Armbrüster, Georg/Kohlstruck, Michael/Mühlberger, Sonja (Hrsg.): Exil Shanghai, Jüdisches Leben in der Emigration (1938–1947), Teetz 2000, S. 27–32.
8 Aufzeichnungen von Hans Koch. NL Hans Koch, Mappe 2.
9 List of Foreigners Residing in Dee Lay Jao Police District including Foreigners holding Chinese Naturalization Papers, p. 187, Beilage zu: Armbrüster (wie Anm. 7).
10 Else Sophie Julie Dursch; * 11. 10. 1897 Passau, † 28. 2. 1980 Gräfelfing. Die Ehe wurde durch Urteil des Landgerichts München I vom 27. 11. 1940 geschieden.
11 Armbrüster, Georg: Das Ende des Exils in Shanghai, in: Armbrüster (wie Anm. 7), S. 184–200.
12 Hans Koch an Erwin Rosenthal im Herbst 1946: „Unser Mitarbeiter Ludwig ließ mich kürzlich aus dem Reich der Mitte grüßen. Er hat starkes Heimweh und Rückwanderungspläne." NL Hans Koch, Mappe 3.
13 Sterberegister des US-amerikanischen Sozialministeriums: Social Security Death Index. Mitgeteilt durch Prof. Ralph Hirsch, Philadelphia (USA).

Ernst Schulz, Antiquar und Privatgelehrter

Im Kreis der Antiquare und wissenschaftlichen Mitarbeiter um Jacques Rosenthal nahm Ernst Schulz (1897–1944) eine Sonderstellung ein. Er trat nach abgeschlossenem Studium als promovierter Philologe im Herbst 1922 als Mitarbeiter in das Antiquariat ein, wo er zunächst vorwiegend bei der Handschriftenbeschreibung eingesetzt war. Obwohl er sich bald darauf als „Paläograph und Mediaevist" selbstständig machte und das von ihm erstrebte freie Leben eines Privatgelehrten führte, blieb er als Katalogmitarbeiter und wissenschaftlicher Berater der Firma weiterhin eng verbunden. Seine überragenden Kenntnisse in der Inkunabelkunde wie in den mittelalterlichen Handschriften und der gesamten europäischen Geistesgeschichte brachten ihm innerhalb kürzester Zeit die Achtung und Bewunderung von Kollegen und Auftraggebern ein. Mit Scharfsinn spürte er Überlieferungsfehler der paläographisch-typographischen Forschung auf, „wo andere lange suchend verglichen und nachmaßen".[1] Ernst Schulz liebte keine großen Gesten, er bevorzugte die knappe, treffende Formulierung, oftmals mit Ironie gewürzt. Bisweilen verhielt er sich kurz angebunden, doch im Umgang mit den Arbeitskollegen immer kameradschaftlich. Berühmt war er für seine kühle Ruhe und seinen Gleichmut auch in schwierigen Situationen. Als er mit seinem Antiquarskollegen Adolf Seebaß am Tag des Hitlerputsches im November 1923 beim Mittagessen in einem Restaurant am Wittelsbacher Platz von den Krawallen und Tumulten überrascht wurde, soll er lediglich geäußert haben: „Es wird schwierig sein, nach Hause zu kommen." Trotzdem suchte er „mit seinem hastlosen, aber bestimmten Schritt" (aufgrund einer angeborenen körperlichen Behinderung hinkte er ein wenig) den geraden Weg

27
Ernst Schulz mit den beiden Söhnen Peter und Michael seines Berufskollegen Fritz Finkenstaedt vor dessen Haus in Planegg. Aufnahme vom August 1928.

über den Odeonsplatz und die Feldherrnhalle nach seiner Wohnung in der Steinsdorfstraße.[2] Hans Koch, seit Jahresbeginn 1932 bei Jacques Rosenthal und mit Schulz eng befreundet, nannte ihn voller Hochachtung und Respekt oftmals nur „Meister"[3], Erwin Rosenthal bezeichnete ihn als „vortrefflichsten Magister"[4].

Für Jacques Rosenthal gab Ernst Schulz im Jahr 1925 die „Bibliotheca medii aevi manuscripta. Pars prima: Einhundert Handschriften des abendländischen Mittelalters vom 9.–15. Jahrhundert" (Katalog 83) heraus. Teil zwei (Pars altera) folgte im Jahr 1928 (Kat.-Nr. 90: Einhundert Handschriften des Mittelalters vom zehnten bis zum fünfzehnten Jahrhundert). Beide Kataloge sind aufwändig gestaltet, bestechen durch ihre Ausstattung und die hervorragende Qualität der Abbildungen. Der Verkaufserfolg aus beiden Katalogen muss für das Antiquariat sehr gut gewesen sein, denn in einem Handexemplar des Antiquariats findet sich bei den meisten Stücken am Rand ein „verkauft" notiert.[5] Im Jahr 1934 fertigte Schulz den berühmten Humanismus-Katalog

(Nr. 95) des Antiquariats mit 752 Stücken, der zugleich den letzten Höhepunkt und Schlusspunkt der Katalogerstellung unter der Ägide Jacques Rosenthals darstellen sollte. Auch andere bedeutende Antiquariate in und außerhalb Münchens zogen ihn für Katalogbearbeitungen heran. Für Emil Hirsch erstellte er 1926 den Katalog „Valuable Manuscripts of the Middle-Ages, mostly illuminated". Im Jahr darauf verfasste er das Vorwort zum Katalog Nr. 56 von Emil Hirsch (Wissenschaft des Mittelalters in Frühdrucken). Die eigenen breit gefächerten Forschungsinteressen von Ernst Schulz bewegten sich im weiten Raum der abendländischen Geistes- und Kulturgeschichte: Mönchtum, Liturgie, Sprache und Poesie des lateinischen Mittelalters und des Mittelhochdeutschen, mittelalterliche Geschichte, Scholastik und Humanismus.

Die Nationalsozialisten waren ihm ob ihrer Gewalttätigkeit und Kulturlosigkeit zuwider. Nach der Machtergreifung zog er sich immer mehr in seine große Bibliothek und auf Gespräche mit seinen engsten Freunden zurück. Anlässlich seiner Besuche bei Karl & Faber ließ er gelegentlich die Bemerkung fallen: „Wenn ich meine Bibliothek nicht hätte, hätte ich schon längst Schluss gemacht."[6] Dieser Ausspruch sollte sich auf tragische Weise erfüllen: Am 20. Dezember 1944 verließ Schulz seine Wohnung im dritten Stock der Steinsdorfstraße 8, nachdem Fliegeralarm gegeben worden war. Als er nach dem Angriff zu seiner Wohnung zurückkehrte und von weitem den Dachstuhl des Hauses brennen sah, erschoss er sich mit der Pistole in der düsteren Ahnung, seine geliebte Bibliothek würde zugrunde gehen. Der Brand sollte sich aber als nicht so verheerend erweisen, sein Bücherbestand konnte gerettet werden. Der junge Michael Finkenstaedt, Sohn des ebenfalls auf tragische Weise ums Leben gekommenen Kollegen Friedrich Finkenstaedt, half dann die Bibliothek mit ausräumen.[7]

Hans Koch, der zu dieser Zeit an der Ostfront Dienst leisten musste, war vom Tod seines Freundes zutiefst erschüttert. In einem Brief an Erwin Rosenthal im August/ September 1945, nach seiner Rückkehr aus der Gefangenschaft, hat er ihm einen großen Nachruf gewidmet: „Der herbste Freundesverlust für mich und meine Frau, die schmerzlichste Einbuße meines bisherigen Lebens, das ist der Heimgang unseres Meisters E[rnst] S[chulz] im Dezember vorigen Jahres. […] Sein Schatten hat mich dann begleitet in den Frost- und Schneenächten des Ardennen-Feldzuges. Und ich empfinde nun das, was er in 3 Jahren beruflicher Bekanntschaft und 10 Jahren engerer Freundschaft gegeben hat, als kostbaren Erinnerungsbesitz. Um ihn war ein Zauberhauch vom Zuge europäischer Vergangenheitsforschung der Cassiodor, Rabanus, Bessarion und Erasmus, die er kunstvoll zu beschwören verstand, ein zartfingeriger Magier, der etwas Zeitloses hatte hinter seiner druckreifen Sprechweise, seiner gepflegten Eleganz, seinem symmetrisch gedeckten Kaffeetisch und der ganzen zweckvollen Ökonomie seines körperlichen Seins. [...] Mit seinem Scharfsinn, seiner Empfindlichkeit gegen Gefälschtes, Halbes, Oberflächliches ist mir E[rnst] S[chulz] immer als ein Kriminalist der Paläographie erschienen, der sich in zwei Jahrtausenden bewegt, verfeinert und vergeistigt."[8]

ANMERKUNGEN:

1 Koch, Hans: Ernst Schulz, in: Hodeige, Fritz (Hrsg.): das werck der bucher, von der Wirksamkeit des Buches in Vergangenheit und Gegenwart, eine Festschrift für Horst Kliemann zu seinem 60. Geburtstag. Freiburg 1956, S. 246. Vgl. auch Koch, Hans: Gratus Amicis, Rückschau auf fünf Jahrzehnte 1897–1947, masch. MS., München 1947, 32 Seiten, hier: S. 27–28.
2 Seebaß, Adolf: Brienner Straße 47, Kleine Erinnerungen an das Jahr 1923, o. O., [1979], 21.
3 NL Hans Koch, Mappe 2.
4 NL Hans Koch, Ordner 7.
5 NL Hans Koch.
6 Laut Vortrag Karl Hartung vom 12. 7. 2000.
7 Laut Gespräch mit Michael Finkenstaedt am 26. 9. 2001.
8 NL Hans Koch, Mappe 2.

Emil Hirsch, Antiquar und Kunsthändler

Emil Hirsch, Kaufmannssohn aus Bad Mergentheim, kam im Alter von 15 Jahren im November 1881 zu Ludwig Rosenthal in die Lehre. Die Lehrzeit blieb ihm zeitlebens in guter Erinnerung. Noch Jahrzehnte später rühmte er den „grundgütigen Charakter" seines Lehrherrn, von ihm habe er „nie ein böses Wort gehört".[1] Nach Abschluss der dreijährigen Lehrzeit und einjährigen Gehilfentätigkeit bei Ludwig Rosenthal wandte sich Emil Hirsch nach Stuttgart, kehrte dann wieder für zwei Jahre zu Ludwig Rosenthal zurück, wechselte daraufhin als Antiquariatsleiter zu „Zahn & Jaensch" nach Dresden und arbeitete schließlich bei Moritz Hess in Ellwangen, der die Handlung seines berühmten Vaters Isaak Hess übernommen hatte. Zum 10. Oktober 1892 trat Emil Hirsch bei Gottlob Hess, dem Sohn von Moritz Hess, als Teilhaber in dessen Münchner „Bücherantiquariat" in der Arcostraße 1 ein. Die Firma firmierte nun unter „G. Hess & Cie". Nach fünfjähriger Zusammenarbeit trennte man sich wieder, Gottlob Hess verlegte sein Geschäft in die Brienner Straße 9 und Emil Hirsch eröffnete am 12. November 1897 ein Antiquariat in der Karlstraße 6. Sein Kunst- und

28
Emil Hirsch. Diese Porträtaufnahme ist den Passanträgen der Jahre 1917 und 1918 beigelegt.

Antiquariatshandel blühte rasch auf, wurde auch durch zahlreiche bedeutende Auktionen rasch in Sammler- und Antiquarskreisen bekannt. Nicht ohne Ehrgeiz suchte er sich an den Größen des Münchner Platzes, den Gebrüdern Rosenthal, zu orientieren und zu messen. Insbesondere mit Jacques Rosenthal „konkurrierte er zäh und ausdauernd".[2] So brachte Emil Hirsch auch eine Reihe bedeutender Lagerkataloge heraus, bis 1926 sollten es 53 Stück werden. Anziehungspunkt im Antiquariat war jedoch die Person von Emil Hirsch selbst. Zeitgenossen schildern ihn als aufgeschlossenen und konzilianten Mann, „immer freundlich, immer hilfsbereit, immer entgegenkommend", als einen Bücherfreund und Antiquar, der den Beruf als Herzenssache begriff.[3] Für Bibliophile wie für Spezialisten war der Laden von Emil Hirsch in der Karlstraße, dann ab 1925 am Karolinenplatz 2, ein steter Anziehungspunkt. Emil Preetorius bezeichnete ihn als den „inoffiziellen Treffpunkt für das geistig-künstlerische München". In solchem Milieu blühte auch die organisierte Bibliophilie. Emil Hirsch zählte im Jahr 1907 zu den Gründungsmitgliedern der „Gesellschaft der Münchener Bücherfreunde", die durch freizügig-turbulente Schwabinger Faschingsfeste ebenso von sich reden machte wie durch witzige Privatdrucke.[4] Dass die modernen, freizügigen Strömungen in Kunst und Literatur die behördlichen Sittenwächter des Wilhelminischen Reichs auf den Plan riefen, konnte auch im vergleichsweise liberalen München nicht ausbleiben. So mag es nicht verwundern, dass Emil Hirsch – wie manch einer der renommierten

Münchner Verleger, Antiquare und Buchhändler – durch das nicht deklarierte Verschicken von erotischer Literatur an den holländischen Bibliophilen van Straten mit der Zoll- und Zensurbehörde wie mit der Münchner Staatsanwaltschaft in Konflikt geriet.[5]

Schon bald nach der Machtergreifung der Nationalsozialisten hatte Emil Hirsch unter Schikanen der Behörden und der gleichgeschalteten Verbände zu leiden. Gerade an seinem Beispiel lassen sich sehr gut die vielfältigen Mechanismen der Ausgrenzung und Ausschaltung aus dem öffentlichen und beruflichen Leben aufzeigen. Am 12. August 1933 strich das Amtsgericht München ihn – wie übrigens auch Norbert Rosenthal – aus dem Verzeichnis der „öffentlich bestellten und allgemein beeidigten Sachverständigen für Altbücher".[6] Grundlage hierfür bildeten Bekanntmachungen des Bayerischen Staatsministeriums der Justiz und des Innern vom 22. Mai und 19. Juni 1933, nach denen „Personen nicht arischer Abstammung" (ausgenommen ehemalige Frontkämpfer sowie Kinder oder Väter gefallener Frontkämpfer) als Sachverständige nicht mehr aufgestellt werden durften.[7] Als Emil Hirsch im Dezember 1934 bei der Münchner Polizeidirektion die nach dem Versteigerungsgesetz vom 16. Oktober 1934 neuerdings einzuholende Genehmigung zur Durchführung von Bücher- und Graphikauktionen beantragte, wurde ihm diese verweigert. Den Hintergrund hierfür bildete eine Verordnung des Reichswirtschaftsministers vom 30. Oktober 1934, wonach Versteigerer von Kunstgegenständen die Mitgliedschaft in der Reichskammer der bildenden Künste nachzuweisen hatten.[8] Die von der Polizeidirektion zur Stellungnahme aufgeforderte Reichskammer der bildenden Künste wollte die Mitgliedschaft jedoch nicht bestätigen und somit entzog die Polizeidirektion am 4. Juni 1935 dem Antiquar die Erlaubnis, „gewerbsmäßig im Stadtbezirk München Werke der Schrift-, Druck- und Bucheinbandkunst sowie der Malerei zu versteigern". Die von Emil Hirsch unverzüglich eingelegte Beschwerde wurde lediglich zur Kenntnis genommen.

Der nächste Schritt der beruflichen Ausgrenzung erfolgte am 29. August 1935 wiederum durch eine Mitteilung der Reichskammer der bildenden Künste, wonach Emil Hirsch „nicht die erforderliche Eignung und Zuverlässigkeit [besitze], an der Förderung deutscher Kultur in Verantwortung gegenüber Volk und Reich mitzuwirken". Damit entfalle die Voraussetzung für die Mitgliedschaft in der Reichskammer. Hirsch wurde „die weitere Ausübung des Berufes als Kunst- und Antiquitätenhändler" untersagt. Für Umgruppierung und Auflösung des Geschäftsbetriebes erhielt er eine Frist von vier Wochen. Durch die Einlegung von Widerspruch beim Präsidenten der Reichskammer konnte er immerhin die sofortige Geschäftsauflösung noch hinauszögern. Wenig später wurde die persönliche Bewegungsfreiheit des Ehepaares Hirsch auf Initiative der Finanzbehörden eingeschränkt. So beantragte am 28. Oktober 1935 das Finanzamt München-Ost bei der Münchner Polizeidirektion aus steuerlichen Gründen die Beschränkung der Reisepässe aufs Inland, was am 18. November (Emil Hirsch) bzw. 9. Dezember 1935 (Anna Hirsch) auch erfolgte. Neuerliche Passanträge des Ehepaares für das Ausland sollte die Polizeidirektion aus geschäftlichen Gründen dann aber jeweils für ein halbes Jahr genehmigen. Am 25. August 1937 lehnte das Polizeipräsidium München jedoch den Verlängerungsantrag von Anna und Emil Hirsch auf die Bedenken der Geheimen Staatspolizei hin ab. Nachdem ein Widerspruch erfolglos verlaufen war, reifte im Ehepaar Hirsch wohl endgültig der Entschluss, nach Amerika zu den Kindern Maria und Rudolf auszuwandern. Der Kampf um die Fortführung des Antiquariatsgeschäfts war inzwischen auch verloren: Im Januar 1937 hatte Emil Hirsch seinen Einspruch gegen die am 29. Dezember des Vorjahres noch einmal bestätigte Nichtaufnahme in die Reichskammer der bildenden Künste freiwillig zurückgezogen. Als Konsequenz daraus meldete Emil Hirsch am 4. Mai 1937 die Schließung seiner Firma bei der Münchner Polizeidirektion an. Zum Jahresanfang 1938 stellten Anna und Emil Hirsch den Antrag auf Auswanderung in die USA zu ihren Kindern. Die gesamten für die Auswanderung benötigten Bestätigungen und Dokumente konnten sie am 22. März bei der Polizeidirektion vorlegen, am 8. April erfolgte die Zustimmung der Geheimen Staatspolizei zur Ausstellung eines Auslandspasses für beide und am 13. April stellte das Polizeipräsidium die Pässe aus. Bereits am 30. März 1938 waren beide aus ihrer Wohnung in der Äußeren Prinzregentenstraße 17b in die Pension Isabella (Tengstraße 31) umgezogen, zum 1. Mai 1938 kam in der städtischen Einwohnerkartei die Abmeldung des Ehepaares nach den USA zur Eintragung.[9] In New York, dem Sammelpunkt emigrierter Antiquare aus Deutschland und Österreich, trat Emil Hirsch in das Antiquariatsgeschäft ein, das sein im Jahr 1937 emigrierter Schwiegersohn Dr. Helmuth Wallach mit dem aus Frankfurt am Main stammenden Walter Schatzki an der Madison Avenue führte.[10] Dort ist er am 27. Juli 1954 auch verstorben.

Anmerkungen:

1 Ziegert, Max: Ludwig Rosenthal, der Gründer von Ludwig Rosenthal's Antiquariat in München, in: Börsenblatt für den Deutschen Buchhandel, Nr. 8 v. 9. 4. 1923, S. 449.
2 Rosenthal, Bernard M.: Die sanfte Invasion, Aus dem kontinentalen Europa emigrierte Buchhändler der 30er und 40er Jahre und ihr Einfluß auf den antiquarischen Buchhandel in den USA, in: Aus dem

Antiquariat. Beilage zum Börsenblatt für den Deutschen Buchhandel, Frankfurter Ausgabe, Nr. 87 v. 30. 10. 1987, S. A 389–397.

3   Emil Hirsch, in: Taschenbuch für Büchersammler, 1927, S. 149–151. StadtAM, PMB H 264, H 301.

4   Wittmann, Reinhard: Hundert Jahre Buchkultur in München, München 1993, S. 98–100, Zitat: S. 98.

5   StAM, Polizeidirektion 13 951. Vgl. hierzu: Wittmann (wie Anm. 4), S. 100–104.

6   Hier und im ff.: StAM, Polizeidirektion 13 951.

7   Bayerische Staatszeitung und Bayerischer Staatsanzeiger Nr. 118 v. 23. 5. 1933 u. Nr. 140 v. 21. 6. 1933.

8   RGBl. 1934, S. 974 u. 1091.

9   StadtAM, Einwohnerkartei.

10 Rosenthal (wie Anm. 2), S. 393. Vgl. auch Wallach, Hellmuth: Die Münchener Antiquare von einst. Aus dem Nachlaß hg. von Karl Hartung. Privatdruck Hartung & Hartung, München 1994.

Otto Hupp: Buchausstatter, Typograph, Inkunabelforscher

Die oben vorgetragene berufliche Charakterisierung Otto Hupps (* 21. 5. 1859 Düsseldorf, † 31. 1. 1949 Oberschleißheim) spiegelt sicherlich nur einen Teil seines enormen künstlerischen Schaffens wider, das sich im letzten Viertel des 19. Jahrhunderts entwickelte und das den Ruf der „Kunststadt München" im gesamten Deutschen Reich und darüber hinaus verbreiten half. Leider gibt es bisher keine umfassende Biographie dieses eigenwilligen und ungemein kreativen Künstlers (er fertigte zeitlebens rund 10.000 Einzelstücke)[1], der auf der Suche nach neuen Kunst- und Ausdrucksformen in München das ideale Umfeld für die Entfaltung seiner Künstlerpersönlichkeit fand. Ideal deshalb, weil sich in der Stadt seit der Jahrhundertmitte immer mehr Druckereien, Buchhandlungen und Verlage ansiedelten und weil das Bürgertum nach dem unter Ludwig II. erfolgten Rückzug der höfischen Kultur aus dem öffentlichen Raum nach neuen Geschmacks- und Ausdrucksformen und nach neuen Formen der Selbstdarstellung suchte. Gerade erst hatte man die Kunst der alten Meister neu entdeckt und die Museen, aber auch die großen Kunsthandlungen und Antiquariate lieferten die Vorlagen für den neuen Kunststil. Als dann das Bedürfnis nach repräsentativer und geschmackvoller Innenausstattung um die Jahrhundertwende breite bürgerliche Schichten erfasst hatte, waren die großen Kunsthandlungen und Antiquariate bestens darauf vorbereitet: Im neuen Domizil von Jacques Rosenthal an der Brienner Straße mit den repräsentativen Schau- und Ausstellungsräumen konnten sich der Bibliophile, der Kunstsammler, der Kunstgewerbler und der Wissenschaftler bestens betreut fühlen.

Mitten in diesen expandierenden und nach neuen Ausdrucksformen suchenden Münchner Kunstbetrieb kam also im Jahr 1878 ein junger wissensdurstiger und experimentierfreudiger Mann aus Düsseldorf nach München, der schon nach kurzer Zeit die Düsseldorfer Akademie wieder verlassen hatte, weil er mit der dort herrschenden romantisch-nazarenischen Atmosphäre und insbesondere mit dem „lahmen" Unterricht des „Heiligenmalers (Andreas) Müller" wenig anfangen konnte.[2] Otto Hupp, Sohn eines Graveurs und Medailleurs, fand in München, das noch immer unter dem gewaltigen Eindruck der auf der großen Kunstgewerbeausstellung von 1876 gezeigten „Werke alter Meister" stand, sehr schnell Zugang zu dem Kreis, der in München an der Spitze der „altdeutschen" Bewegung stand. Diese Gruppe sollte die so genannte „Münchener Renaissance" weit über die Stadtgrenzen hinaus bekannt machen. Rudolf Seitz (1842–1910), einer der prägenden Gestalten unter den Münchner Künstlern dieser Zeit, nahm den begabten jungen Mann in sein Atelier auf, lenkte seinen Blick auf die Kunst der alten Meister[3] und brachte ihn in Beziehung zu dem bedeutenden Künstlerkreis um die Architekten Friedrich Thiersch und Gabriel Seidl, die Maler Franz Lenbach und Fritz von Kaulbach, den Bildhauer Lorenz Gedon, die Verleger und Buchdrucker Georg Hirth und Max Huttler sowie bekannte Werkmeister, die regelmäßige Zusammenkünfte im Saale des Kunstgewerbehauses abhielten und sich über Geschichte, Geschmack und handwerkliche Traditionen austauschten.[4] Insbesondere Rudolf Seitz und Gabriel Seidl zogen Hupp immer wieder als Mitarbeiter für ihre Projekte heran. Für Gabriel Seidl, der in diesen Jahren zu einem gefragten Architekten in Deutschland heranreifte, besorgte Hupp in einer ganzen Reihe seiner Bauten die Ausmalung der Decken und Wände.

Hupp selbst sah sich von Anfang an nie als „Künstler", sondern immer als Handwerker ganz in der Tradition der alten Meister, die keine Akademien und Kunstgewerbeschulen besuchten, sondern sich am Vorbild und Beispiel schulten. So eignete er sich im Laufe der Zeit als „Pröbler", wie er sich selbst nennt, eine Fülle handwerklicher Techniken an. Ohne Anleitung lernte er das Ätzen von Metall und Stein, das Ziselieren und Tauschieren, erlernte das Schneiden von Elfenbein, erfand die vergessene Kunst des Lederschnitts neu und fertigte Buntpapier der verschiedensten Arten an[5], lange bevor die industrielle Fertigung dieser Produkte aufgenommen wurde. Ihn interessierte jedes Material und die Möglichkeiten, die es der Gestaltung bot. Er besaß das „unmittelbare Gefühl für die dem Stoff innewohnende Formgestalt".[6] So konnte es nicht lange dauern, bis er bei der Suche nach Form, Farben und Gestaltung auf die Handschriften und Drucke des 15. und 16. Jahrhunderts stieß, die ihm nun als Grundlage und Orientierung für sein vielseitiges kunstgewerbliches Schaffen dienten: Wand- und Deckenmalereien, 1881 beginnend mit der Ausmalung des Kinderzimmers des

Fabrikanten J. C. Schön in Worms (auf Empfehlung Gabriel Seidls hin) und ab 1882 – als Initialzündung für seine heraldischen Arbeiten – die Ausmalung des Archivgewölbes im dortigen Stadtarchiv. Es folgten – oft in Zusammenarbeit mit Gabriel Seidl – viele öffentliche Gebäude in München (Arzberger- und Franziskanerkeller, Künstlerhaus, Nationalmuseum) und außerhalb (Erfrischungssaal im neuen Reichstag in Berlin und ein Saal im Landesmuseum in Kassel), dann ab 1903 große Metallarbeiten für die wiederhergestellten Kaisergrüfte und den Chor im Speyrer Dom oder die Tierkreisbilder am Turm des Deutschen Museums. Bekannt wurde sein Name auch durch zahlreiche prunkvoll gearbeitete Huldigungsadressen, wie im Jahr 1913 die große Prunkgabe des Deutschen Städtetages zum Regierungsjubiläum Wilhelms II. oder der Prunkschrein für den bayerischen Prinzregenten Luitpold im Jahr 1911. Daneben fertigte er in den 1880er und 1890er Jahren Vorlagen für die Steingutfabrik „Villeroy und Boch" in Mettlach, für die er ein ganzes Kabinett (Jagdzimmer) auf der Münchner Kunstgewerbeausstellung von 1888 einrichtete.[7] Unübersehbar auch die Fülle der gebrauchsgraphischen Arbeiten, von Banknoten über Briefmarken zu Etiketten für Wein und Bier bis zu rund 270 von ihm geschaffene Exlibris. Wenn Otto Hupp nun nicht nachhaltig im Blickpunkt einer breiteren Öffentlichkeit oder auch der Kunsthistoriker geblieben ist, so mag es daran liegen, dass das „Alte" als stilbildendes Element schon bald vom Jugendstil verdrängt wurde. Zuvorderst liegt es aber in der Person Otto Hupps begründet, der nie am Kunstbetrieb wirklich teilnehmen wollte, dem industrielle Fertigung verhasst war und der sich deswegen auch sehr bald nach Mittenheim im Norden Münchens und dann endgültig in das benachbarte Dorf Oberschleißheim zurückzog, wo ihm Gabriel Seidl 1891 ein Haus errichtete. Das „Allotria" der Münchner Künstlerschaft und noch mehr das Leben und bisweilen ekstatische Treiben der Schwabinger Boheme um die Jahrhundertwende waren ihm ein Gräuel. Wenn ihm ein Einzelstück gelang, hat er Folgeaufträge sofort an seine Schüler weitergegeben und sich selbst wieder neuen Techniken und Formen zugewandt. In Verbindung gesetzt wird heute sein Name vor allem mit seinen heraldischen Arbeiten, nicht zuletzt durch den ab 1885 in einundfünfzig Jahrgängen erscheinenden „Münchener Kalender" und das große im Jahr 1896 begonnene Mappenwerk der deutschen Ortswappen[8], das durch die Aufnahme in die Werbemarkenserie der Kaffee Hag AG große Popularität erlangte.[9] Seinen großen Ruf als Heraldiker belegt nicht zuletzt der Auftrag für das neue bayerische Staatswappen von 1923.

Um die Jahrhundertwende gehörte Otto Hupp neben Peter Behrens und Otto Eckmann zu den Männern, die der deutschen Typographie und Druckkunst entscheidende Formanstöße gaben. Ein Glücksfall war es wohl auch, dass Hupp bei seinen Versuchen zur Entwicklung neuer Schrifttypen mit den Schriftgießern Emil Genzsch in Hamburg und Karl Klingspor in Offenbach in Verbindung kam. Die Tatsache, dass die Schriftgießerei Genzsch & Heyse mit ihrem großen Vorrat alter Typen im Jahr 1881 in München eine Filiale eröffnete, mag für die außerordentliche Entwicklung der Münchner Typographie um diese Zeit, wie auch insgesamt für die Ausprägung der Münchener Renaissance, eine nicht unbedeutende Rolle gespielt haben.[10] So kam die erste Druckschrift Hupps, die er im bewussten Gegensatz zu der stereotypen altdeutschen Schublade „Neudeutsch" benannte, 1900 bei Genzsch heraus, fast gleichzeitig mit der Eckmann-Schrift und der Peter-Behrens-Schrift. Danach folgte eine jahrzehntelange Verbindung mit der Schriftgießerei Klingspor, die auf dem Gebiet neu gestalteter Druckschriften in Deutschland eine führende Rolle einnahm und bereits Eckmann und Behrens zur Gestaltung von Schriften veranlasst hatte. Nacheinander erschienen dort Hupps „Liturgisch" (1906), eine sehr ausgewogen gestaltete Antiqua-Schrift (1909), eine „Fraktur" (1911), eine „Gotisch", eine „Unziale" und verschiedene Anzeigenschriften.[11] Diese Schriften fanden zwar keinen lang dauernden Widerhall in der deutschen Buchdruckkunst, die sich bald der Antiqua zuwandte, sind aber in zahlreichen gehobenen – von Hupp zum Teil selbst gestalteten – Buchausstattungen verwendet, so etwa die „Liturgisch" auch in dem beim Verlag Georg Müller in München im Jahr 1907 erschienenen Büchlein von Otto Julius Bierbaum „Maultrommel und Flöte". Eine weitere Zusammenarbeit mit Georg Müller, der zu dieser Zeit Maßstäbe in der künstlerischen Ausstattung von Büchern setzte, ist nicht nachweisbar. Mag sein, dass es mit Müllers verstärkten Zusammenarbeit mit dem Graphiker und Buchkünstler Paul Renner (1878–1956) zusammenhing, der fortan die gesamte Buchgestaltung des Verlags prägen sollte.[12] Ein bibliophiles Gesamtkunstwerk schuf Hupp im Jahr 1910 im Auftrag der Stadt Regensburg anlässlich der 100-jährigen Zugehörigkeit zum Königreich Bayern (Schrift in Hupp-Unziale).[13] Seine Unziale fand ebenfalls Verwendung bei der vom Deutschen Museum in München auf handgeschöpftem Büttenpapier herausgegebenen Erinnerungsschrift für Georg von Reichenbach (1912).[14]

Die Suche nach heraldischen Handschriften wie nach Schrifttypen alter Meister des 15. und 16. Jahrhunderts führte Otto Hupp zwangsläufig in engen Kontakt mit zahlreichen Münchner Antiquariatsbuchhändlern. Dass ihn der Weg sicher sehr bald nach seiner Ankunft in München zu Ludwig Rosenthal führte, der in dieser Zeit über einen konkurrenzlos großen Lagerbestand an Inkunabeln verfügte, darf angenommen werden. Geschäftsbeziehungen zwischen Otto Hupp und Ludwig Rosenthal sowie

Jacques Rosenthal lassen sich über den Nachlass von Hupp bis in die Jahrhundertwende zurückverfolgen.[15] Ging es dabei um den Erwerb von Büchern, so handelte es sich meist um Werke zur Geschichte der Heraldik, die er für seine heraldischen Forschungen und Arbeiten benötigte. Mit beiden Antiquariaten bestand wohl auch das Übereinkommen, ihm die seltenen Ausgaben des Siebmacherschen Wappenwerks, der größten Wappensammlung des deutschen Sprachraumes, bevorzugt zum Kauf anzubieten.[16] Teilweise erhielt er von beiden Firmen gleichzeitig Angebote über vorhandene Siebmacher-Drucke. Dass Hupp, obwohl er – oder gerade weil er – als bekannter Bibliophiler und Sammler vom Wert der Bücher wusste, ein zäher und unbeugsamer Verhandlungspartner für Antiquare und Buchhändler sein konnte, klingt in seinem Briefwechsel des Öfteren an. Ihm waren die Preise Jacques Rosenthals, mit dem er auch befreundet war, immer zu hoch. Häufig warf er ihm – teilweise auf polemische Weise – vor, dass der Preis für ein Stück überhöht sei und dieses an anderer Stelle viel billiger angeboten würde.[17] Dies konnte den weltbekannten Antiquar, der selbst als harter Verhandlungspartner galt, schon an der Ehre verletzen. So schrieb Hupp am 12. Oktober 1914 an Jacques Rosenthal: „Ihr Schreiben vom 9. d[es] M[onats], worin Sie mir mitteilen, dass ich Sie durch meine letzten Briefe verletzt hätte, hat mich in das allergrößte Erstaunen versetzt." In Anbetracht der von ihm geforderten hohen Preise bat er jedoch darum, ihm „keine weiteren Sendungen mehr zu machen".[18] Dies scheint jedoch nur eine vorübergehende Missstimmung gewesen zu sein. Die beiden Familien pflegten immer wieder Besuchskontakte, die sich später auf die Kinder und Enkel ausdehnten.[19] Die Enkelin Gabriella lernte bei Otto Hupp das Töpfern.[20] Erwin Rosenthal bemerkte am 29. März 1928 in einem Brief an seinen Vater Jacques Rosenthal: „Er ist ein Original und ein ganz prachtvoller Mensch."[21]

Über die privaten und geschäftlichen Kontakte hinaus schätzte und suchte Hupp vielfach den Rat der Rosenthal-Brüder in Fragen der zeitlichen Einordnung von Schrifttypen aus der Frühzeit des Buchdrucks. Der Künstler hatte sich auf diesem Gebiet durch selbst angestellte Forschungen zu einem ausgezeichneten Fachmann entwickelt. In einem Fall – dem „Missale speciale" – führten ihn seine Ergebnisse jedoch schlagartig in das öffentliche Rampenlicht und in eine jahrzehntelange heftige Kontroverse mit führenden deutschen Inkunabelwissenschaftlern. In die mitunter sehr polemisch geführte Auseinandersetzung waren zunächst Ludwig Rosenthal, dann auch Jacques Rosenthal als beratende Inkunabelspezialisten ebenso wie als zeitweilige Besitzer des Stücks involviert. Es begann damit, dass Hupp in einem Münchner Antiquariat schon bald nach seiner Ankunft in München[22] die verkürzte Ausfertigung eines lateinischen Messbuches, das vorwiegend zum Gebrauch in Filialkirchen und Kapellen gedacht war, entdeckt hatte. Nach langen Vergleichen mit anderen Buchstabenformen Gutenbergs kam er zu dem Schluss, dass es sich bei der Drucktype dieses besonderen Missales um eine Vorstufe der kleineren Type der 42-zeiligen Gutenbergbibel von 1457 handeln müsse. Hupp hat diese Auffassung erstmals 1898 mit seiner Schrift „Ein Missale speciale. Vorläufer des Psalteriums von 1457" und weiteren zwei Veröffentlichungen (1902[23], 1917[24]) sowie zahlreichen Aufsätzen, v. a. im Gutenberg-Jahrbuch[25], über Jahrzehnte hinweg vertreten.

Waren nach der Erstveröffentlichung die Pressekommentare euphorisch und führende deutsche Inkunabelforscher zunächst Hupps Auffassung zugeneigt, so mehrten sich nach einiger Zeit die kritischen Stimmen, insbesondere, nachdem weitere Funde ähnlicher Exemplare die wissenschaftliche Diskussion immer wieder neu entzündeten.[26] Nach Jahren der Auseinandersetzung trennte ein breiter Graben die mehr an fertigungstechnischen und wirtschaftsgeschichtlichen Kategorien erarbeiteten Ergebnisse Hupps von denen bekannter deutscher Inkunabelforscher wie Konrad Haebler und Gottfried Zedler.[27] Die Rosenthal-Brüder befanden sich dabei in einer misslichen Lage: Ludwig Rosenthal hatte jedenfalls das Missale (welches über Jahre hinweg auch als „Hupp-Rosenthal'sches Missale" bekannt war[28]) noch vor Erscheinen der Hupp'schen Veröffentlichung 1898 erworben, ob von Hupp selbst oder von einem Dritten blieb zunächst im Dunkeln. Hupp selbst nannte sich in der Veröffentlichung von 1898 jedenfalls nicht als Vorbesitzer des Missales. Er gab an, das Stück sei über einen Altertumshändler vor 15 Jahren in Privatbesitz gelangt und von dort tauschweise nun an Ludwig Rosenthal.[29] Erst aus späteren Äußerungen[30] und definitiv aus einer Steuererklärung des Jahres 1931 geht klar hervor, dass er im Jahr 1898 mit dem Antiquariat Ludwig Rosenthal eine Abmachung getroffen hatte, wonach er das Missale gegen Bücher und Kunstblätter im Betrage von 20.000 Mark unter der Bedingung vertauscht habe, dass die Firma den Tausch rückgängig machen könne, wenn es ihr nicht gelinge, das Buch zu verkaufen."[31] Ludwig Rosenthal bot das Missale mit einer ausführlichen Kommentierung erstmals im aufwändig gestalteten Katalog Nr. 100 zum Verkauf an.[32] Die Beweisführung für das Alter des Stücks, die der eben ins Geschäft gekommene Martin Breslauer verfassen durfte, orientierte sich an den Ergebnissen Hupps, eine Preisfestsetzung erfolgte – im Gegensatz zu den anderen dargebotenen Stücken – nicht. Offenbar existierte aber ein Preisvorstellung seitens Ludwig Rosenthals[33], die sich aber durch die einer breiten Öffentlichkeit bekannt gewordenen Diskussion um das Alter des Stücks nicht mehr verwirklichen ließ. Potenzielle Käufer wollten wohl abwarten, bis der Streitfall eindeutig geklärt war. Es scheint auch, dass Ludwig Rosenthal nach vielen Jahren die Diskussionen um das Missale leid war und mit der Zeit das Vertrauen in die Hupp'schen Schlussfolgerungen verloren hatte. Ein Gutachten, das Ludwig Rosenthal – entgegen dem Rat von Hupp – bei Konrad Haebler in Auftrag gegeben hatte, verlief ebenso nicht zugunsten Hupps.[34] Gleichzeitig bezog Otto Hupp über Jahre hinweg – in Erwartung eines Verkaufes – bereits Bücher aus dem Antiquariat, die er nach all den Jahren dann nicht mehr zurückgeben wollte und konnte. Ein Zustand, der wohl zu einer Abkühlung im Verhältnis der beiden führte.[35]

Hupp bewegte die Diskussion um seine angeblich falschen

29
Eine Seite aus dem „Missale speciale". Bayerische Staatsbibliothek, 2° Inc. s. a. 880a, fol. 6.

Schlüsse sehr. Dieses Thema – oder vielmehr die ihn widersprechenden Personen – ließen ihn zeit seines Lebens nicht mehr los. Fragen der frühen Drucktypen wie des frühen Buchhandels ziehen sich wie ein roter Faden durch den Briefwechsel mit Jacques Rosenthal. Dass sich dieser durch seine enge geschäftlichen wie privaten Beziehungen zu Konrad Haebler, einem der schärfsten publizistischen Gegner Hupps in Sachen des Missales, durchaus in einer schwierigen Situation befand, scheint Hupp zumindest in seinen brieflichen Äußerungen nicht gestört zu haben. Haebler war als international geachteter Inkunabelforscher seit 1904 Vorsitzender der Kommission für den Gesamtkatalog der Wiegendrucke mit Sitz in Berlin. Er hatte im Zuge seiner Inkunabelforschung die Methode des Drucktypenvergleichs zu einem messenden Verfahren entwickelt, mit dem er zahlreiche undatierte und unsignierte Inkunabeln bestimmen konnte. Diesem Verfahren begegnete Hupp mitunter mit beißendem Spott und heftiger Polemik.

Ein erneuter Angriff von Konrad Haebler auf Hupp im Gutenberg-Jahrbuch von 1930[36] verleidete der Firma Ludwig Rosenthal wohl endgültig den Besitz an dem Stück und sie gab es im Januar 1931 um insgesamt 20.000 Mark (17.000 Mark bar, 3.000 Mark in Büchern) an Hupp zurück, was diesen in große finanzielle Schwierigkeiten brachte. Er musste für die Aufbringung des Rücknahmepreises nahezu sein gesamtes Bankguthaben heranziehen und ging damit seiner Altersrücklage verlustig. Außerdem sollte er bereits zum 1. November 1931 die letzte Rate an die Firma Rosenthal bezahlt haben.[37] Nach Erhalt des Missales wandte sich Hupp umgehend an Jacques Rosenthal: Die Äußerungen Haeblers hätten „der Firma Ludwig Rosenthal den letzten Rest von Vertrauen in meine Aufstellungen über das Missale speciale geraubt. […] Die wollten das Buch los sein und so habe ich es ihnen abgekauft und das Geschäft durch eine Anzahlung besiegelt. […] Wir stehen erfreulicherweise auf einem anderem Fuss miteinander und so stehe ich nicht an, Ihnen hiermit den Korrekturabzug des demnächst erscheinenden Aufsatzes [Erwiderung auf Haebler im Gutenberg-Jahrbuch 1931] zu leihen. […] Ich werde das Missale natürlich nicht behalten." So bot Hupp der Firma Jacques Rosenthal am 2. März 1931 das Missale zum Preis von 32.000 zur Vorhand an, zahlbar in 30.000 Mark bar und zwar zu Raten von je 5.000 Mark (sogleich, 1. Mai, 1. August). Die weiteren 15.000 Mark könnten gegen 5 % Zinsen zum Verkauf stehen bleiben. Für 2.000 Mark nehme er Ware, also Bücher und Kunstblätter. Voller Bitternis vermerkte Hupp zum Schluss seines Briefes, dass Ludwig Rosenthal bei seinen Verkaufsofferten in den letzten Jahrzehnten nie von der Forderung von 300.000 Mark heruntergegangen sei.[38]

Das berühmte Missale gelangte nun kurzzeitig in die Brienner Straße, aber ein endgültiger Kaufabschluss mit dem Antiquariat Jacques Rosenthal kam nicht zustande. Möglicherweise scheute man vor der sofortigen Barzahlung zurück. So erbat Otto Hupp am 26. Juni 1931 von Erwin Rosenthal das Missale „bis längstens zum 15. Juli wieder zurück".[39] Daraufhin behielt Hupp das Missale speciale in seinem Besitz und gab es im Zuge des Verkaufs seiner Bibliothek im Jahr 1940 an die Bayerische Staatsbibliothek ab, wo es sich heute noch befindet.[40] Das Herstellungsjahr der Inkunabel wird nach Auffinden eines vierten Exemplars im Jahr 1961 in der Staats- und Stadtbibliothek Augsburg sowie intensiven Wasserzeichen-Untersuchungen und weiteren Forschungen inzwischen auf die Zeit um 1473 festgesetzt.[41]

ANMERKUNGEN:

1   Ein Werkverzeichnis existiert bisher nicht. Grundlegend hierfür ist immer noch der Aufsatz von Johannes
    Schinnerer in: Kunst und Handwerk, 59. Jg. (1908/09), S. 217–244 (mit zahlreichen Abbildungen), sowie
    die Selbstbiographie Hupps in: Taschenbuch für Büchersammler, 1927, S. 25–66. Die beiden Ausstellungs-
    kataloge von Marburg (1975) und München (1984) zeigen einen Querschnitt seines Schaffens und nennen
    zahlreiche Einzelstücke: Otto Hupp, 1859–1949, Wappenkunst, Schriftgestaltung, Gebrauchsgraphik,
    Kunsthandwerk, Exlibris (Ausstellung des Hessischen Staatsarchivs Marburg, Katalog), Marburg 1975. Otto
    Hupp, Meister der Wappenkunst, 1859–1949 (Ausstellungskataloge der Staatlichen Archive Bayerns, hrsg.
    von der Generaldirektion der Staatlichen Archive Bayerns – Nr. 19), München 1984.
2   Hupp, Selbstbiographie (wie Anm. 1), S. 27.
3   Ausstellungskatalog München 1984 (wie Anm. 1), S. 22.
4   Hupp, Selbstbiographie (wie Anm. 1), S. 30–31. Ausstellungskatalog Marburg 1975 (wie Anm. 1), S. 5.
5   Hupp, Selbstbiographie (wie Anm. 1), S. 32.
6   Hans-Enno Korn, in: Ausstellungskatalog Marburg 1975 (wie Anm. 1), S. 6.
7   Officieller illustrirter Katalog der Deutsch-Nationalen Kunstgewerbe-Ausstellung zu München 1888, S. 147.
    Vertreten war Hupp in der Ausstellung ebenso auf einem Stand der Schriftgießerei Genzsch & Heyse mit
    Musterbüchern über Schrift, Initialen und Ornamenten im Charakter der deutschen Renaissance und der
    Gotik (zusammen mit Heinrich König). Ebd., S. 68.
8   Wappen und Siegel der deutschen Städte, Flecken und Dörfer, 1. Heft: Ostpreußen, Westpreußen und
    Brandenburg, Verlag von Heinrich Keller Frankfurt a. Main, 1896. Weitere Hefte des auf insgesamt zehn
    Foliobände ausgelegten Mappenwerkes folgten 1898 (Pommern, Posen und Schlesien), 1903 (Provinz
    Sachsen und Schleswig-Holstein), 1912 (Königreich Bayern: Kreis Ober- und Niederbayern) und 1928
    (Bayern: Kreis Rheinpfalz).
9   Vom Erscheinungsjahr 1913 bis zum Jahr 1918 hatte die Kaffee Hag AG bereits über 68 Millionen
    Werbemarken mit den Hupp'schen Ortswappen und 200.000 Sammelhefte abgesetzt. Hupp, Selbstbio-
    graphie (wie Anm. 1), S. 37. Ausstellungskatalog München 1984 (wie Anm. 1), S. 74.
10 Vgl. Wittmann, Reinhard: Hundert Jahre Buchkultur in München, München 1993, S. 41.
11 Hupp, Selbstbiographie (wie Anm. 1), S. 41–43. Ausstellungskatalog München 1984 (wie Anm. 1), S. 49.
    Verwendet wurden mehrere dieser Schriften in: Blanckertz, Klaus (Bearb.): Otto Hupp. Das Werk eines
    deutschen Künstlers zu seinem achtzigsten Geburtstag, Ausstellung und Katalog, Berlin 1939. Ferner in:
    Klingspor Kalender für das Gutenbergjahr 1940.
12 Wittmann (wie Anm. 10), S. 69. Wittmann, Reinhard: Verlage in Schwabing (1892–1914), in: Schwabing.
    Kunst und Leben um 1900 (Essayband zur gleichnamigen Ausstellung im Münchner Stadtmuseum),
    München 1998, S. 163.
13 Das Rathaus zu Regensburg. Regensburg 1910.
14 Lange, Wilhelm: Schriftschaffen, in: Blanckertz (wie Anm. 11), S. 8–9.
15 BayHStA, NL Hupp 1989 u. 1990.
16 Vgl. Korrespondenz Jacques Rosenthal – Otto Hupp vom 17. 10. 1913 bis 16. 11. 1914. BayHStA, NL Hupp
    2567. Dann Korrespondenz Ludwig Rosenthal – Otto Hupp von 1913 bis 1916. BayHStA, NL Hupp 2568.
17 Vgl. Brief Hupp an Jacques Rosenthal vom 4. März 1914, worin er die Reduzierung eines Angebots für
    Siebmacher-Bände forderte. Zum Schluss bemerkte er: „Mögen Sie nicht, mag ich auch nicht." BayHStA,
    NL Hupp 1990, S. 159.
18 BayHStA, NL Hupp 1990, S. 329–331.
19 So bedankte sich Jacques Rosenthal in einem Schreiben an Hupp vom 28. 10. 1913 für die kürzlich erfolgte
    „überaus liebenswürdige Aufnahme" durch das Ehepaar Hupp in Schleißheim. BayHStA, NL Hupp 2567.

20 Vgl. Brief Jacques Rosenthal an den Sohn Erwin v. 28. 6. 1934: „… Heute nachmittag waren wir mit Gabriella bei Prof. Hupp, wo sie als Töpferin außerordentlich viel gelernt hat. Sie war ganz entzückt von dem Künstlerehepaar." NL Hans Koch, Ordner 1.

21 NL Hans Koch, Ordner 8.

22 Antiquitätenhandlung Friedrich Röhm, Luitpoldstraße 3. Vgl. hierzu: Bayerische Staatsbibliothek. Inkunabelkatalog. Band 4. Wiesbaden 1998, S. 102, sowie Adressbuch von München für das Jahr 1880, S. 339.

23 Gutenbergs erste Drucke. München 1902.

24 Zum Streit um das Missale speciale Constantiense. Straßburg 1917.

25 Vgl. Jahrgang 1929, S. 31–100: Otto Hupp. Gutenberg und die Nacherfinder; Jahrgang 1931, S. 9–27: Ein Zahlenbeweis für Gutenberg; Jahrgang 1935, S. 18–64: Das Bild Gutenbergs; Jahrgang 1939, S. 87–101: Gutenberg! – wer sonst? Eine Erwiderung. Aufschlussreich hierzu der offene Brief Hupps an den Herausgeber des Gutenberg-Jahrbuches, Alois Ruppel, vom 12. 11. 1933. BayHStA, NL Hupp 1964.

26 BayHStA, NL Hupp, 93, 1953 u. 1956.

27 Vgl. hierzu die Notizen von Hupp in: BayHStA, NL Hupp, 1953.

28 BayHStA, NL Hupp, 1953, sowie das Gutachten Haeblers vom Jahr 1913, abgedruckt in: Otto Hupp. Zum Streit um das Missale speciale Constantiense. Straßburg 1917, S. 3–5.

29 Hupp, Ein Missale, 1898, S. 8; Eine andere Nachricht besagt, dass Ludwig Rosenthal das Stück auf einer Auktion ersteigert habe. Generalanzeiger für Düsseldorf v. 28. 1. 1899. BayHStA, NL Hupp 93. Adolf Schmidt spricht im Literarischen Zentralblatt für Deutschland, Jg. 1918, Nr. 23 davon, dass Hupp es in den 1880er Jahren von einem Münchner Altertumshändler erworben und es „neuerdings Ludwig Rosenthals Antiquariat in München zur Verwertung" überlassen habe. BayHStA, NL Hupp 93.

30 So in seiner Selbstbiographie von 1927. Otto Hupp, Selbstbiographie (wie Anm. 1), S. 62.

31 BayHStA, NL Hupp 36. Dies bestätigt Hupp in einem Schreiben an Konrad Haebler vom 18. Dezember 1913: „Wie Sie wissen werden, … hat Rosenthal das Miss. spec. Const. von mir im Tausch gegen 20.000 Mark Katalogwerke und dazu noch einen beträchtlichen Anteil an der etwaigen Verkaufssumme erworben." BayHStA, NL Hupp, 1990, S. 83.

32 Seltene und kostbare Werke aus allen Fächern: Manuscripte, Incunabeln, Holz- und Metallschnittwerke, Liturgie, Ornamentik, Musik, Americana, Bibliothekswerke (dreisprachig, mit 126 Illustrationen und Faksimiles). Ohne Jahr, [1900], insbes. S. 207–209. Weitere Angebote erfolgten in den Katalogen 105 (1903) und 130 (zum 50-jährigen Geschäftsjubiläum 1909).

33 Martin Breslauer. Erinnerungen eines Antiquars, in: Breslauer, Martin: Erinnerungen, Aufsätze. Widmungen. Frankfurt/Main 1966, S. 17–62, hier: S. 46. Darin spricht er von 300.000 Mark. Hupp erwähnt 1931, dass Ludwig Rosenthal nie von der Forderung von 300.000 Mark heruntergegangen sei. NL Hans Koch, Ordner 3.

34 Vgl. Schreiben Hupps an Ludwig Rosenthal vom 18. Januar 1912 und ff. (BayHStA, NL Hupp 2658) sowie vom 26. November 1913 (BayHStA, NL Hupp 1990, S. 57). Vgl. auch Anm. 28.

35 Diese Distanz spiegelt sich in einem Brief an Haebler vom 31. Dezember 1913 wider, in dem er beginnt: „Herr Ludwig Rosenthal ist ein sehr alter Herr, der es gewiss gut mit mir meint." Im übrigen wisse dieser aber nichts von ihrem Briefwechsel. BayHStA, NL Hupp 94.

36 Haebler, Konrad: Das Missale speciale Constantiense, in: Gutenberg-Jahrbuch 1930, S. 67–72.

37 BayHStA, NL Hupp 36. Vgl. Schreiben Hupps an Generaldirektor Buttmann von der Staatsbibliothek vom 13. Juni 1939. BayHStA, NL Hupp 1994, S. 276.

38 Brief Hupp an Erwin Rosenthal v. 2. 3. 1931. NL Hans Koch, Ordner 3.

39 NL Hans Koch, Ordner 3.

40 Bayerische Staatsbibliothek. Inkunabelkatalog. Band 4. Wiesbaden 1998, S. 101: M–488. Signatur: 2° Inc. s. a. 880^a (Cim. 63^{ao}).

41 Corsten, Severin: Das Missale speciale, in: Der gegenwärtige Stand der Gutenberg-Forschung, hrsg. von Hans Widmann (Bibliothek des Buchwesens 1), Stuttgart 1972, S. 185–199. Bühler, Curt F.: Last words on watermarks, in: The Papers of the Bibliographical Society of America, vol. 67, 1973, p. 1–16. Bei beiden ausführliche Verweise auf die ältere und jüngere wissenschaftliche Literatur.

Karl Wolfskehl, Dichter und Bücherliebhaber

30
Karl Wolfskehl, Dichter und Bücherliebhaber.

Karl Wolfskehl, geboren am 17. September 1869 in Darmstadt, lebte von 1893 bis 1895 und von 1898 bis zu seiner Emigration im Jahr 1933 in München und gehörte zum engeren Kreis um Stefan George. Der Dichter, Publizist und Übersetzer avancierte als „Zeus von Schwabing" (Franziska von Reventlow) schon bald zu einem Mittelpunkt im Kunst- und Kulturleben. Als Gelehrter und Anreger bildete er für die literarische und künstlerische Szene Schwabings „eine Art Gravitationszentrum". Wolfskehl beeindruckte vor allem durch seine starke Persönlichkeit, durch seine suggestive Präsenz im Gespräch und seine gepflegte Erscheinung. Als Gastgeber voll geistsprühender Haltung und mediterraner Lebenskraft genoss er legendären Ruf. Eine innige Verbundenheit pflegte er zu den kleinen und scheinbar unbedeutenden Bezugspunkten des Lebens, so dass er als passionierter Bewahrer und Sammler vieles um sich versammelte, vom Spazierstock über Tabaksdosen und Wallfahrtsdrucken bis hin zu Büchern, denen er leidenschaftlich zugetan war.[1] Dabei ging es ihm nicht allein um den Inhalt, er suchte die Aura eines Buches und die darin enthaltenen Lebens- und Geschichtszeugnisse zu ergründen, wohingegen er den Kauf eines Buches als Wertanlage oder um einer darin enthaltenen Abbildung willen verachtete. In seinem 1931 gedruckten Sammelband „Bücher–Bücher ..." brachte er seine Leidenschaft und Geisteshaltung in charmanter Weise zu Papier: „Inkunabeln, Erstausgaben,/ Sonder-, Luxus-, Einzeldruck:/ Alles, alles möcht' ich haben/ Nicht zum Lesen, bloß zum Guck!"[2] Seine Leidenschaft für Bücher ließ die Bibliothek des Dichters im Lauf der Jahre auf 12.000 Bände anwachsen, darunter zahlreiche Volksbücher des 16. Jahrhunderts oder Erst- und Frühausgaben barocker Literatur und der Romantik. Im Jahr 1907 gehörte er zu den Mitbegründern der sechs Jahre später wieder aufgelösten „Gesellschaft der Münchener Bibliophilen". Für die im Jahr 1923 neu etablierte „Gesellschaft der Münchener Bücherfreunde" schrieb er zahlreiche Beiträge in deren „Veröffentlichungen" und „Gaben".[3]

Wolfkehls enge Beziehung zu Antiquariatshäusern und deren Besitzern führte insbesondere nach dem Ersten Weltkrieg zu einer sehr fruchtbaren Zusammenarbeit, die das Ansehen und den Wert der von ihm eingeleiteten Kataloge in eine neue literarische Dimension hineinwachsen ließ. Mit zahlreichen Münchner Antiquaren wie Curt von Faber du Faur oder Emil Hirsch verband ihn eine enge Freundschaft. Emil Hirsch widmete er zum 60. Geburtstag ein Gedicht, betitelt mit „Semper aliquid haeret!" – frei nach der Geschäftsmaxime des Jubilars.[4] Für die Auktionskataloge von Hirsch verfasste er manche Vorworte, so für die vom 27. bis 29. Mai 1918 in München durchgeführte Versteigerung der großartigen Bibliothek des Kunstsammlers Prof. Oskar Piloty, mit dem Wolfskehl persönlich befreundet war.[5] Im Jahr 1925 folgte die Einleitung zum Auktionskatalog über die Bibliothek des Germanisten Carl Christian Redlich (1832–1900).[6] Für die von Dr. Georg Karl und Curt von Faber du Faur geführte Firma Karl & Faber schrieb er 1927 Einleitung und Notizen zu deren erstem Auktionskatalog, in dem Stücke aus der berühmten Barocksammlung Viktor Manheimers angeboten wurden und der durch seine Fülle an Wissen und Geist bei Kennern Aufsehen erregte. Mit dem weltmännischen und lebensfrohen Manheimer verband Wolfskehl ebenso eine langjährige Freundschaft, die beinahe in die gemeinsame Emigration nach Mexiko geführt hätte.[7]

Die Vorworte Karl Wolfkehls sind geprägt von dem Anliegen, den Geist und die Eigenart einer Sammlung zu erkunden und zu würdigen. Ganz im Sinne der bibliophilen Bewegung stellte er die Entstehung einer Bibliothek und die Sammlertätigkeit einer Person in Zusammenhang mit deren Biographie und gesamten Persönlichkeit, die er oft genug aus eigener persönlicher Bekanntschaft und Freundschaft heraus wür-

digen konnte. Mit dieser Haltung kam er ebenso den Wünschen der seit der Jahrhundertwende stetig zunehmenden Schar bibliophiler Käufer und Antiquare entgegen. In engem Zusammenhang damit stand eine weitere Zielsetzung, die er insbesondere
nach dem Ende des Krieges in zahlreichen Aufsätzen und Beiträgen der Öffentlichkeit
vermitteln wollte, nämlich die Erziehung des Publikums zu wahrer Bücherliebe im kul-
turell veränderten Nachkriegsdeutschland.[8] Seine Entdeckerfreude auf dem Gebiet der
Bibliophilie offenbarte sich auch in seiner Tätigkeit als literarischer Leiter der
Rupprecht-Presse, bei der er 1931 seine Anthologie „Bücher–Bücher …" drucken ließ,
auf handgeschöpftem Büttenpapier und in limitierter Auflage von 225 Stück. Darin
aufgenommen ist auch sein in der „Frankfurter Zeitung" erschienene Nachruf auf
Ludwig Rosenthal.[9]

Am Morgen nach dem Reichstagsbrand verließ Karl Wolfskehl die Heimat und
fand auf seinem Emigrationsweg über die Schweiz und Italien schließlich in Neuseeland einen Aufenthaltsort. Seine Existenz dort konnte er zunächst durch den
Verkauf seiner Bibliothek an den Unternehmer Salman Schocken im Jahr 1937 sicher-
stellen. Dieser ließ ihm dafür eine monatliche finanzielle Unterstützung zukommen.[10]
Wenn er auch im Jahr 1946 die neuseeländische Staatsbürgerschaft annahm, ersehnte
er als „Exul poeta" doch die Rückkehr in seine Heimat, die sich jedoch nicht mehr
bewerkstelligen ließ. Am 30. Juni 1948 ist er in Bayswater auf Neuseeland verstorben.[11]

Anmerkungen:

1   Bock, Claus Viktor: Nachwort zu Ruben, Margot/Bock, Claus Viktor (Hrsg.): Karl Wolfskehl, Gesammelte
    Werke, 2. Band, Hamburg 1960, S. 595–609. Brockhoff, Evamaria: Karl Wolfskehl (1869–1948), im Zeichen
    des „doppelten Antlitzes", in: Geschichte und Kultur der Juden in Bayern, Lebensläufe, hrsg. von Manfred
    Treml (u. a.) (Veröffentlichungen zur Bayerischen Geschichte und Kultur, Nr. 18), München 1988, S. 264.
2   Bücher–Bücher–Bücher–Bücher, Elemente der Bücherliebekunst von Karl Wolfskehl, München 1931, S. 3:
    Lobgesang auf Bücher.
3   Homeyer, Fritz: Deutsche Juden als Bibliophile und Antiquare, zweite erweiterte und verbesserte Auflage,
    Tübingen 1966, S. 79 f. Vgl. auch Wittmann, Reinhard: Hundert Jahre Buchkultur in München, München
    1993, S. 100.
4   Bücher–Bücher … (wie Anm. 2), S. 71–72.
5   Vgl. hierzu: Bücher, Sammler, Antiquare, Aus deutschen Auktionskatalogen, Ausgewählt und eingeleitet
    von Rudolf Adolph, Gesellschaft der Bibliophilen 1971, S. 122–128. Katalog in: Monacensia-Bibliothek, 4°
    Mon 1308a.
6   Abgedruckt in: Bücher, Sammler, Antiquare (wie Anm. 5), S. 179–186.
7   Titel des Auktionskataloges: Deutsche Barockliteratur von Opitz bis Brockes aus der Sammlung Viktor
    Manheimer, abgedruckt in: Bücher, Sammler, Antiquare (wie Anm. 5), S. 168–175.

Viktor Manheimer (* 7. 12. 1877 Berlin) lebte von 1896 bis 1922 mit Unterbrechungen in München und war Mitbesitzer der Berliner Häuser der Konfektionsfirma „V(alentin) Manheimer". Manheimer wollte den großen Schritt nach Übersee dann doch nicht wagen und übersiedelte nach Amsterdam. Von der Gestapo im besetzten Holland aufgegriffen, stürzte er sich im Jahr 1943 vor dem Abtransport aus dem Fenster des Saales der „stadsschouwburg". Ruben, Margot (Hrsg.): Karl Wolfskehl, Zehn Jahre Exil, Briefe aus Neusee-land, 1938–1948 (Veröffentlichungen der deutschen Akademie für Sprache und Dichtung Darmstadt, 13), Heidelberg/Darmstadt 1959, S. 289, 410. Sigilla veri (Semi-Kürschner). Lexikon der Juden, -genossen und -gegner aller Zeiten und Zonen …, Zweite vermehrte und verbesserte Auflage, 4. Band, 1929, S. 290. StadtAM, PMB M 29.

8 Homeyer (wie Anm. 3), S. 43–46.
9 Bücher–Bücher … (wie Anm. 2), S. 73–75.
10 Bock, Nachwort (wie Anm. 1), S. 604. Brockhoff (wie Anm. 1), S. 265.
11 Bock, Nachwort (wie Anm. 1), S. 607. Brockhoff (wie Anm. 1), S. 267.

Generationenwechsel
in den Antiquariatshäusern Rosenthal

Der Kunsthistoriker Erwin Rosenthal in der Firma Jacques Rosenthal

Der Generationenwechsel im Antiquariat Jacques Rosenthal vollzog sich in mehreren Schritten. Erwin Rosenthal, der einzige Sohn von Jacques und Emma Rosenthal, wurde am 9. April 1889 in München geboren. Er besuchte hier das humanistische Gymnasium und machte im Jahr 1908 Abitur. Bei seiner Berufsausbildung stand zunächst nicht das Erlernen der praktischen Arbeit im Antiquariat im Vordergrund, sondern der wissenschaftliche Umgang mit historisch bedeutenden und künstlerisch wertvollen Überlieferungen. Er studierte Kunstgeschichte in München, Berlin und Halle. In seiner 1912 angenommenen Dissertation widmete er sich der spätmittelalterlichen Buchillustra-

31
Erwin Rosenthal, um 1910. Atelier Becker-Maaß, Berlin.

tion und konnte so seine wissenschaftlichen Neigungen mit den Berufsinteressen eines künftigen Antiquars verbinden.[1]

Nach dem Studienabschluss kehrte er nach München zurück und arbeitete im Antiquariat seines Vaters mit, das kurz zuvor in das neue Haus an der Brienner Straße 47 umgezogen war. Seine im Studium erworbenen Kenntnisse konnte er bald in dem 1914 erschienenen Katalog Nr. 66–70 „Illustrierte Bücher des 15. bis 19. Jahrhunderts, insbesondere Holzschnittwerke des 15. und 16. Jahrhunderts" verwerten, an dem seine Mitarbeit durch einen Artikel von Adolf Seebaß überliefert ist.[2] Der gebundene und mit Registern versehene Katalog war reichhaltig mit Abbildungen ausgestattet und enthielt genaue Beschreibungen der einzelnen Druckwerke sowie ausführliche Literaturhinweise für die wissenschaftliche Arbeit, teilweise in deutscher, teilweise in französischer oder englischer Sprache. Die Tendenz, die Kataloge des Antiquariatshauses mit einem umfangreichen wissenschaftlichen Apparat zu publizieren, verstärkte sich in den folgenden Jahren noch und kann wohl auf den Einfluss des promovierten Kunsthistorikers Erwin Rosenthal zurückgeführt werden, der von den Mitarbeitern weitgehend mit „Herr Doktor" angeredet wurde und umgekehrt seine Briefe von den Auslandsreisen häufig kurz mit „Doktor" unterzeichnete. Auf seine Initiative ging wohl auch die Herausgabe der 1913 erstmals erschienenen „Beiträge zur Forschung. Studien und Mitteilungen aus dem Antiquariat Jacques Rosenthal München" zurück. Die Zeitschrift wollte „Bausteine [...] liefern für die Arbeit an den historischen Wissenschaften". Jacques Rosenthal führte in seinem Vorwort zur ersten Ausgabe weiter aus: „Historisch und künstlerisch bedeutsame Werke werden im Antiquariatshandel von Jahr zu Jahr seltener und entschwinden durch ihre Aufnahme in Privatsammlungen den Augen der Forscher. Diese doppelte Erkenntnis scheint es mir zur Pflicht zu machen, der Wissenschaft solche Werke bekanntzugeben, deren Untertauchen im Buch- und Kunstmarkt einen Verlust für sie bedeutet."[3] Erwin Rosenthal übernahm die Schriftleitung; er konnte bedeutende Wissenschaftler für die Mitarbeit gewinnen und eigene Aufsätze veröffentlichen. Der ehrgeizige Plan, pro Jahr vier bis sechs Hefte herauszugeben, ließ sich allerdings nicht verwirklichen. Das Erscheinen der ersten Folge musste 1915 während des Krieges nach sechs Ausgaben zunächst eingestellt werden.

Im Jahr 1912 heiratete Erwin Rosenthal in Florenz Margherita Olschki, die jüngste Tochter des Antiquars Leo Olschki.[4] Die rege Reisetätigkeit, die der Beruf des Antiquars erforderlich machte, hatte schon in den 1890er Jahren zur Bekanntschaft und zu geschäftlichen Kontakten zwischen Jacques Rosenthal und Leo Olschki geführt. Die daraus entstandene Freundschaft wurde durch die neuen verwandtschaftlichen Beziehungen vertieft. Erwin Rosenthal bezog mit seiner Frau das zweite Obergeschoss des Hauses an der Brienner Straße, bei dessen Bau er im Sommer 1911 im Auftrag seines Vaters schon weitgehend die Verhandlungen mit Architekten und Innenausstattern geführt hatte.[5] Während des bald danach beginnenden Ersten Weltkrieges wurde er wegen seiner schlechten Augen nicht zum aktiven Militärdienst eingezogen, sondern arbeitete nur zeitweilig für die Zensur.[6] So konnte er in München bei seiner schnell

32
Erwin Rosenthal mit seiner Frau Margherita, geb. Olschki, um 1913.

wachsenden Familie bleiben[7] und sich weiterhin dem Geschäft und seinen wissenschaftlichen Arbeiten widmen.

Bald nach Kriegsende dehnte Erwin Rosenthal seinen beruflichen Wirkungskreis über München aus. Neben weitläufiger Reisetätigkeit für das väterliche Geschäft gründete er in Berlin eine kleine Galerie, in der er sich seinen Neigungen entsprechend neben dem eigentlichen Antiquariatsgeschäft auch intensiv dem Kunsthandel widmete. Die Räume der Galerie in der Bendlerstraße 17, der heutigen Stauffenbergstraße in unmittelbarer Nähe des Tiergartens gelegen, nutzte er für kleine Ausstellungen. So trug er beispielsweise 1922 eine Auswahl von Handzeichnungen alter Meister mit Werken deutscher, französischer, italienischer und niederländischer Künstler aus dem 15. bis 18. Jahrhundert zusammen, die er in einem mit Kunstdruckblättern ausgestatteten Katalog[8] ausführlich beschrieb.

Zu einer im Jahr 1925 veranstalteten Ausstellung ist eine Art Pressetext von Erwin Rosenthal[9] erhalten. Aus den Beständen des Antiquariats Jacques Rosenthal kündigte er einen „in Berlin bisher noch nicht gezeigten Ueberblick über die Entwicklung des schönen Buches von der Handschrift bis zum XVIII. Jahrhundert" an. Einzelminiaturen deutscher, italienischer, französischer und böhmischer Herkunft wurden ebenso gezeigt wie kostbare Text- und Bilderhandschriften. Beispiele vollendeter spätmittelalterlicher Kalligraphie, mit Miniaturen und reichem Bordürenschmuck ausgestattete Stundenbücher, ein Blatt aus Gutenbergs zweiundvierzigzeiliger Bibel, frühe Drucke von Wolfram von Eschenbachs Werken, Dürer'sche Erstausgaben, Merian-Stiche von Alt-Berlin, Hauptwerke von Bellotto gen. Canaletto sowie ausgewählte prachtvolle Bucheinbände gehörten demnach zu den Höhepunkten und Glanzstücken der Ausstellung, die nicht nur in Berliner Zeitungen, sondern beispielsweise auch in der New Yorker Zeitschrift „The Art News" besprochen wurde.[10] Wohl noch im gleichen Jahr wurde die Berliner Filiale jedoch aufgegeben.[11] Eine zweite Filialgründung Erwin Rosenthals hatte längeren Bestand. In Lugano, im schweizerischen Tessin, gründete er, wohl zunächst in Zusammenarbeit mit seinem Schwiegervater Leo Olschki, 1920 die Tochterfirma L'Art Ancien, die sich bald unter der Leitung des Antiquars Arthur Späth mit umfangreichen und spezialisierten Katalogen einen eigenen Namen machte.

Trotz seiner vielfältigen Reisetätigkeit für das Antiquariat seines Vaters und für die Tochterfirmen fand Erwin Rosenthal immer wieder Zeit für wissenschaftliche Studien. Zu Beginn der 1920er Jahre widmete er sich den Werken des italienischen Malers und Baumeisters Giotto und deren Einordnung in die geistige Welt des Mittelalters.[12] „Zur Vollendung dieses von einer weiten Peripherie der Kenntnisse zeugenden Buches hatte

33
Jacques Rosenthal mit seinem Sohn Erwin und den Enkelsöhnen Albi und Felix, um 1918.

sich Erwin Rosenthal in die Wesenszüge des Mittelalters, in die Kirchenväter und in die Scholastik vertieft und dabei neue Zusammenhänge zwischen den geschichtlichen, kulturellen und künstlerischen Entwicklungen entdeckt", urteilte der langjährige Mitarbeiter Adolf Seebaß im Rückblick[13] über das 1924 erschienene Werk, das Erwin seinem Vater Jacques zum 70. Geburtstag überreichen konnte. Zwischen 1927 und 1932 erschienen dann vier weitere Ausgaben der „Beiträge zur Forschung", für die Erwin Rosenthal als Herausgeber wiederum bedeutende Gelehrte aus dem Kreis von Bibliothekaren und Kunsthistorikern zur Mitarbeit gewinnen konnte und eigene Forschungsergebnisse publizierte. Die vielfältigen wissenschaftlichen Interessen des Juniorchefs belebten auch den Geschäftsalltag in der Brienner Straße: „Deshalb gaben sich auch, wenn er in München weilte, mehrere Münchener Kapazitäten, mit denen er rege Beziehungen und geistigen Austausch unterhielt, die Türe in die Hand. Dadurch kam auch in den normalen Geschäftsgang mancher Strahl von unkaufmännischen oder überkaufmännischen Lichtern – wie ja überhaupt das Antiquariat Jacques Rosenthal eine mindestens ebenso grosse geisteswissenschaftliche, wie handelsbestimmte Potenz war – und manches Problem wurde, ohne dass Kauf, Gewinn, Verlust oder sonst etwas Merkantiles damit verbunden war, mitbearbeitet, was übrigens doch gelegentlich auch in irgend einer Form dem Geschäftsleben zugute kam."[14]

Wohl bedingt durch den wachsenden Raumbedarf seiner großen Familie verlegte Erwin Rosenthal seinen privaten Wohnsitz 1926 in die Königinstraße. In der ehemaligen Rosipal-Villa pflegten er und seine Frau rege gesellschaftliche Kontakte. Zu dem Freundes- und Bekanntenkreis der Familie gehörten der Zeichner Rolf von Hoerschelmann, der Direktor der Münchner Kammerspiele Otto Falckenberg und seine Frau Gerda, der Kunstkritiker und Schriftsteller Wilhelm Hausenstein und seine Frau Margot, der Schriftsteller Bruno Frank sowie der Maler Max Unold.[15] Anlässlich des 50. Geburtstages von Wilhelm Hausenstein 1932 half Erwin Rosenthal mit, eine Festschrift mit Beiträgen verschiedener Künstler und Wissenschaftler zusammenzustellen, die im Verlag Knorr & Hirth unter dem Titel „Die Gabe. Dichtungen und Aufsätze" erschien. Er selbst steuerte eine Studie über den Maler und Zeichner Nicolas Poussin bei, die neben Aufsätzen von Hans Carossa, Bruno Frank, Max Picard, Emil Preetorius, Joseph Roth, René Schickele, Hermann Uhde-Bernays, Max Unold und anderen stand.

Wie wichtig es Erwin Rosenthal war, sowohl künstlerische Neigung als auch die Begeisterung für wissenschaftliche Auseinandersetzung mit alten Büchern und Drucken an seine Kinder weiterzugeben, wird aus einer Schilderung seines ältesten

34
Königinstraße 28, Wohnhaus von Erwin Rosenthal und seiner Familie von 1926 bis zur Emigration 1935.

Sohnes Albi vom Familienleben in der Königinstraße deutlich: „My father, Dr Erwin Rosenthal, was a distinguished art historian and a wonderful teacher. During my schooldays I went to his study in the evenings and we looked at books and pictures together."[16]

Erwin Rosenthal arbeitete sich auch zunehmend in die geschäftlichen Angelegenheiten des Antiquariates ein. Verschiedene, im Firmennachlass erhaltene Memoranden[17], in denen er sich mit der Geschäftslage in der zweiten Hälfte der 1920er Jahre auseinander setzte, zeugen davon. Sie geben auch Aufschluss über den allgemeinen Strukturwandel, der sich im Antiquariatshandel in der Zeit nach dem Ersten Weltkrieg und der folgenden Inflation bemerkbar machte. Anlass für den ersten dieser Berichte dürfte für Erwin Rosenthal die Ende des Jahres 1925 trotz gesteigerten Umsatzes auftretende Illiquidität der Firma, an der er seit 1922 als Kommanditist beteiligt war, gewesen sein. Neben der Aufzählung wichtiger An- und Verkäufe analysierte er Jahr für Jahr die Ursachen für den mehr oder weniger erfolgreichen Geschäftsverlauf und gab die Richtlinien vor, mit denen den Änderungen auf dem Antiquariatsmarkt Rechnung getragen werden konnte. Die Nachfrage nach Frühdrucken, einst das Aushängeschild der Firma Jacques Rosenthal, mit dem der Hauptumsatz gemacht wurde, war spürbar auf dem deutschen und dem internationalen Markt zurückgegangen. Bei Neuerwerbungen musste weit mehr als in der Zeit vor dem Ersten Weltkrieg auf die schnelle Wiederverkäuflichkeit geachtet werden, wobei die Gewinnquoten wesentlich schmäler ausfielen.[18] Für die als notwendig erachtete stärkere Einbeziehung des internationalen Marktes bedeutete allerdings der Börsenkrach in den USA im Oktober 1929 eine starke Verunsicherung mit unabsehbaren Folgen, wie Erwin Rosenthal in seinem Memorandum vom 31. Dezember 1929 schrieb. Die Umsatzeinbußen betrugen dann beispielsweise im Vergleich der Jahre 1930 und 1931 über 50 Prozent, wovon der Auslandsumsatz stärker betroffen war als der im Inland.[19] Noch einmal bemühte sich Erwin Rosenthal in den Jahren 1930/31 um den Ankauf einer großen Bibliothek mit zahlreichen mittelalterlichen Handschriften und frühen Drucken. Es handelte sich um die Maihinger Bibliothek des Fürsten Eugen von Oettingen-Wallerstein, die er zusammen mit der Londoner Firma Maggs Bros., für die Maurice Ettinghausen[20] verhandelte, als ausländischem Partner erwerben wollte.[21] Letztendlich entschied die Fürstenfamilie, vorwiegend Bücher aus dem 17. bis 19. Jahrhundert zu veräußern, an deren Gesamterwerb allerdings Erwin Rosenthal nicht interessiert war. Bei den Verhandlungen und bei der Entscheidung darüber, welche Firma den Verkauf von Teilkonvoluten vornehmen sollte, kam ihm zu seiner großen Enttäuschung das Antiquariats- und Auktionshaus Karl & Faber zuvor, das nun über mehrere Jahre hinweg seine Versteigerungen zu einem guten Teil aus dieser Bibliothek bestreiten konnte.

Obwohl Erwin Rosenthal noch Mitte der 1920er Jahre in seinen Memoranden zur Geschäftsentwicklung von einer Personalreduzierung abgeraten hatte, war sie zu Beginn der 1930er Jahre unumgänglich. Die Zeit des Antiquariats Jacques Rosenthal als Lehr- und als Wirkungsstätte zahlreicher wissenschaftlicher Antiquare war vorbei. Helmuth Domizlaff und Friedrich Finkenstaedt[22] verließen 1931 die Firma an der Brienner Straße und machten sich selbständig. Neu eingestellt wurde Hans Koch, der als gelernter Buchhändler im Jahr 1932 schon auf eine mehr als zehnjährige Berufserfahrung in verschiedenen Antiquariaten zurückschauen konnte.[23]

Über weitere Ausstellungstätigkeit im Haus an der Brienner Straße versuchte Erwin Rosenthal das Geschäft zu beleben. Anlässlich einer Auktion in der Kunsthandlung Hugo Helbing, bei der der Nachlass des Kunstsammlers Marczell von Nemes versteigert werden sollte und zu der zahlreiche finanzkräftige Sammler aus dem Ausland in München erwartet wurden, lockte das Antiquariat Rosenthal im Juni 1931 mit einer kleinen Ausstellung mittelalterlicher Miniaturen[24], zu der ein eigener Katalog mit Farb- und Schwarz-Weiß-Abbildungen gedruckt wurde. Schließlich gelang es dem Juniorchef knapp zwei Jahre später, das Haus an der Brienner Straße als einen der kontinentalen Ausstellungsorte für die umfangreiche und einzigartige Sammlung mittelalterlicher Handschriften des englischen Sammlers Chester Beatty zu empfehlen, die kurze Zeit später in London versteigert werden sollte. „In den Vitrinen lagen Dinge wie ein im St. Martinskloster in Tours vor mehr als tausend Jahren auf Pergament geschriebenes, reich illuminiertes lateinisches Evangeliar oder eine Sallust-Handschrift aus dem Besitze des großen venezianischen Humanisten, des Kardinals Bembo, aus dem 15. Jahrhundert."[25] Als die Ausstellung am 1. April 1933 eröffnet wurde, standen allerdings SA-Wachen vor dem Haupteingang und die Fensterläden waren geschlossen. Die Nationalsozialisten hatten für diesen Tag reichsweit zum Boykott jüdischer Geschäfte aufgerufen. Die zahlreichen Besucher und Interessenten – so erinnern sich Albi Rosenthal[26] und der damalige Mitarbeiter Hans Koch[27] – ließen sich jedoch nicht abhalten und kamen durch die Hintertür.

Die Söhne von Ludwig Rosenthal – Geschäftsübernahme und Neugründung

Das Antiquariat Ludwig Rosenthal in der Hildegardstraße stand seit 1922 nach dem Rückzug des Firmengründers und dem Ausscheiden der Söhne Adolf und Heinrich unter der alleinigen Leitung von Norbert Rosenthal[28], der zu dieser Zeit bereits auf eine 30-jährige Berufserfahrung und auf eine fast 20-jährige Teilhaberschaft an der Firma zurückblicken konnte. Er hatte sich einen Namen gemacht als Entdecker „von literarischen Seltenheiten, die unbeachtet in manchen Klosterbibliotheken des Auslandes schlummerten".[29] Somit bürgte er für eine große Kontinuität im Geschäftsverlauf der Firma Ludwig Rosenthal, wovon auch die in den 1920er und Anfang der 1930er Jahre erschienenen Kataloge zeugen. Inkunabeln und frühe Drucke bildeten nach wie vor eine der Hauptattraktionen. Kataloge mit theologischen Schriften standen zwar weitaus seltener im Angebot als in der Anfangszeit des Antiquariats; dafür lag ein neuer Schwerpunkt auf wissenschaftlicher, insbesondere geographischer und landeskundlicher Literatur. Seit Mai 1925 arbeiteten zunächst die 1906 geborenen Zwillingssöhne von Norbert und Johanna Rosenthal, Paul und Ernst[30], im Antiquariat

35
Norbert Rosenthal, um 1920.

36
Buch- & Kunstantiquariat Heinrich Rosenthal am Promenadeplatz 11
im ersten Obergeschoss, 1926.

mit. Der jüngere Sohn Fritz Rosenthal absolvierte zunächst auf Anraten des Vaters eine Banklehre, trat jedoch etwas später auch in das väterliche Geschäft ein.[31]

Im Jahr 1922, als sich der Seniorchef und sein ältester Sohn aus dem Geschäft zurückgezogen hatten, eröffnete der jüngste Sohn Heinrich ein eigenes Buch- und Kunstantiquariat in der Kanalstraße 31[32], also unweit der väterlichen Firma. Schon 1924 zog er an den Promenadeplatz 11 um in die direkte Nachbarschaft der renommierten Buchhandels- und Antiquariatsfirma Theodor Ackermann. Unter der neuen Adresse publizierte er seinen ersten Katalog, den er schlicht mit „Alte Bücher"[33] betitelte.

Heinrich Rosenthal spezialisierte sich wohl auf schöne und wertvolle Handschriften, Frühdrucke und Bücher. Seine Münchner Firma ist in einem Nachruf als „kleines, aber auf das höchste gepflegtes Antiquariat" bezeichnet worden.[34] Offensichtlich erkannte Heinrich Rosenthal schon frühzeitig die drohenden politischen Veränderungen in Deutschland. In der Antiquitäten-Rundschau gab er im Dezember 1931 bekannt, dass er sein Kunstantiquariat von München in die Schweiz nach Luzern verlegt habe.[35] Dorthin zog er mit seiner Familie.

ANMERKUNGEN:

1   Rosenthal, Erwin: Die Anfänge der Holzschnitt-Illustration in Ulm. Inaugural-Dissertation zur Erlangung der Doktorwürde der hohen philosophischen Fakultät der vereinigten Friedrichs-Universität Halle-Wittenberg, Halle a. S. 1912.

2 Seebaß, Adolf: Zum achtzigsten Geburtstage Dr. Erwin Rosenthals am 9. April 1969, in: Börsenblatt für den Deutschen Buchhandel, Frankfurter Ausgabe Nr. 29 vom 11. 4. 1969.

3 Beiträge zur Forschung, Heft 1: Vorwort.

4 In einem Nachruf auf seinen Vater Erwin schrieb Bernard Rosenthal über die Eheschließung seiner Eltern: „It was whispered, of course, that this must have been an astute piece of match-making by two extraordinary colleagues dreaming of a kingdom of books centered on the axis Florence-Munich. Perhaps match-making did play a role – Erwin and Margherita always denied it – but surely the union was made in heaven, for it lasted sixty-seven years, until Margherita's death in 1979." Rosenthal, Bernard: Erwin Rosenthal, 1889–1981. Warburg-Haus Hamburg, Materialsammlung Bernard Rosenthal, Manuskript. Zu Leo Olschki vgl. den Beitrag von Anton Löffelmeier in diesem Band.

5 Im Jahr 1978 hatte er seine Erinnerungen daran seinen Söhnen diktiert: „Ich staune heute noch, wie vertrauensvoll mein Vater mir alles überließ." Manuskript, Leihgabe Bernard Rosenthal.

6 Auskunft von Albi und Julia Rosenthal, November 2001.

7 Erwin und Margherita Rosenthal bekamen fünf Kinder: Gabriella, geboren 1913; Albrecht (Albi), geboren 1914; Nicoletta, geboren 1915; Felix, geboren 1917; Bernhard Michael, geboren 1920.

8 StadtAM, NL Jacques Rosenthal 1.

9 NL Hans Koch, Mappe 3, Dr. Erwin Rosenthal, Berlin, Bendlerstr. 17, 10. März 1925.

10 NL Hans Koch, Zeitungsausschnitte mit Besprechungen der Ausstellung: The Art News, Vol. XXIII, No. 25, New York, March 28, 1925; Berliner Tagblatt und Handelszeitung, Nr. 129 vom 17. 3. 1925; Beilage des Berliner Börsen-Courir Nr. 119 vom 12. 3. 1925; Vossische Zeitung vom 7. 3. 1925.

11 NL Hans Koch, Mappe 5, Memorandum von Erwin Rosenthal zum Jahresbeginn 1926: „… dass durch Ueberlassung des Berliner Lagers das Geschäft ohne Barvergütung einen wesentlichen Lagerzuwachs empfangen hat."

12 Das Thema seiner Studie umreißt er im Vorwort folgendermaßen: „In den hier vorgelegten Studien wird die Wandlung, welche die Darstellung des Menschen im späteren Mittelalter erfuhr und welche in der künstlerischen Leistung Giottos eine ebenso abschließende, wie die Zukunft vorbereitende Formulierung gefunden hat, als eine Teilerscheinung der allgemeinen Geistesentwicklung angesehen werden. Nicht so sehr um eine eigentliche Geschichte dieser Wandlung kann es sich handeln, als nur um Prolegomena zur Geschichte der Wechselbeziehungen zwischen dem Menschen als Bildner und dem Menschen als Abbild, zwischen dem Gestalter und der Gestaltung. Der menschliche Gestalter formt als Abbild des geschauten Menschen schließlich das, was er im jeweiligen Augenblick der Geschichte in seinem Nächsten sieht. Das Verhältnis von Mensch zu Mensch, die Humanität, die besondere Einstellung zur Unendlichkeit bestimmen die menschliche Darstellung als eine Leistung der Geschichte. Das Abbild leitet auf den Bildner zurück; dieser gibt, indem er den Nächsten gestaltet, sich selbst. Die Geschichte der künstlerischen Darstellung des Menschen ist Korrelat der Geschichte des Menschen. Damit wird die Kunstgeschichte zu einem Teile der Menschheitsgeschichte." Erwin Rosenthal, Giotto in der mittelalterlichen Geistesentwicklung, Augsburg 1924, Vorwort.

13 Seebaß, Zum achtzigsten Geburtstage, S. 2.

14 Seebaß, Adolf: Brienner Straße 47. Kleine Erinnerungen an das Jahr 1923. Herrn Dr. Erwin Rosenthal zum 9. April 1979 dankbar überreicht. S. 26/27.

15 NL Hans Koch, Ordner 2 und 3: Briefwechsel Erwin Rosenthals mit den genannten Personen aus den Jahren 1930 bis 1933.

16 Rosenthal, Albi: Knowing the score. Interview with Sheila Markham, in: ders.: Obiter Scripta. Essays, Lectures, Articles, Interviews and Reviews on Music, and other subjects, Oxford 2000, S. 443.

17 NL Hans Koch, Mappe 5; Memoranden zum Jahresbeginn 1926, zum 31. 12. 1927, zum 31. 12. 1928 und zum 31. 12. 1929.

18 Über das Sinken der Preise im Antiquariatshandel nach der Inflation vgl. Breslauer, Martin: Erinnerungen eines Antiquars, in: ders.: Erinnerungen, Aufsätze, Widmungen, Frankfurt 1966, S. 56.

19 NL Hans Koch, Mappe 5; Umsatzübersicht der Jahre 1930 und 1931. Der Gesamtumsatz betrug im Jahr 1930 noch 710.000,– RM, davon 630.000,– RM Auslandsumsatz, im Jahr 1931 dann nur noch 309.000,– RM, davon 264.000,– RM Auslandsumsatz.

20 Maurice Ettinghausen hatte schon 1912 als Assistent bei Ludwig Rosenthal gearbeitet. In den 1920er und 1930er Jahren war er in Paris und London für die Firma Maggs tätig. Nach dem Zweiten Weltkrieg arbeitete er als Associate bei Albi Rosenthal in Oxford. Er starb 1974.

21 NL Hans Koch, Ordner 5; Erwin Rosenthal an Messrs. Maggs Bros., c/o Dr. Ettinghausen, 20. 8. 1930 (Durchschlag); und weiterer Schriftwechsel ebd.

22 Zu Finkenstaedt s. den Beitrag von Anton Löffelmeier in diesem Band.

23 Zur Biographie von Hans Koch s. den Beitrag von Jens Koch in diesem Band.

24 NL Hans Koch, Ordner 3; Erwin Rosenthal an Leo Olschki, 6. 6. 1931 (Durchschlag). Hier auch Einladung an Thomas Mann zu der Ausstellung.

25 Koch, Hans: Gratus Amicis. Rückschau auf fünf Jahrzehnte 1897–1947, masch. Manuskript, München 1947, S. 30.

26 Rosenthal, Albi: Jacques Rosenthal 1895–1995, in: ders., Obiter Scripta, S. 433, 434.

27 Ein Gespräch mit dem Antiquar Hans Koch, in: Börsenblatt für den Deutschen Buchhandel – Frankfurter Ausgabe, Nr. 24 vom 25. 3. 1977, S. A 126/127.

28 Über die Söhne von Ludwig Rosenthal vgl. die Schilderungen und teilweise anekdotenhaften Erzählungen in: Wallach, Hellmuth: Die Münchner Antiquare von einst, Privatdruck, Hartung & Hartung, München 1993, S. 16/17.

29 Münchener Neueste Nachrichten Nr. 47 vom 22. März 1917.

30 OFD Nürnberg, Rückerstattungsakten, B III 627 Rü 2741, Ernst Rosenthal, Auflistung der Entschädigungs- und Wiedererstattungsansprüche.

31 Gumbert, H.L.: Fritz Rosenthal †, in: Das Antiquariat, 11. Jg., Heft 7/8, Wien, April 1955, S. 1.

32 Die Kanalstraße führte damals noch vom Isartorplatz ausgehend bis zur Maximilianstraße; erst durch den Bau des Altstadtringes wurde sie auf ihre heutige Länge verkürzt.

33 Privatbesitz Charles Rosenthal.

34 Nachruf auf Heinrich Rosenthal, gestorben 1960. Der Autorenname ist mit E. R. abgekürzt; wahrscheinlich handelt es sich dabei um Erwin Rosenthal. Kopie des Nachrufes überlassen von Charles Rosenthal.

35 Antiquitäten-Rundschau, Heft 23 vom Dezember 1931, letzte Seite.

Vertreibung – Emigration – Deportation:
Das Schicksal der Familienzweige und ihrer Firmen
während der NS-Zeit

Die Rosenthals waren durch ihre jahrzehntelange Tätigkeit als Antiquare mit dem deutschen Kulturgut vertraut und verbunden. Ihre hohe Achtung vor den Werken deutscher und internationaler Geistesgrößen hatten sie sowohl im Geschäftsleben als auch in zahlreichen Gutachten und Forschungsbeiträgen deutlich zum Ausdruck gebracht. Durch ihr Sammeln und durch ihr Vermitteln geeigneter Aufbewahrungsorte für wertvolle Schriften hatten sie einen wichtigen Kulturbeitrag geleistet. Ihre internationalen Verbindungen ließen sie zu Vermittlern und Botschaftern deutschen Geisteslebens werden. Dies alles sollte mit der Machtergreifung der Nationalsozialisten keine Geltung mehr haben. Die seit Januar 1933 maßgeblichen politischen Kräfte verfolgten alle Juden in Deutschland mit Hass und Verachtung. In wenigen Jahren bauten sie ein nur scheinbar rechtmäßiges Gesetz- und Verordnungswerk auf, das die Vertreibung und die Vernichtung der Juden zur Folge hatte und dessen Auswirkungen am Beispiel der Familie Rosenthal hier – zumindest in ihrem äußeren Ablauf – protokolliert werden. Als Antiquare, die mit Kulturgut handelten, galten für die Rosenthals nicht erst die vor allem seit 1938 forcierten Maßnahmen zur Verdrängung der Juden aus dem Wirtschaftsleben; zusätzlich waren sie den Schikanen jener Behörde ausgesetzt, die einen erheblichen Teil der Verantwortung für den enormen Verlust kultureller Werte in diesen Jahren trug und sich dennoch Reichskulturkammer nannte.[1]

Emigration in verschiedene Länder und Kontinente:
die Familie Erwin Rosenthal

„Erwin Rosenthal saw the writing on the wall with absolute clarity", schrieb Bernard Rosenthal über das Jahr 1933 in dem Nachruf auf seinen Vater.[2] Sein Rücktritt vom Amt eines vereidigten Sachverständigen für alte Handzeichnungen und Graphik sowie für mittelalterliche Handschriften und Frühdrucke schon im Mai 1933[3] kann als erstes Zeichen dafür angesehen werden, dass er mit den behördlichen Vertretern der neuen Machthaber wenig zu tun haben wollte. Seine Sorge galt einerseits dem Geschäft und andererseits seinen Kindern, für die er sich um langfristige Auslandsaufenthalte bemühte.

Die älteste Tochter Gabriella hielt sich in den Jahren 1933/34 zu Zeichenstudien in Paris und Florenz auf; zeitweilig lebte sie in München, wo sie dann im Geschäft ihres Großvaters und Vaters half.[4] Albi Rosenthal beendete seine Schulzeit und ging im August 1933 zu kunsthistorisch-antiquarischen Ausbildungszwecken nach Zürich. Hier erreichte ihn ein fürsorglicher Brief seines Großvaters, dem die fundierte Ausbildung seines ältesten Enkelsohnes wohl besonders am Herzen lag.[5] Im September 1933 reiste Albi nach England und hielt sich in den Folgejahren nur noch für kurze Ferien-aufenthalte in München auf. Es war sein eigener Wunsch gewesen, nach England zu gehen[6], und mit Hilfe der Kontakte, über die sein Vater verfügte, gelang es ihm, sich zunächst in London eine Existenz aufzubauen. Er vervollständigte seine Ausbildung durch Studien am British Museum und als Assistent am Warburg Institut. Mit 21 Jahren veröffentlichte er seinen ersten kunsthistorischen Aufsatz über ein Aquarell von Dürer und gründete ein Antiquariat unter dem Namen „A. Rosenthal Ltd", das er von seiner Wohnung in dem Londoner Stadtteil Mayfair betrieb. Spätestens seit 1938, als sein Vater ihn drängte, möglichst bald auf eigenen Füßen zu stehen, konzen-trierte er sich hauptsächlich auf das Geschäft. Im Jahr 1939 veröffentlichte er seinen ersten Katalog, musste allerdings im November 1940 einen Rückschlag erleben, als das Haus, in dem er wohnte und arbeitete, bei einem der Angriffe durch die deutsche Luftwaffe stark beschädigt wurde. Angezogen durch die berühmte Bodleian Library, verlegte er sein Geschäft und seinen privaten Lebensmittelpunkt nach Oxford.[7]

Die 1915 geborene Tochter Nicoletta nahm Schauspielunterricht in München, hielt sich jedoch zumindest 1934 auch zeitweilig bei ihrem Bruder in England auf. Im Jahr 1935 emigrierte sie schon wenige Monate vor ihrer Schwester Gabriella nach Palästina.[8] Die beiden jüngsten Söhne Felix und Bernhard, die noch die Schule besuchten, wur-den im Sommer 1933 von ihrer Mutter Margherita für die Aufnahme an ein Gymnasium in Florenz vorbereitet.[9] Die in der Familie gepflegte Zweisprachigkeit kam ihnen dabei zugute. Schwierigkeiten bereiteten aufgrund der stark reglementierten Devisenbewirtschaftung die Geldüberweisungen zugunsten der im Ausland lebenden Kinder. In Florenz konnte der Schwiegervater Leo Olschki teilweise aushelfen.[10] Felix Rosenthal machte hier das Abitur und immatrikulierte sich anschließend an der Technischen Hochschule in Mailand. Als auch dort jüdischen Studenten das Studium verweigert wurde, ging er nach Paris. Bei Kriegsausbruch hielt er sich in der Schweiz auf und beantragte, um einer drohenden Internierung zu entgehen, ein Visum für Chile. Nach abenteuerlicher Emigration und einem circa einjährigen Zwangsaufent-halt in Chile erhielt er die Einreiseerlaubnis für die USA.[11] In Berkeley, Kalifornien,

37
Erwin Rosenthal mit seiner Tochter Nicoletta in Zürich, um 1933.

konnte er schließlich sein Ingenieurstudium fortsetzen und abschließen. Bernhard
Rosenthal, der ebenfalls 1938 das Gymnasium in Florenz verlassen musste, fand in Paris
eine Schule, auf der er sein Abitur machen konnte, und emigrierte anschließend ebenfalls nach Kalifornien.

Nachdem es Erwin und Margherita Rosenthal auf diese Weise gelungen war, für
ihre Kinder die Wege zu ebnen, damit diese nicht länger in der immer deutlicher vom
Antisemitismus geprägten Atmosphäre Deutschlands leben mussten, galt die nächste
Sorge dem Antiquariat Jacques Rosenthal, von dem das Familieneinkommen abhing.
Dass sich durch die politischen Verhältnisse der Geschäftsverlauf in keiner Weise verbesserte, ist dem Briefwechsel zwischen Erwin Rosenthal, der sich nach wie vor häufig
auf Geschäftsreisen im Ausland befand, und seinem Vater Jacques sowie verschiedenen
Angestellten der Firma zu entnehmen. Hier kam im September 1933 erstmals der ange-
strebte Verkauf des Hauses an der Brienner Straße, das zum Firmenvermögen gehörte,
zur Sprache.[12] Während die Verhandlungen darüber sich in die Länge zogen, erfolgte
zunächst im Mai 1934 die Umgründung der bisherigen Kommanditgesellschaft in eine

GmbH[13], die es ermöglichen sollte, den Grundbesitz dem Privatvermögen zuzuschlagen und das Geschäft auf kleinerer Basis künftig verlustfrei weiter zu führen. Erwin Rosenthal übernahm die alleinige Geschäftsführung der Jacques Rosenthal GmbH und entband seinen nun schon achtzigjährigen Vater von der diesbezüglichen Verantwortung. Die Zahl der Angestellten ging weiter zurück. Der Kunsthistoriker Waldemar Lessing[14] verließ die Firma im März 1934. Adolf Seebaß, der seit 1923 für das Antiquariat Rosenthal tätig war, erarbeitete noch den 1934 erschienenen Katalog Nr. 95, der ausschließlich Originalausgaben von humanistischen Schriften des 15. und frühen 16. Jahrhunderts beinhaltete. Der Paläograph Ernst Schulz[15] hatte für den Katalog in guter Rosenthal'scher Tradition einen Aufsatz über eine Neuerwerbung des Antiquariats mit dem Titel „Ein ehemaliger Amplonianus[16] mit Randnoten des Nikolaus von Kues" verfasst. Im Oktober des gleichen Jahres verließ Adolf Seebaß dann die Firma an der Brienner Straße und ging in die Schweiz; hier hatte er schon 1924 für die Tochterfirma L'Art Ancien gearbeitet.[17] Hans Koch erhielt nun weitgehende Vollmachten zugeteilt und avancierte zum wesentlichen Mitarbeiter bei Abwesenheit des Geschäftsführers.[18] Seit Dezember 1934 unterstützte ihn Ludwig Nussbaum.[19]

Im gleichen Jahr hatte sich Erwin Rosenthal mit erheblichen behördlichen Schikanen auseinander zu setzen. Wegen der teilweise langfristigen, teilweise kurzfristigen Aufenthalte verschiedener Familienmitglieder im Ausland und sicherlich auch aus Sparsamkeitsgründen hatten Erwin und Margherita Rosenthal im März 1934 ihren Hausstand in der Königinstraße 28 erheblich verkleinert. Sie fanden einen Nachmieter für die Villa und schlossen mit ihm einen Untermietvertrag für einige Zimmer. Diesen Umstand nahm das Finanzamt München-Nord zum Anlass zu überprüfen, ob überhaupt noch ein steuerlich anzuerkennender Wohnsitz der Familie vorhanden sei[20], und kam zu dem Ergebnis, den Familienvorstand als reichsfluchtsteuerpflichtig[21] einzustufen. In zwei umfangreichen Schreiben legte Erwin Rosenthal Widerspruch gegen diese Maßnahme ein, indem er akribisch aufschlüsselte, wie viel Zeit er, seine Frau sowie seine Töchter und Söhne zwischen ihren Auslandsaufenthalten weiterhin in der Münchner Wohnung verbrachten, und indem er seine Auslandsreisen als unabdingbar für den Fortbestand der Firma plausibel zu machen suchte.[22] Erst mit seiner Forderung, eine behördliche Wohnungsbesichtigung durchführen zu lassen, konnte er den drohenden Steuerbescheid abwenden. Die Wohnung in der Königinstraße wurde als bewohnt angesehen.

Anfang des Jahres 1935 konnte die langjährige Suche nach Käufern für das Haus an der Brienner Straße erfolgreich abgeschlossen werden. Am 28. März 1935 schlossen

Jacques und Erwin Rosenthal einen Kaufvertrag mit der Witwen- und Waisenkasse des Reichs- und Staatsdienstpersonals, Allgemeine Lebensversicherungsanstalt, ab.[23] Die Vertragsbedingungen sahen die Räumung der Geschäftsräume bis zum 1. September 1935 vor, während Jacques und Emma Rosenthal noch mindestens bis zum 30. September 1936 in ihrer Wohnung als Mieter hätten verbleiben können. Kurz bevor der Kaufvertrag rechtskräftig wurde, schritt offensichtlich mit der Vermögensverwaltung der Deutschen Arbeitsfront GmbH eine parteinahe Dienststelle ein, die Interesse daran bekundete, das dem NS-Parteizentrum um den Königsplatz nahe gelegene Gebäude für sich zu erwerben. Die ursprünglichen Käufer mussten

38
Hochzeitsfeier von Gabriella Rosenthal und Schalom Ben Chorin im großväterlichen Haus an der Brienner Straße, Mai 1935. Rechts: der Zeichner Rolf von Hoerschelmann, ein enger Freund der Familie.

wohl zurücktreten; in den Stadtadressbüchern sind seit 1936 die genannte Gesellschaft als neuer Besitzer und die Parteiorganisation „Kraft durch Freude" als Nutzer genannt.[24]

Wenige Monate später ließ nun Erwin Rosenthal selbst erstmals den Wunsch erkennen, seinen Wohnsitz dauerhaft aus Deutschland wegzuverlegen. Ein Anwalt stellte in seinem Auftrag den Antrag, das Landesfinanzamt möge ihm nach der Definition in der Reichsfluchtsteuerverordnung „bescheinigen, dass die Aufgabe seines inländischen Wohnsitzes volkswirtschaftlich gerechtfertigt ist".[25] Vorausgegangen war ein weiterer Rückgang vor allem der Auslandsgeschäfte, die in den Jahren zuvor noch wesentlich zu den Umsatzzahlen beigetragen hatten. Neue und ständig verschärfte Devisenbestimmungen machten es nahezu unmöglich, Waren aus dem

Ausland zu importieren. Ein gewinnbringender Weiterverkauf dieser Waren im Ausland, wofür Devisen in der Regel genehmigt wurden, wenn „die dadurch gewonnenen Mehrdevisen abgeliefert" wurden, war jedoch von München aus kaum zu bewerkstelligen. Um die Firma nicht verkaufen oder aufgeben zu müssen, um sie aber auch vor einer Liquidation auf Raten durch langsamen Ausverkauf des Lagers zu bewahren, plante Erwin Rosenthal künftig als Geschäftsführer im Ausland zu agieren und in Deutschland steuerpflichtig zu bleiben. Da er offensichtlich mit Schwierigkeiten von behördlicher Seite rechnete, stellte er mit gleichem Schreiben einen zweiten Antrag, der im Falle der Ablehnung des ersten Antrags gültig sein sollte, und bat darin um Festsetzung der Reichsfluchtsteuer. Er bemühte sich allerdings um die Stundung des Betrages bis Ende des Jahres 1938, um gegebenenfalls dem Finanzamt innerhalb dieser Frist die volkswirtschaftlichen Vorteile seiner Auslandsgeschäfte in diesem Rahmen zu beweisen. Das Landesfinanzamt lehnte beide Anträge nach Einholung von Gutachten seitens der Industrie- und Handelskammer und des Finanzamtes München-Nord ab und forderte eine einstweilige Sicherheitsleistung in Höhe von 75.775,– RM.[26]

Nach dem Verkauf des Hauses an der Brienner Straße konnten neue Räume für das Antiquariat an der Schwabinger Konradstraße gefunden werden. Der Umzug erfolgte im August 1935. Noch im gleichen Monat erhielt Erwin Rosenthal seitens der Reichskammer der bildenden Künste in Berlin Berufsverbot, verbunden mit der Aufforderung, den Betrieb innerhalb von vier Wochen aufzulösen. Mittels eines sofort erhobenen Einspruchs[27], in dem er auf den Preisverfall, den eine überstürzte Verschleuderung des Lagerbestandes von damals ca. 500.000 Bänden unweigerlich mit sich gebracht hätte, und auf seine von ihrer Arbeitsstelle finanziell abhängigen sechs Angestellten hinwies, gelang es ihm, eine vorläufige Aussetzung des Berufsverbots zu erreichen. Für Erwin Rosenthal gab diese letztgenannte Maßnahme allerdings den endgültigen Anstoß zum Handeln, wie er in einem neuerlich abgefassten Memorandum darlegte: „… nun schwebt zwar das Damaskusschwert [sic!] der Liquidation wie bisher, und dazu ist der Zustand vollkommener Unsicherheit getreten. Klar gesagt: Man weiss nun überhaupt nicht, *wann* der eventuelle Termin, welcher die Liquidation endgültig macht, gesetzt werden wird. Aus dieser absoluten Unsicherheit heraus, welche ein gesundes, zielsicheres Arbeiten nie und nimmermehr gewährleistet, kann zunächst nur eine einzige Folgerung gezogen werden: die sofortige Einleitung der Liquidation. Denn nur, wenn zum mindesten eine gewisse Frist zur Liquidierung vor uns liegt, und die Ueberstürzung teilweise vermieden werden kann, vermag eine Firma wie diese ohne lächerliche Verschleuderung aufgelöst werden."[28] Größere Buchpakete sollten entweder mit Blockpreisen in das Ausland verkauft oder mit Vorzugspreisen befreundeten Antiquaren im Inland angeboten werden; beide Aktionen liefen vielversprechend an, soweit es dem erhaltenen Briefwechsel zu entnehmen ist. Mitte November erwähnte Hans Koch erstmals die Arbeiten zur Aufstellung des Inventurwertes der Firma. Zu dieser Zeit war Erwin Rosenthal wohl schon in die Verkaufsverhandlungen mit seinem bisherigen Angestellten eingetreten. Am 10. Dezember 1935 schrieb er einen Brief an Hans Koch, in dem er erkennen ließ, wie sehr es ihn schmerzte, sich von der väterlichen Firma zu trennen, in dem er aber auch zum Ausdruck brachte, dass er in diesem einen fairen Verhandlungspartner gefunden hatte: „Wir wollen beide auf gemütvolle Rückblicke verzichten. Ich darf aber immerhin in aller Kürze sagen, dass die gemeinsamen Verhandlungen den Eindruck, den ich längst von Ihrer Person besitze, in der schönsten Weise vertieft haben. Es wird Ihnen an Sorgfalt, Sauberkeit des Arbeitens und Zuverlässigkeit nie fehlen.“[29] Der Vertrag über den Verkauf des Antiquariates Jacques Rosenthal an Hans Koch wurde schließlich am 28. Dezember 1935 unterzeichnet und im Nachhinein von der Reichskulturkammer genehmigt. Das gesamte Bücherlager sowie das in der Konradstraße vorhandene Mobiliar gingen an den Käufer über, der zudem weiterhin den weltweit renommierten Firmennamen führen durfte. Der Kaufpreis bestand aus einem in der Anlage festgelegten Prozentsatz „des Betrages, den er [= der Käufer, also Hans Koch, Anm. d. Verf.] durch Veräusserung der […] gekauften Stücke im regelmässigen Geschäftsbetrieb nach Abzug der Umsatzsteuer netto einnimmt“ und war halbjährlich abzurechnen.[30] In einem zusätzlichen, im Januar 1936 abgeschlossenen Vertrag legten Rosenthal und Koch fest, dass künftige Streitigkeiten nicht vor einem ordentlichen Gericht, sondern vor einem Schiedsgericht in der Schweiz unter einem Züricher Rechtsanwalt als Obmann geschlichtet werden sollten.[31] Die Verträge hatte der emigrierte jüdische Rechtsanwalt Dr. Philipp Löwenfeld[32] in Zürich vorbereitet und ausgearbeitet.

Erwin Rosenthal war somit dem politischen Druck und den schikanösen Verordnungen der nationalsozialistischen Machthaber gewichen und hatte auf das väterliche Geschäft, das einst Weltruhm besessen hatte, verzichtet. Der Verkauf an Hans Koch ermöglichte ihm, von dem wirtschaftlichen Wert und seinem privaten Besitz einiges zu retten. Im März 1936 gab er seinen Wohnsitz in München endgültig auf, meldete sich zunächst nach Florenz ab[33] und emigrierte dann in die Schweiz. Von dort blieb er in regelmäßigem Kontakt mit Hans Koch, der ihn über die geschäftlichen Angelegenheiten auf dem Laufenden hielt. Seine umfangreiche Privatbibliothek konnte er, in etlichen Kisten und Ballen verpackt, nachsenden lassen.[34]

39
Emma Rosenthal, um 1930. Atelier Wasow.

Die Verbindung zu München blieb auch wegen der noch hier lebenden Eltern bestehen. Nach dem Tod von Jacques Rosenthal im Oktober 1937 lebte seine Witwe Emma weiterhin – zurückgezogen und finanziell abgesichert – im Hotel Regina. Im August 1938 unternahm sie eine Erholungsreise in die Schweiz zu ihrem Sohn[35], ließ aber noch keinen Auswanderungswillen erkennen. Erst die Verschärfungen der diskriminierenden Rassengesetze führten offensichtlich zu einer Änderung ihrer Haltung. Aufgrund einer Bekanntmachung des Reichsinnenministeriums musste sie sich eine Kennkarte ausstellen lassen[36], die mit einem großen „J" versehen war und wie bei allen Jüdinnen den zweiten Vornamen Sara enthielt; die Verpflichtung, diesen Namen zu führen, entstand aus dem Runderlass des Reichsinnenministeriums vom 18. August 1938.[37] Nach den Zerstörungen der Reichspogromnacht vom November 1938 hatte Emma Rosenthal mit ihrem Vermögen zu den von Göring angeordneten Sühneleistungen beizutragen.[38] Anfang 1939 betraf auch sie die ebenfalls von Göring als Beauftragter des Vierjahresplanes[39] erlassene Anordnung, nach der die jüdische Bevölkerung alle in ihrem Besitz befindlichen Wertgegenstände aus Edelmetall sowie Edelsteine und Perlen abzugeben hatte.[40] Als zentrale Annahmestelle fungierte in München das Städtische Leihamt. Am 8. Mai 1939 stellte Emma Rosenthal schließlich beim Finanzamt München-Nord den Antrag auf Unbedenklichkeitsbescheinigung für ihre Auswanderung in die Schweiz und füllte den zugesandten Fragebogen zur Ermittlung der Reichsfluchtsteuer aus. Doch mit den von ihr gemachten Angaben über das verbliebene Vermögen gaben sich die Finanzbehörden nicht zufrieden; angesichts der starken Reduzierung im Vergleich zu früheren Vermögenssteuererklärungen von Jacques Rosenthal vermuteten sie nicht angemeldete und nicht versteuerte Schenkungen größeren Ausmaßes. Die juristische Vertretung zur Klärung dieses Sachverhaltes übernahm Dr. Hans Bloch, der anhand der vorhandenen Unterlagen ausführlich Rechenschaft ablegen konnte. Er unterrichtete die Behörden über die eingetretene Wertminderung von Anlagen und Depotwerten, ferner über eine Schenkung an die Enkelin Gabriella Rosenthal für Aussteuer und Auswanderung, die aber unterhalb der festgesetzten Freibetragsgrenze lag, und schließlich über den Rückgang des Vermögens aufgrund der hohen Lebenshaltungskosten des betagten Ehepaares beziehungsweise der Witwe, die nun schon jahrelang im Hotel Regina wohnte und wegen des altersbedingten Gesundheitszustandes einer ständig anwesenden Pflegerin bedurfte.[41] Weitere Aufklärung forderte das Finanzamt jedoch über den Verbleib einiger Beträge und Geldüberweisungen, die bei der 1934 erfolgten Geschäftsumwandlung in eine GmbH getätigt worden waren. Emma Rosenthal konnte, da sie sich mit den Geschäftsangelegenheiten nicht auseinander gesetzt hatte, wenig zu den sich schwierig gestaltenden Recherchen beitragen; so bat Erwin Rosenthal Hans Koch um Mithilfe[42] und beteiligte sich selbst von der Schweiz aus an den Nachforschungen. Wie sehr seine Sorge um die Mutter angesichts des Kriegsausbruchs und der von den Finanzbehörden verursachten ständigen Verzögerungen wuchs, bezeugt ein Telegramm vom 24. November 1939 an Hans Koch: „Einreise Mamas voellig geregelt – erwarte verzweifelt Nachricht – Bloch reagiert ueberhaupt nicht – bitte Ihre Unterstuetzung."[43] Erst am 15. Dezember 1939 hielt ein Finanzbeamter in einer Aktennotiz fest, dass keine unzulässigen Schenkungen zu vermuten seien, worauf die Ausstellung des Reichsfluchtsteuerbescheides sowie der Unbedenklichkeitsbescheinigung für die Passaushändigung erfolgen konnte.[44] Emma Rosenthal reiste wenige Tage später in die Schweiz ab. Sie verbrachte ihren Lebensabend in Küssnacht am Vierwaldstätter See, wo sie am 24. Juni 1941 verstarb.

Erwin Rosenthal machte sich bei seiner Auswanderung in die Schweiz Hoffnung auf einen Lehrstuhl im Fach Kunstgeschichte.[45] Da ein Ruf an die Universität jedoch nicht erfolgte, engagierte er sich für die Tochterfirma L'Art Ancien. Der Geschäftssitz des einst von ihm in Lugano gegründeten Antiquariats war schon Ende der 1920er Jahre nach Zürich verlegt worden. Die als Aktiengesellschaft betriebene Firma stand unter der Leitung von Arthur Spaeth, dessen Neigungen vor allem dem wissenschaftlichen Antiquariat, insbesondere alten medizinischen Schriften galten. Durch den Aufbau eines umfangreichen Lagers in enger Kooperation mit der Münchner Firma, durch hohe Kompetenz und durch geschäftliches Geschick trug er zu dem hohen Ansehen von L'Art Ancien wesentlich bei. Mitte der 1930er Jahre führte er den bereits mit Vorkenntnissen im Antiquariatshandel ausgestatteten Alfred Frauendorfer[46] in das Geschäft ein. Dieser übernahm die Leitung, als Spaeth 1936/37 den letztendlich tragisch endenden Versuch unternahm, sich selbständig zu machen. Erwin Rosenthal stand somit eine florierende und gut geführte Firma als Mittel- und Ausgangspunkt seiner Aktivitäten zur Verfügung. „... these early years of his emigration were by no means melancholy; they were years of intense activity, of travel, of writing"[47], schrieb Bernard Rosenthal über seinen Vater im Nachruf. Viele der Reisen dienten auch dem Besuch der Kinder, die sich in verschiedenen Ländern aufhielten.

Da dem erfahrenen Antiquar und Kunsthistoriker letztendlich keine offizielle Arbeitsgenehmigung erteilt wurde[48], blieb die Schweiz nicht die Endstation der Emigration. Im Jahr 1941 erhielten Erwin und Margherita Rosenthal zwei der begehrten, aber schwer zu erlangenden Visa für die Vereinigten Staaten von Amerika.[49] Nach einem kurzen Aufenthalt in New York City ließen sie sich in Berkeley in Kalifornien nieder, wo ihre zwei jüngsten Söhne das College besuchten. Die Universität von Kalifornien lud Erwin Rosenthal ein, Vorlesungen zu halten, wobei er für seinen Vortrag „Dante und Giotto" sicherlich aus seinem reichen Fundus an früheren Studien schöpfen konnte; daneben widmete er sich mit einem Vortrag über Picasso der modernen Kunst. Seit dem Kriegseintritt Amerikas zu „enemy aliens" geworden, musste die Familie regelmäßige Besuche des FBI über sich ergehen lassen, die bei ihnen jedoch angesichts der Erinnerungen an nationalsozialistische und faschistische Behördenschikanen vergleichsweise wenig Unbehagen hinterließen: „Every once in a while, an FBI man would come, and feel extremely uncomfortable and apologetic in this unaccustomed role of snooping on perfectly nice people. There would be coffee and cookies, and both Erwin and Margherita, with memories of brownshirts and blackshirts still fresh in their minds, were vastly impressed by these nice, cleancut and polite young men."[50] Im Jahr 1942 zog es Erwin Rosenthal doch wieder nach New York, wo er an der Fifth Avenue zusammen mit dem ebenfalls emigrierten Buchhändler Emil Offenbacher ein neues Geschäft eröffnete. Wieder einmal konnte er einen exquisiten Katalog herausgeben, in dessen Ausstattung seine ganze Begeisterung und Liebe zur Buchkunst zum Ausdruck kam. Unter dem Titel „Thirty Fine Books" nahm er eben diese Anzahl von ausgewählten und kostbaren Büchern, erschienen in den Jahren zwischen 1470 und 1907, auf und beschrieb sie ausführlich in sehr persönlich gehaltenen Aufsätzen.[51] Trotz der Verluste also, die Erwin Rosenthal mit der erzwungenen Aufgabe des väterlichen Geschäftes hinnehmen musste, und trotz der Mühen und Schwierigkeiten, die eine Emigration unweigerlich mit sich brachte, konnte er sein Betätigungsfeld als Antiquar und Kunsthistoriker im Exil ohne Unterbrechung wieder aufnehmen. Seine internationalen Kontakte, die er in mehr als 20-jähriger Berufstätigkeit gepflegt hatte, werden ihm dabei geholfen haben.

Opfer des Holocaust und wenige Überlebende: die Kinder und Enkel von Ludwig Rosenthal

Auch die Inhaber und Geschäftsführer der Firma Ludwig Rosenthal, Norbert Rosenthal und seine Söhne Paul, Ernst und Fritz, sahen sich wohl mit dem im August 1935 verbreiteten Rundschreiben des Präsidenten der Reichskammer der bildenden Künste konfrontiert, mit dem jüdischen Kunst- und Antiquitätenhändlern die Ausübung ihres Berufes untersagt wurde. Vermutlich konnten sie ebenso wie Erwin Rosenthal eine Aufschiebung der zur Auflösung des Geschäftes gesetzten Frist von vier Wochen erreichen.[52] Da eine Verlegung der Firma in das Ausland sich sicherlich nicht hätte bewerkstelligen lassen, ohne enorme Verluste hinzunehmen, entschieden sie sich offensichtlich zunächst für den Weg des langsamen Ausverkaufs, dessen Durchführung jedoch immer wieder durch neuerliche Terminverfügungen zur Geschäftsschließung bedroht war. Im Juni 1937 leitete jedenfalls ein beauftragter Rechtsanwalt die notwendigen Genehmigungsverfahren für die Auswanderung von Paul, Fritz und dessen Ehefrau Hilde Rosenthal mit der Begründung ein, dass diese durch die Schließung des Antiquariates ihrer Existenz beraubt waren.[53] Norbert Rosenthal schenkte seinem Sohn Fritz, der in Den Haag ein neues Geschäft zu eröffnen beabsichtigte, aus seinem großen Lager ein vergleichsweise bescheidenes Konvolut an Büchern, die von einem Gutachter auf den Gesamtwert von 11.000,– RM geschätzt wurden. In allen erforderlichen Anträgen wurde hervorgehoben, „dass sich unter den besichtigten Stücken kein Objekt befindet, das als hochwertiges deutsches Nationalgut bezeichnet werden kann, dessen Ausfuhr den deutschen Kunsthandel schädigen würde".[54] Paul Rosenthal erhielt Bargeldschenkungen von seinem Vater und seinem Onkel Adolf. Für beide Schenkungen erteilten die zuständigen Behörden die Genehmigungen, wobei die Ausfuhr von Bargeld durch Erwerb ausländischer Zahlungsmittel zu bewerkstelligen war und dabei ein Aufschlag von 100 % abgeführt werden musste.[55] Anfang August 1937 wanderten Paul, Fritz und Hilde Rosenthal, geborene Wolf, nach Holland aus

40
Paul, Hilde und Fritz Rosenthal (v. l.) in Den Haag vor ihrem Geschäft an der Willem de Zwijgerlaan 135, um 1938.

und ließen sich in Den Haag nieder. In der Willem de Zwijgerlaan 135 eröffneten sie das Antiquariat Ludwig Rosenthal. Zu dieser Namensführung hatte Norbert Rosenthal seine Zustimmung erteilt.[56]

Der Sohn Ernst Rosenthal blieb in München und half seinem Vater bei der aufgezwungenen und unerfreulichen Aufgabe, den weiteren Ausverkauf des riesigen Warenlagers zu betreiben. Da ein geregelter Geschäftsbetrieb nicht mehr möglich war, kamen nur Wiederverkäufer als Kunden in Frage. Schon am 26. Juli 1937 war im Namen des Präsidenten der Reichskammer der bildenden Künste die Abwicklungsfrist noch einmal bis zum 30. September des gleichen Jahres verlängert worden.[57] Die Durchführung der Liquidation durch langsamen Ausverkauf erwies sich jedoch auch im folgenden Jahr als praktisch undurchführbar, sogar wenn enorme Verluste in Kauf genommen wurden. Den zuständigen Behörden war bewusst, dass eine ordnungsgemäße Verwertung der Bücher jahrelang dauern würde; sie gaben sich aber bald nicht mehr mit dem bloßen Beobachten der ausweglosen Situation zufrieden, sondern prüften selbst die Möglichkeiten, um eine schnelle „Arisierung" herbeizuführen. Eine Versteigerung der Bestände schlossen sie allerdings aus „einerseits wegen der damit verbundenen hohen Spesen, andererseits aber auch wegen der geringen Nachfrage (ein grosser Teil der Warenbestände besteht aus kirchengeschichtlichen Werken – Ecclesiastica –)".[58] Zu diesem Zeitpunkt galten bereits neue Gesetze und Verordnungen, die den Spielraum für jüdische Gewerbetreibende, ihre Geschäfte an

„Arier" zu verkaufen, erheblich einschränkten. Die nationalsozialistischen Machthaber ließen immer deutlicher erkennen, dass nun der staatlich organisierte Ausschluss der Juden aus dem Wirtschaftsleben erfolgen sollte.[59] Maßgebliche Grundlage bildete die am 26. April 1938 erlassene „Verordnung über die Anmeldung des Vermögens von Juden" und die dazugehörige Anordnung.[60] Die dadurch gewährleistete Registrierung des jüdischen Besitzes schuf die Voraussetzung für alle kommenden staatlichen Zugriffsmöglichkeiten.

Norbert Rosenthal schloss in der Zwischenzeit einen von der Reichskulturkammer genehmigten Vertrag mit dem Buch- und Kunstantiquar Karl Seuffer ab, der die Verwertung des Warenbestandes gegen eine Umsatzbeteiligung von 33,3 Prozent vornehmen sollte, wobei die anfallenden Personal-, Büro- und Werbungskosten weiterhin von den Rosenthals zu tragen waren. Mit Datum vom 4. Oktober 1938 erlosch daraufhin die Eintragung der Firma Ludwig Rosenthal im Handelsregister.[61] Auch nach dem Zeitpunkt des Vertragsabschlusses führte offensichtlich die Bezirksinspektion weiterhin ihre Kontrollen über die genaue Tätigkeit der Rosenthals beim Lagerausverkauf durch. Zumindest beschwerte sich der Vertragspartner Seuffer „über die ‚Stänkereien' der Bez.-Inspektion".[62]

Mit der Reichspogromnacht verschlechterte sich die Lage der zurückgebliebenen Familie noch einmal drastisch. Norbert und Ernst Rosenthal gehörten zu den annähernd 1.000 Münchner Juden, die verhaftet und in das Konzentrationslager Dachau überführt wurden. Unter unmenschlichen Bedingungen mussten sie dort zwei bis drei kalte Wintermonate verbringen.[63] Vor der Freilassung hatten viele der inhaftierten Juden eine feste Auswanderungsabsicht kundzutun sowie finanzielle Zugeständnisse zu machen. Laut Auflistung von Ernst Rosenthal im Rückerstattungsverfahren wurde sein Vater Norbert im Konzentrationslager gezwungen, seine Bereitwilligkeit zum Verkauf des Hauses Hildegardstraße 14 schriftlich zu erklären.[64] Auf Anordnung der Reichskammer der bildenden Künste hatten Norbert und Ernst Rosenthal weitere Arbeiten in dem nach wie vor umfangreichen Lager zu unterlassen.[65]

Wieder erhöhte und verschärfte sich die Zahl der Verordnungen, Runderlasse und Gesetze, die die Diskriminierung und Entrechtung der Juden zum Inhalt hatten. Zu der Sühneleistung in Höhe von 1 Milliarde Reichsmark, die den Juden deutscher Staatsangehörigkeit mit Verordnung vom 12. November 1938 aufgrund der vorangegangenen Ereignisse auferlegt wurde, mussten nachweislich Norbert Rosenthals Schwester Lina und sein Sohn Ernst, vermutlich aber auch er selbst und sein Bruder Adolf jeweils einen Beitrag leisten.[66] Die am gleichen Tag erlassene „I. Verordnung zur

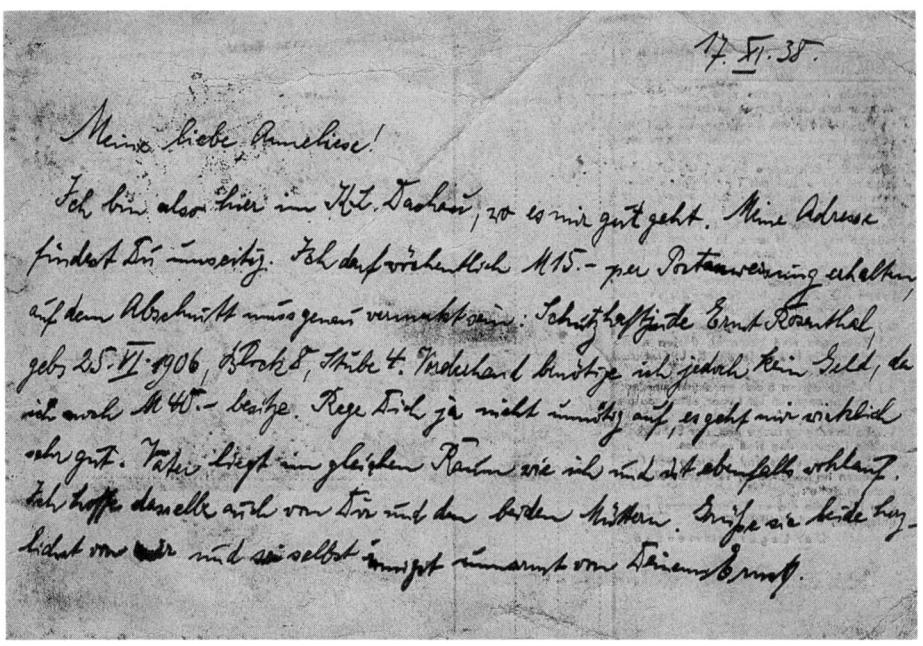

41

Postkarte von Ernst Rosenthal aus dem Konzentrationslager Dachau.

Ausschaltung der Juden aus dem Wirtschaftsleben" brachte die Intention der Regierung schon im Titel deutlich zum Ausdruck. Zu den zahlreichen, in den anschließenden Wochen ausgearbeiteten Durchführungsbestimmungen und begleitenden Maßnahmen gehörte offensichtlich die Anordnung des Reichspropagandaministers Goebbels, dass jüdische Verlage und Buchhandlungen bis zum 31. Dezember 1938 aufzulösen seien.[67] Das Rosenthal'sche Geschäft und Lager in der Hildegardstraße wurde daraufhin von der kurz zuvor gegründeten „Vermögensverwertung München GmbH" am 1. Januar 1939 zugesperrt und der Schlüssel der Reichskammer der bildenden Künste übergeben. Wie aus einem Ende Februar 1939 geschriebenen Bittbrief Norbert Rosenthals an die Regierung von Oberbayern hervorgeht, hatte dies auch persönliche Konsequenzen für ihn und seine Frau: weder konnten sie aufgrund der fehlenden Unterlagen ihren Steuerpflichten nachkommen, noch waren ihnen die bereits seit Anfang Januar 1939 vorhandenen Einreisegenehmigungen nach Den Haag in Holland zugänglich.[68] Dagegen konnten Ernst Rosenthal im Mai 1939 und seine Frau Anneliese zwei Monate später nach England auswandern.[69] Offensichtlich war es ihnen gelungen, ein Transitvisum zu erhalten, nachdem die Briten ihre Einreisebestimmungen für

Flüchtlinge in den Monaten nach der Pogromnacht erleichtert hatten.[70] Die geplante Weiterfahrt nach Nordamerika scheiterte wegen des Kriegsausbruchs.

Eine der Durchführungsverordnungen zur Ausschaltung der Juden aus dem Wirtschaftsleben sah für den Fall, dass „Arisierungsverhandlungen" gescheitert waren, die Einsetzung von Treuhändern bei der Zwangsveräußerung oder „Abwicklung von Gewerbebetrieben" vor.[71] Als solcher wurde für die Firma Ludwig Rosenthal im Mai 1939 auf Vorschlag der Industrie- und Handelskammer der Referent bei der Landesleitung der Reichskammer der bildenden Künste Max Heiss eingesetzt.[72] Das Abwicklungsverfahren dauerte über ein Jahr und damit weit länger als die meisten dieser Maßnahmen.[73] Erst im Juli 1940 lieferte Heiss seinen Abschlussbericht ab, in dem er mitteilte, dass nun der Antiquar Günther Koch die Bücher und der Kunsthändler Ernst Wengenmayr die Graphik angekauft hätten. Günther Koch warb in der folgenden Zeit mit dem Ankauf des „gesamten Bücherlagers der Firma Ludwig Rosenthal's Antiquariat" für sein Geschäft in der Neureutherstraße.[74] Für Norbert Rosenthal und seine Frau bedeutete das Verfahren eine weitere Verzögerung ihrer Ausreise, da diese von der Auszahlung der von Heiss erwirkten Verkaufssumme abhing, zumal die Auswandererabgabe Ende des Jahres 1939 erhöht worden war.[75] Ein Beschwerdeschreiben von Norbert Rosenthal an die Regierung von Oberbayern vom September 1939 sowie ein diesbezüglicher Anwaltsbrief an das Reichswirtschaftsministerium in Berlin vom Januar 1940, in dem darauf hingewiesen wurde, dass nun auch die Pflege der kranken Ehefrau finanziell nicht mehr gewährleistet sei und der Verpflichtung der Vermögenserklärung nicht nachgekommen werden könne, blieben zwar nicht ohne interne Reaktion[76], verbesserten jedoch die Situation des Ehepaares nicht. Der „Abwickler" unterstellte im Gegenzug in seinem Abschlussbericht, dass Norbert Rosenthal „die wertvollsten Bestände seiner Bibliothek ins Ausland und zwar nach den Haag in Holland verschoben" hätte, und lenkte die Aufmerksamkeit der Zollfahndungsstelle auf diesen Verdacht. Nach Abzug aller Verfahrenskosten blieb von dem einst umfangreichen und wertvollen Lager der Ludwig Rosenthal OHG nur ein Verkaufserlös von 20.000 Reichsmark für den ehemaligen Besitzer übrig, die auf ein Sperrkonto eingezahlt wurden.[77] Der ursprüngliche Ankaufswert der Bücher hatte dagegen nach späteren Angaben der Familie 450.000 Reichsmark betragen.[78]

Über die weiteren Auswanderungsbemühungen von Norbert Rosenthal und seiner Frau sind keine Details bekannt; die entsprechende Reichsfluchtsteuerakte ist nicht überliefert. Der Gesundheitszustand von Johanna Rosenthal, die an einer Lähmung litt, dürfte die Auswanderungsabsichten erschwert haben. Sie starb am 20. Februar 1941

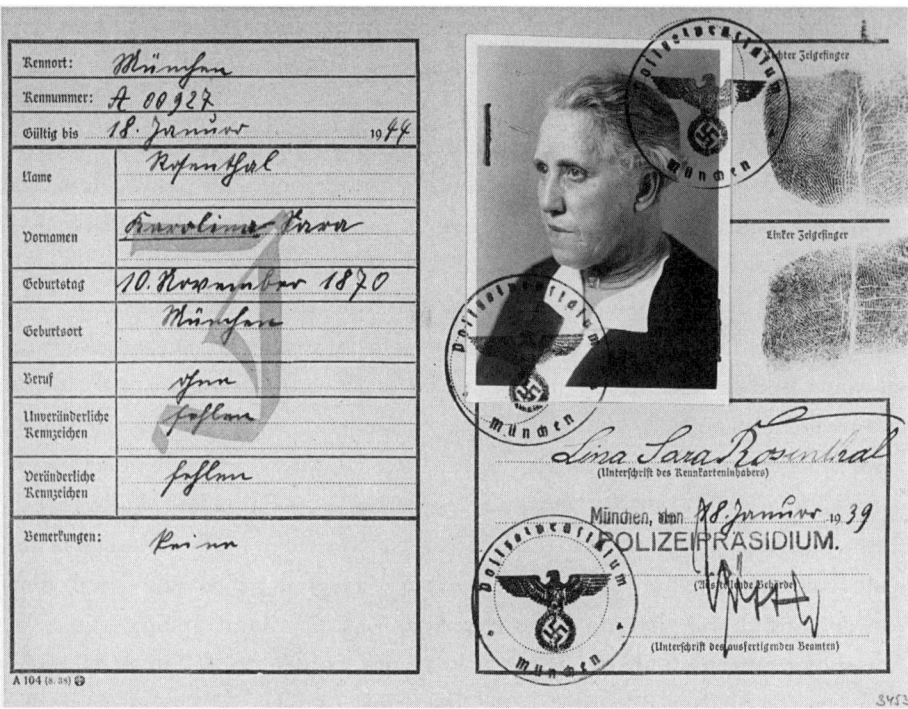

42
Kennkarten-Doppel von Lina Rosenthal.

in München. Die Gebäude an der Hildegardstraße 14 wurden 1941 an das Deutsche Rote Kreuz verkauft, ein weiteres noch in Familienbesitz befindliches Anwesen an der Herrnstraße 14 an eine Bauunternehmerin. Verschiedene Abgaben, teilweise rekonstruierbar aus Angaben von Bankhäusern im Zuge der Rückerstattungsverfahren[79], dezimierten das Vermögen der noch in München lebenden Familienmitglieder. Schon im Juli 1940 hatten Norbert Rosenthal und sein Bruder Adolf ihre Wohnungen in der Hildegardstraße aufgegeben und waren zu anderen Münchner Juden in deren Wohnungen gezogen. Mit der zunehmenden „Arisierung" von jüdischem Grundbesitz und der systematisch durchgeführten „Entjudung des Wohnraumes" wurden die Wohnmöglichkeiten jedoch spärlicher.[80] Norbert Rosenthal musste am 15. Januar 1942 in die so genannte Judensiedlung Milbertshofen, ein an der Knorrstraße 148 errichtetes Barackenlager[81], umziehen. Von hier schrieb er am 26. Juni an seine Kinder in Holland: „Heute hatte wieder Nacht-Wache, ebenso übermorgen Sonntag auf Montag. Unsere Siedlungs-Insassen sind jetzt schon sehr zusammen geschrumpft

194

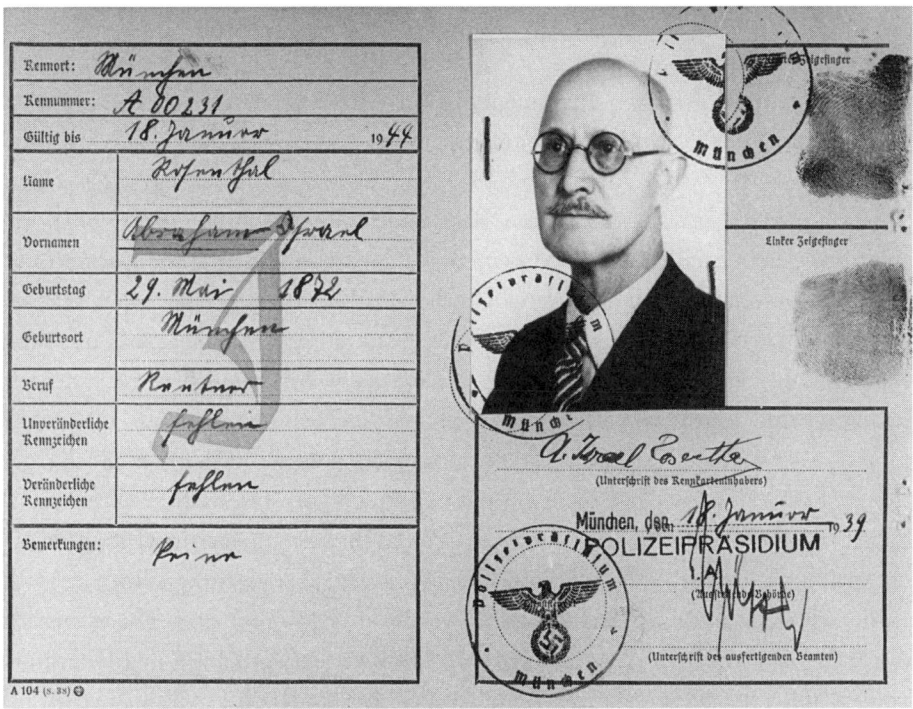

43
Kennkarten-Doppel von Adolf Rosenthal. Die neuen Kennkarten, die sich alle Jüdinnen und Juden 1939 ausstellen lassen mussten, waren mit einem „J" versehen.

durch die fortwährende unausgesetzte Emigration. Durch diese entsteht uns enorme Arbeit! Sie kommen jetzt immer nach Theresienstadt (Czechei) – wir werden wohl sehr bald nachfolgen. Unser Bet-Saal ist geschlossen worden. [...] Dr. Finkelscherer arbeitet jetzt mit uns, seine Eltern sind gestern emigriert worden."[82] Auch seine Schwester Lina Rosenthal, die noch bis September 1941 in dem Haus der Familie an der Herrnstraße 14, dann im jüdischen Altersheim an der Kaulbachstraße 65 gewohnt hatte, lebte zu diesem Zeitpunkt bereits in dem Lager an der Knorrstraße.[83] Der Bruder Adolf hielt von seiner Unterkunft an der Stievestraße Kontakt zu seinen Geschwistern, wie er seinen Neffen in Holland berichtete: „Ich persönlich bin noch immer an der gleichen Fabrik angestellt, und werden wir, die wir vom frühen Morgen bis abends arbeiten so schnell nicht entlassen werden; wie's um Norbert u. Lina, die ja beide auch arbeiten bestellt ist, weiss ich nicht. Wir kommen alle 14 Tage, entweder bei mir oder bei Ihnen zusammen; wenn sie bei mir sind so kratze ich so viel zusammen, als mir möglich ist, um sie satt zu füttern; viel ist das natürlich nicht [...]. Ich bewundere

195

Euren Optimismus obwohl ich ihn nicht mit Euch teilen kann. Möget Ihr Recht behalten!"[84] Um sich gegenseitig zu besuchen, mussten die Geschwister vermutlich lange Fußmärsche zwischen Nymphenburg und Milbertshofen auf sich nehmen, da die Benutzung der Straßenbahn für Juden zu dieser Zeit in München bereits verboten war.[85] Auf ihren Wegen durch die Stadt hatten sie den diskriminierenden gelben Judenstern zu tragen[86], der sie in der Öffentlichkeit als Angehörige einer minderwertigen Rasse brandmarken sollte. Mit einem Nachwort zu seinem Brief musste Adolf Rosenthal von der Deportation seiner Geschwister berichten: „Leider bin ich heute, den 5.VII.42 in der traurigen Lage Euch mitteilen zu müssen, dass Lina und Euer Vater Norbert dieser Tage auswandern mussten; sie werden wahrscheinlich an ein u. denselben Platz, und zwar nach Theresienstadt in Deutsch-Böhmen kommen. Das ist ein Ghetto, aber wie es allgemein heisst, noch das Erträglichste. Leider konnte ich trotz der grössten Mühe u. Plage nicht einmal persönlich von Ihnen Abschied nehmen. Solltet Ihr von Ihnen lange nicht hören, so braucht Ihr Euch deshalb absolut nicht aufzuregen; es wird schon einmal was von Ihnen kommen; aber vorläufig werden sie wohl nichts schreiben dürfen." Lina Rosenthal wurde am 3. Juli 1942 nach Theresienstadt deportiert und starb dort am 12. April 1944. Norbert Rosenthal war dem Transport vom 4. Juli 1942 nach Theresienstadt zugeteilt; er starb am 25. Juni 1944. Adolf Rosenthal folgte mit dem Transport vom 18. Juli 1942 nach Theresienstadt, wo er am 14. Februar 1943 umkam.[87] Das noch verbliebene Vermögen der Familienmitglieder wurde zugunsten des Staates eingezogen.[88]

Paul, Fritz und Hilde Rosenthal war es nach der Emigration gelungen, in Den Haag ein neues Antiquariat zu gründen und unter dem alten Firmennamen Ludwig Rosenthal erste Kataloge herauszugeben.[89] Doch auch diese Existenzgrundlage wurde ihnen bald wieder entzogen. Nach dem Überfall der deutschen Wehrmacht auf Holland im Mai 1940 wurden sie aus Den Haag ausgewiesen und erhielten eine lange Liste mit Namen von Orten zugestellt, an denen sie sich nicht niederlassen durften.[90] Sie übersiedelten nach Hilversum. Dort fanden sie eine neue Wohnung, mussten jedoch bald untertauchen beziehungsweise unter falschem Namen leben, als die Deportationen aus Holland begannen. Fritz Rosenthal gelang es, getarnt zu überleben.[91] Seine Frau Hilde Rosenthal und deren Mutter Maria Wolf wurden im Dezember 1944 in das Arbeitslager Westerbork eingewiesen[92], aus dem sie 1945 befreit wurden. Paul Rosenthal und seine Verlobte Eva Gumbert, die zusammen mit anderen Juden in einer Hilversumer Wohnung ein Versteck gefunden hatten, wurden verraten[93], nach Auschwitz deportiert und dort ermordet.[94]

Anmerkungen:

1 Die Enkelgeneration von Jacques Rosenthal gebraucht den Begriff dementsprechend in Anführungszeichen. Vgl. beispielsweise Rosenthal, Bernard: Erwin Rosenthal 1889–1981, Warburg-Haus Hamburg, Materialsammlung Bernard Rosenthal, Manuskript, S. 2.

2 Rosenthal, Bernard: Erwin Rosenthal, S. 2.

3 NL Hans Koch, Ordner 2, Schreiben an den Präsidenten des Amtsgerichtes München, 21. Mai 1933.

4 Siehe den Beitrag über Gabriella Rosenthal von Eva Ohlen in diesem Band.

5 NL Hans Koch, Ordner 1, Schreiben von Jacques Rosenthal an Albi, 10. August 1933.

6 Daum, Constanze: Lebensgeschichten ehemaliger jüdischer Schüler des Wilhelmsgymnasium von 1932 bis 1938, in: Landeshauptstadt München (Hrsg.): Jüdisches Leben in München. Lesebuch zur Geschichte des Münchner Alltags, München 1995, S. 91.

7 Rosenthal, Albi: Knowing the score. Interview with Sheila Markham, in: ders.: Obiter Scripta. Essays, Lectures, Articles, Interviews and Reviews on Music and other subjects, Oxford 2000, S. 443–449, hier S. 444.

8 NL Hans Koch, Ordner 2, Erwin Rosenthal an Leo Olschki, 5. Oktober 1934; ebd.: Erwin Rosenthal an das Präsidium des Kartells jüdischer Verbindungen, 20. März 1935. Nicoletta Rosenthal kehrte später wieder zurück, lebte einige Jahre in England, ab den 1950er Jahren mit ihrem Mann, dem Geologen Peter Misch, in den USA.

9 NL Hans Koch, Ordner 2, Erwin Rosenthal an Hans Rose, 3. Oktober 1933.

10 NL Hans Koch, Ordner 2, Erwin Rosenthal an das Bankhaus Aufhäuser, 11. September 1933; sowie Erwin Rosenthal an Leo Olschki, 5. Oktober 1934.

11 Eine ausführliche Schilderung darüber bei Daum, Lebensgeschichten, S. 92/93.

12 NL Hans Koch, Ordner 1, Erwin Rosenthal an Jacques Rosenthal, 16. September 1933.

13 NL Hans Koch, Mappe 5, Erwin Rosenthal an das Finanzamt München-Nord, 5. Oktober 1934.

14 NL Hans Koch, Mappe 3, Nachruf auf Waldemar Lessing (1875–1949), masch. Manuskript von Hans Koch.

15 Über Ernst Schulz s. den Beitrag von Anton Löffelmeier in diesem Band.

16 Handschrift aus der Bibliothek des Sammlers Amplonius Ratink de Berka (um 1365–1435).

17 Seebaß, Adolf: Brienner Straße 47. Kleine Erinnerungen an das Jahr 1923, S. 31.

18 NL Hans Koch, Mappe 5, Schriftwechsel zwischen Erwin Rosenthal und Hans Koch im Oktober 1934.

19 Über Ludwig Nussbaum s. den Beitrag von Anton Löffelmeier in diesem Band.

20 StAM, Finanzamt 18955, Ermittlungsstelle Nr. 414 an Finanzamt München-Nord, 6. 3. 1934; sowie Aktenfeststellung des Finanzamtes München-Nord vom 12. 3. 1934.

21 Eine Reichsfluchtsteuer wurde schon seit 1931 von Auswanderern erhoben. Ihre Einführung während der Weltwirtschaftskrise diente der Verhinderung der Kapitalflucht. Die nationalsozialistischen Machthaber setzten den Freibetrag für Vermögen von 200.000 auf 50.000 Reichsmark herab. Diese im Mai 1934 eingeführte Maßnahme traf vor allem auswanderungswillige Juden, die nun hohe Abgaben zu leisten hatten.

22 StAM, Finanzamt 18955, Schreiben von Erwin Rosenthal an das Finanzamt München-Nord vom 12. Oktober und vom 17. Dezember 1934. Hier auch die Niederschrift der Wohnungsbesichtigung vom 18. Dezember 1934.

23 Ebd., Beglaubigte Abschrift des Kaufvertrages.

24 Weitere Verkaufsunterlagen zu dem Haus an der Brienner Straße existieren nicht mehr. In dem Rückerstattungsantrag, den Erwin Rosenthal und seine Kinder 1959 stellten, schrieben die Anwälte, dass die Familie Rosenthal gezwungen worden sei, an die DAF zu verkaufen. Die Kaufsumme spielte dabei offensichtlich keine Rolle. OFD Nürnberg, Ba 3600 Erbengemeinschaft nach Emma Rosenthal, I / N 2292 Rü 5361, Schreiben der Rechtsanwälte an die Wiedergutmachungsbehörde I Oberbayern vom 2. November 1959.

25 StAM, Finanzamt 18955, Schreiben vom 2. April 1935 an den Präsidenten des Landesfinanzamtes.

26 Ebd., Schreiben des Präsidenten des Landesfinanzamtes München an Finanzamt München-Nord vom 29. Juni 1935; sowie: Schreiben des Rechtsanwaltes an das Finanzamt München-Nord vom 22. Juli 1935.

27 Walk, Joseph (Hrsg.): Das Sonderrecht für die Juden im NS-Staat. Eine Sammlung der gesetzlichen Maßnahmen und Richtlinien – Inhalt und Bedeutung, 2. Aufl., Heidelberg 1996; darin S. 149, Nr. 95: Rundschreiben des Präsidenten der Reichskammer der bildenden Künste an die Kunst- und Antiquitätenhändler: „Auf Grund des § 10 der 1. Verordnung zur Durchführung des Reichskulturkammergesetzes vom 1. 11. 33, lehne ich Ihre Aufnahme in die Reichskammer der bildenden Künste ab und untersage Ihnen die weitere Ausübung des Berufes als Kunst- und Antiquitätenhändler. Für die Umgruppierung oder Auflösung Ihres Geschäftsbetriebes bewillige ich Ihnen eine Frist von vier Wochen." Zur Ausschaltung von Juden aus dem Verlags- und Buchhandelswesen vgl. Wittmann, Reinhard: Hundert Jahre Buchkultur in München, München 1993, S. 168–170. NL Hans Koch, Mappe 1, Schreiben Erwin Rosenthals an den Präsidenten der Reichskammer der bildenden Künste in Berlin vom 2. September 1935, Durchschlag.

28 NL Hans Koch, Mappe 5, Memorandum von Dr. Erwin Rosenthal.

29 NL Hans Koch, Ordner 1.

30 NL Hans Koch, Mappe 5. Der an Erwin Rosenthal abzuführende Prozentsatz unterlag einer Staffelung von null Prozent bei einem Jahresumsatz unter 21.000 RM bis zu 40 Prozent bei einem Jahresumsatz von 60.000 RM und darüber. Zu dem Verkauf der Firma an Hans Koch vgl. auch: Koch, Boris: Das Antiquariat Jacques Rosenthal in München unter der NS-Diktatur, Seminararbeit, masch. Manuskript, München 2000.

31 NL Hans Koch, Mappe 3, Abschrift. Die Jüdische Rundschau meldete in der Ausgabe vom 11. Februar 1936 unter der Rubrik „In aller Kürze": „Das Antiquariat Jacques Rosenthal in München ist in arische Hände übergegangen."

32 NL Hans Koch, Mappe 1, Memorandum von Hans Koch vom Februar 1946. Der Münchner Rechtsanwalt Philipp Löwenfeld (1887–1963) war schon in den 1920er Jahren zusammen mit Max Hirschberg in etlichen Prozessen gegen die Nationalsozialisten angetreten. Vgl. dazu: Hirschberg, Max: Jude und Demokrat. Erinnerungen eines Münchener Rechtsanwalts 1883 bis 1939, bearbeitet von Reinhard Weber, München 1998, S. 22–25. Im März 1933 konnte er bei der Machtergreifung der Nationalsozialisten in Bayern gerade noch rechtzeitig in die Schweiz fliehen; 1938 emigrierte er in die USA.

33 StAM, Finanzamt 18955, Schreiben des Rechtsanwaltes von Erwin Rosenthal an Finanzamt München-Nord vom 10. März 1936. Sowie: StadtAM, EWK Erwin Rosenthal.

34 NL Hans Koch, Ordner 7, Schriftwechsel zwischen Hans Koch und Erwin Rosenthal aus den Jahren 1936 bis 1939; sowie Aufstellung über die 1936 versendete Privatbibliothek von Erwin Rosenthal.

35 StAM, Finanzamt 18953, Schriftverkehr über die zwischenzeitliche Aushändigung ihres bei den Finanzbehörden hinterlegten Reisepasses.

36 Walk, 1996, S. 233, Nr. 3: Bekanntmachung über den Kennkartenzwang vom 23. 7. 1938. Sowie: StadtAM, Kennkartendoppel von Emma Rosenthal, geborene Guggenheimer, ausgestellt im März 1939.

37 Walk, 1996, S. 237, Nr. 524.

38 OFD Nürnberg, BA 3600 Rosenthal Jacques und Emma, Erben, Niederschrift der Wiedergutmachungsbehörde Oberbayern vom 5. April 1960. Verordnung über eine Sühneleistung der Juden deutscher Staatsangehörigkeit vom 12. November 1938, vgl. Walk, 1996, S. 255, Nr. 13.

39 Walk, 1996, S. 283, Nr. 146, Anordnung auf Grund der Verordnung über die Anmeldung des Vermögens von Juden vom 21. 2. 1939.

40 OFD Nürnberg, Ba 3600 Erbengemeinschaft nach Emma Rosenthal, I / N 2292 Rü 5361, Kopie des Auszugs aus den Unterlagen des Städtischen Leihamtes über den Warenankauf Nr. 1211, getätigt im März 1939 von Emma Rosenthal. Zur Verordnung über die Ablieferung von Wertgegenständen s. a.: München

– „Hauptstadt der Bewegung", Ausstellungskatalog, hg. vom Münchner Stadtmuseum, München 1993, S. 412.

41 StAM, Finanzamt 18953, Fragebogen zur Ermittlung der Reichsfluchtsteuer vom 11. Mai 1939; Schreiben des Anwaltes an das Finanzamt München-Nord vom 27. Juni 1939.

42 NL Hans Koch, Ordner 7, Schreiben vom 16. August 1939 und weitere Briefe.

43 NL Hans Koch, Ordner 7.

44 StAM, Finanzamt 18953; StadtAM, EWK, am 21. Dezember 1939 nach Zürich abgemeldet.

45 Seebaß, Adolf: Zum achtzigsten Geburtstage Dr. Erwin Rosenthals am 9. April 1969, in: Börsenblatt für den Deutschen Buchhandel, Frankfurter Ausgabe Nr. 29 vom 11. 4. 1969.

46 Über Arthur Spaeth und Alfred Freundorfer vgl.: Nebehay, Christian M.: Die goldenen Sessel meines Vaters. Gustav Nebehay (1881–1935). Antiquar und Kunsthändler in Leipzig, Wien und Berlin, Wien 1983, S. 206/207. Nebehay schrieb hier mit vielen amüsanten Anekdoten gewürzt seine Erinnerungen nieder. Den Vornamen von Spaeth kürzte er fälschlicherweise mit „L." ab.

47 Rosenthal, Bernard: Erwin Rosenthal, S. 2.

48 Zu der Behandlung von Flüchtlingen in der Schweiz vgl. Wichers, Hermann: Schweiz, in: Krohn, Claus-Dieter u. a. (Hrsg.): Handbuch der deutschsprachigen Emigration 1933–1945, Darmstadt 1998, Sp. 375–383.

49 Zu dem restriktiven Vorgehen der amerikanischen Behörden bei der Visaerteilung, die dazu führte, dass die Einwanderungszahlen in der Regel unter der vorgesehenen Quote lagen, vgl.: Krohn, Claus-Dieter: Vereinigte Staaten von Amerika, in: ders. u. a.: Handbuch der deutschsprachigen Emigration, 1998, Sp. 446–466, hier besonders Sp. 451– 456.

50 Rosenthal, Bernard: Erwin Rosenthal, S. 3.

51 Rosenthal, Bernard, Erwin Rosenthal, S. 4.

52 Walk, 1996, S. 149, Nr. 95. Genauere Unterlagen dazu existieren von der Firma Ludwig Rosenthal nicht.

53 Privatbesitz Petten-Rosenthal, Auswanderungsangelegenheiten, Schreiben des Rechtsanwaltes Held an den Oberfinanzpräsidenten in München vom 21. Juni 1937, Abschrift.

54 Privatbesitz Petten-Rosenthal, Bescheinigung der Auswanderer Beratungsstelle vom 12. Juni 1937.

55 Privatbesitz Petten-Rosenthal, Auswanderungsangelegenheiten, Schreiben des Oberfinanzpräsidenten München vom 5. August 1937 betreff der Auswanderung von Paul Rosenthal und betreff der Auswanderung von Fritz und Hilde Rosenthal. Vgl. dazu auch den Runderlass zu Auswanderungsangelegenheiten vom 26. 10. 1936; Walk, 1996, S. 174, Nr. 223; hier auch weitere Bestimmungen zur Devisenbewirtschaftung bei Auswanderung.

56 Privatbesitz Petten-Rosenthal, Schreiben von Norbert Rosenthal vom 23. Juli 1937.

57 StadtAM, GA, Abgabeverzeichnis 7/12a, Bund 19, Mappe 6, Arisierungsakte Ludwig Rosenthal, Schreiben des Landesleiters für bildende Künste an das Städtische Gewerbeamt vom 27. Juli 1938.

58 Ebd.

59 Hierzu und zu dem Folgenden vgl. Rappl, Marian: Die „Arisierung" jüdischer Gewerbe in München 1933–1939, Magisterarbeit, München 1997, S. 41–45.

60 Walk, 1996, S. 223, Nrn. 457, 458.

61 StadtAM, GA, Abgabeverzeichnis 7/12a, Arisierungsakte Ludwig Rosenthal, Bericht der Bezirksinspektion des 13. Stadtbezirkes an das Städtische Gewerbeamt vom 22. November 1938.

62 Ebd. Schreiben der Bezirksinspektion des 13. Bezirkes an das Städtische Gewerbeamt vom 13. Oktober 1938. Fritz Rosenthal schrieb nach dem Krieg über Karl Seuffer, dass dieser „sich bestimmt nicht an uns bereichern wollte". Vgl. Privatbesitz Petten-Rosenthal, Schreiben vom 26. Oktober 1947.

63 Ausführliche Berichte über die Haftbedingungen der so genannten Aktionshäftlinge in: Heusler, Andreas, Weger, Tobias: „Kristallnacht". Gewalt gegen die Münchner Juden im November 1938, München 1998, S. 129–130. Wie lange Norbert und Ernst Rosenthal in Haft waren, ist nicht genau bekannt. Laut

Anweisung vom 28. November 1938 sollten zunächst ehemalige Frontkämpfer freigelassen werden, laut einer weiteren Anweisung mit sofortiger Gültigkeit vom 12. Dezember 1938 die jüdischen Schutzhäftlinge, die über 50 Jahre alt waren. Vgl. Walk, 1996, S. 260, Nr. 36 und S. 266, Nr. 66. Weitere Entlassungen folgten offensichtlich erst im Januar 1939.

64 OFD Nürnberg, BIII 627 Rü 2741, Erbengemeinschaft nach Norbert und Johanna Rosenthal Ia 6103, Auflistung von Ernst Rosenthal 1946.

65 StadtAM, GA, Abgabeverzeichnis 7/12a, Arisierungsakte Ludwig Rosenthal, Aktenvermerk vom 5. Dezember 1938.

66 Verordnung über eine Sühneleistung der Juden deutscher Staatsangehörigkeit vom 12. November 1938 vgl. Walk, 1996, S. 255, Nr. 13; Auflistung der Beiträge von Lina Rosenthal zu der Sühneabgabe: OFD Nürnberg, BIII 627 Rü 2741, Schreiben des Bankhauses Merck, Finck & Co an Heinrich Rosenthal vom 4. August 1948. Beitrag zur Sühneabgabe von Ernst und seiner Frau Anneliese Rosenthal: OFD Nürnberg, BA 2433 Ia 4587 Rü 998, Wiedergutmachungs- und Entschädigungsansprüche von Ernest und Anneliese Rosenthal.

67 Walk, 1996, S. 272, Nr. 97.

68 StadtAM, GA, Abgabeverzeichnis 7/12a, Arisierungsakte Ludwig Rosenthal, Schreiben von Norbert Rosenthal an den Präsidenten der Regierung von Oberbayern vom 27. Februar 1939.

69 StadtAM, EWK NS, Eintragungen auf der Meldekarte von Ernst Rosenthal.

70 Zu den Einwanderungsbestimmungen nach England vgl. Strickhausen, Waltraud: Großbritannien, in: Krohn u. a.: Handbuch der deutschsprachigen Emigration, Sp. 251–270, hier besonders Sp. 253.

71 Walk, 1996, S. 262, Nr. 46, Verordnung vom 3. 12. 1938.

72 Bayerisches Wirtschaftsarchiv, IHK, XXI 16b, 24. Akt, Schreiben des Stadtrates an Max Heiss vom 16. Mai 1939.

73 Rappl, „Arisierung", S. 86.

74 Privatbesitz Petten-Rosenthal, Werbeanzeige. Mit seinem Antrag bei der Industrie- und Handelskammer, im Stadtadressbuch seinen Firmennamen mit dem Zusatz „Inhaber des ehemaligen Ludwig Rosenthal'schen Antiquariats" zu versehen, scheiterte er; vgl. Bayerisches Wirtschaftsarchiv, IHK, XXI 16b, 24. Akt, Schreiben von Günther Koch vom 30. September 1940.

75 Walk, 1996, S. 313, Nr. 53, Vertraulicher Runderlass vom 18. 12. 1939.

76 StadtAM, GA, Abgabeverzeichnis 7/12a, Arisierungsakte Ludwig Rosenthal, verschiedene Schreiben der Industrie- und Handelskammer aus der ersten Jahreshälfte 1940, in denen die Einsetzung eines beeidigten Wirtschaftsprüfers empfohlen wurde.

77 StadtAM, GA, Abgabeverzeichnis 7/12a, Arisierungsakte Ludwig Rosenthal, Abschlussbericht und Abrechnung von Max Heiss vom 24. Juli 1940.

78 StAM, BFD 886, Schreiben von Siegfried Neuland an die Wiedergutmachungsbehörde.

79 OFD Nürnberg, BIII 627 Rü 2741, Erbengemeinschaft nach Norbert Nathan und Johanna Rosenthal Ia 6103; hier insbesondere: Schreiben der Wiedergutmachungsbehörde Oberbayern vom 9. Dezember 1957; Schreiben von Merck, Finck & Co an Heinrich Rosenthal vom 4. August 1948; Schreiben von Merck, Finck & Co an Fritz Rosenthal vom 25. Februar 1955.

80 Über die „Wohnraumarisierung" vgl. Haerendel, Ulrike: Kommunale Wohnungspolitik im Dritten Reich. Siedlungsideologie, Kleinhausbau und „Wohnraumarisierung" am Beispiel Münchens, München 1999, S. 398 f.

81 Hanke, Peter: Zur Geschichte der Juden in München zwischen 1933 und 1945, München 1967, S. 282 ff. Sowie: Haerendel, Wohnungspolitik, S. 404 f.

82 Privatbesitz Petten-Rosenthal. Zu dem erwähnten Dr. Finkelscherer vgl. Weger, Tobias: Die Synagoge in der Lindwurmstraße 125, in: Stadtarchiv München (Hrsg.): Beth ha-Knesseth. Ort der Zusammenkunft. Zur Geschichte der Münchner Synagogen, ihrer Rabbiner und Kantoren, München 1999, S. 196–200.

83 Sie war dorthin am 19. März 1942 umquartiert worden. Zu diesem Zeitpunkt musste das Jüdische Altenheim freigeräumt werden, um es dem „Lebensborn e.V." zur Verfügung zu stellen. Vgl. StadtAM, Alte Hausbögen, Kaulbachstraße 65.

84 Privatbesitz Petten-Rosenthal, Schreiben vom 28. Juni 1942.

85 Hanke, S. 275.

86 Polizeiverordnung über die Kennzeichnung der Juden vom 1. September 1941, s. Walk, 1996, S. 347, Nr. 229.

87 StadtAM, EWK NS. Auflistung der Transportzüge mit Münchner Juden vgl.: Heusler, Andreas: Fahrt in den Tod. Der Mord an den Münchner Juden in Kaunas (Litauen) am 25. November 1941, in: Stadtarchiv München (Hrsg.): „… verzogen, unbekannt wohin" Die erste Deportation von Münchner Juden im November 1941, München 2000, S. 14. Zu den Todesdaten vgl.: Privatbesitz Petten-Rosenthal, Schreiben der Israelitischen Kultusgemeinde an Ernest Rosenthal vom 5. September 1946, beglaubigte Kopie. Sowie: Institut Theresienstädter Initiative (Hrsg.): Theresienstädter Gedenkbuch. Die Opfer der Judentransporte aus Deutschland nach Theresienstadt 1942–1945, Prag 2000, S. 306.

88 OFD Nürnberg, BIII 627 Rü 2741, Erbengemeinschaft nach Norbert Nathan und Johanna Rosenthal Ia 6103; sowie BIII 585, Lina Rosenthal, Schreiben des Staatsministeriums des Innern vom 27. Juni 1942.

89 Privatbesitz Petten-Rosenthal, Schreiben von Fritz Rosenthal an den Rechtsanwalt Siegfried Neuland vom 26. Oktober 1947.

90 Ebd., Ausweisung für Maria Wolf, die Mutter von Hilde Rosenthal, vom 5. September 1940.

91 Ebd., auf den Namen Daniel Abraham Brandt ausgestellter gefälschter holländischer Ausweis für Fritz Rosenthal.

92 Ebd., Arbeitskarte aus dem Lager Westerbork für Hilde Rosenthal.

93 Ebd., Zeitungsausschnitte aus holländischen Zeitungen vom November 1946 über den Prozess in Hilversum gegen die Verräter von Paul Rosenthal und Eva Gumbert.

94 Gedenkbuch. Opfer der Verfolgung der Juden unter der nationalsozialistischen Gewaltherrschaft in Deutschland 1933–1945. Bearbeitet vom Bundesarchiv, Koblenz, und dem Internationalen Suchdienst, Arolsen, Band 1 und 2, Koblenz 1986; hier S. 477: Gumbert Eva Lotte, Todesdatum 00.11.44, Auschwitz; sowie S. 1243: Rosenthal Paul, für tot erklärt, Auschwitz.

Exkurse

Gabriella Rosenthal, Enkelin von
Jacques Rosenthal und Ehefrau von Schalom Ben-Chorin

Gabriella Rosenthal wurde als erstes von fünf Kindern am 22. September 1913 im Geschäfts- und Wohnhaus der Familie Rosenthal in der Brienner Straße 47 in München geboren. Dreizehn Jahre später zogen die Eltern Dr. Erwin und Margherita Rosenthal in die Königinstraße 28.

Ihre ungeliebte Schulzeit absolvierte Gabriella im Töchterinstitut Teufen bei St. Gallen sowie am Münchner Luisen-Gymnasium „mit so viel Widerständen"[1], dass sie der Vater im Frühjahr 1930 von der Schule abmeldete und, ihrem Wunsch und ihrer Begabung entsprechend, eine künstlerische Betätigung für sie suchte. Sie studierte bis zum Frühjahr 1933 an der Kunstschule des Graphikers und Entwurfzeichners für Glasmalerei und Mosaik Karl Blocherer (1889–1964) in der Gabelsbergerstraße 36, bei dem mit den Eltern befreundeten Maler Max Unold (1885–1965) und erlernte das Töpfern bei Prof. Otto Hupp[2], eine Fertigkeit, die sie jedoch später nie ausübte. Trotz der Schwierigkeiten, während der damaligen restriktiven Devisenbewirtschaftung an ausreichende ausländische Zahlungsmittel zu gelangen, durfte Gabriella ihre Studien in Paris[3] und Florenz fortsetzen. Wie jedes der Enkelkinder wurde auch Gabriella vom Großvater an die Arbeit in einem Antiquariat herangeführt und arbeitete dort „äußerst geschickt und mit großer Freude".[4]

In einem der Münchner literarischen Zirkel, dem im Schwabinger Schellingsalon tagenden Klub „Das Vieleck", begegnete sie dem gleichaltrigen Autor Fritz Rosenthal. Er hatte bis zu diesem Zeitpunkt einen Gedichtband „Lieder des ewigen Brunnens" und mit seinem Freund, dem Lyriker Helmut Maria Soik, die literarische Zeitschrift „Vorstoß der Jungen" herausgegeben, die allerdings nach zwei Nummern ihr Erscheinen einstellte. In ihr publizierten Dichter wie Georg Schwarz und Bernt von Heiseler.[5] Um Fritz Rosenthal die Scheu vor ihrer großbürgerlichen Familie zu nehmen, versicherte ihm Gabriella auf dem Weg zur Vorstellung bei den Eltern, „bei ihnen würde der Butler keine Handschuhe tragen".[6] Gabriella und Fritz Rosenthal heirateten Pfingsten 1935.[7] An der Trauungszeremonie, die in der orthodoxen Synagoge „Ohel

Jakob" von dem mit Fritz Rosenthal befreundeten Rabbiner Dr. Ehrentreu vorgenommen wurde, nahmen auch christliche Freunde wie der Kunsthistoriker Wilhelm Hausenstein und der Zeichner Rolf von Hörschelmann teil. Die Häufigkeit des Namens Rosenthal und die Namensgleichheit mit seiner Frau bewogen Fritz Rosenthal, sich fortan nach seinem literarischen Pseudonym Schalom Ben-Chorin zu nennen.[8]

Zwischen Jacques und Fritz Rosenthal entwickelte sich eine herzliche Verbindung, gegründet auf die gemeinsame Liebe zu Büchern. Der Großvater stellte dem jungen Paar 2.000 Pfund Sterling zur Verfügung und ermöglichte ihnen damit die Auswanderung nach Palästina. Die Abschieds- und Hochzeitsreise führte das Paar über Venedig auf die Insel Elba, nach Florenz zu den Großeltern Olschki, nach Zürich zu den Eltern Dr. Erwin und Margherita Rosenthal und zum Zionistenkongress nach Luzern.

Im September 1935 erfolgte die Überfahrt von Triest aus nach Palästina. In Jerusalem gründete Schalom Ben-Chorin das wissenschaftlich-bibliophile Antiquariat „Heatid" (Die Zukunft), aus dem er sich allerdings bald zurückzog,[9] um stattdessen als Journalist zu arbeiten.

1936 wurde der gemeinsame Sohn Tovia geboren. Gabriella begann die Eindrücke ihres neuen Wohnortes mit dem Zeichenstift festzuhalten und suchte nach Veröffentlichungsmöglichkeiten. 1938 publizierte sie einen langen Bericht in der „Jüdischen Rundschau" in Berlin über Ferien in Tel Aviv mit von ihr gezeichneten Strandszenen. Sie wurde Mitarbeiterin verschiedener Zeitschriften und veröffentlichte von ihr illustrierte Artikel über Israels Geschichte und seine Volksgruppen. Mit liebevoller Genauigkeit und Humor hielt sie die Farbigkeit Jerusalems und seiner Bewohner mit Zeichenstift und Aquarell fest.

Noch vor der Gründung des Staates Israel, in der britischen Mandatszeit, erschienen in der „Palestine Post", dem Vorgänger der „Jerusalem Post", regelmäßig freitags ihre gezeichneten Beobachtungen des Jerusalemer Alltags, „Palestine People"[10], eine Serie, die sich großer Beliebtheit erfreute und das bunte Zusammenleben aschkenasischer, sephardischer und arabischer Juden, von Arabern und Engländern zum Thema hatte. Oft übertrug sie die Porträts ihrer Freunde und Bekannten in diese Bilder. Es konnte passieren, dass sich z. B. ein Mitarbeiter der Jewish Agency im Kreise kurdistanischer Gepäckträger vor einem bekannten Jerusalemer Buchgeschäft sitzend wiederfand.[11]

Im Auftrag des Innenministeriums zeichnete Gabriella während der Mandatszeit und des Israelisch-Arabischen Krieges Propagandabilder. Sie waren an die Adresse der

Palästinenser gerichtet und vermittelten Botschaften des folgenden Tenors: Seht die übereinstimmenden Interessen zwischen Juden und Palästinensern und nehmt wahr, dass sowohl die Engländer als auch die Araber nur ihre eigenen Interessen mit euch verfolgen. Ihre scheinbar mühelos aufs Papier gebrachten Zeichnungen gingen ihr in Wahrheit nicht leicht von der Hand. Sie wurde von Selbstzweifeln gequält und verwarf einen großen Teil ihrer Werke. So manches Bild wurde aus dem Papierkorb gerettet, sogar von Schalom Ben-Chorin eigenmächtig fertig gestellt.[12] „Odd Corners in Jerusalem", die erste zusammenfassende Veröffent-

44
Hochzeit von Gabriella und Fritz Rosenthal (Schalom Ben-Chorin), 10. Mai 1935.

lichung ihrer humorvollen Schilderungen der Bewohner Jerusalems, umfasste 12 Reproduktionen von Aquarellen und wurde 1952 in Tel Aviv herausgebracht. Es hält das in den alten Jerusalemer Stadtteilen wie Mea Schearim und im Bucharischen Viertel herrschende Leben mit großer Sorgfalt und mit Witz fest. Zu dem 1968 mit Farbaufnahmen von Werner Braun erschienenen Buch „Jerusalem" verfasste sie als vorzügliche Kennerin der Geschichte Jerusalems, seiner Bauwerke und historischen Stätten den Text. Im zwei Jahre vorher erschienenen Buch „Israel, Land ohne Beispiel" von Hedwig Wimmer schrieb sie die ausführliche „Einleitung" und zeichnete hierzu 12 Vignetten mit Szenen aus dem Land. Von außergewöhnlicher Schönheit ist die von Gabriella illustrierte „Estherrolle".

Ihr zeichnerisches Werk lässt sich nicht in verschiedene „Perioden" einteilen. Es zeigt Menschen, die ihren Alltagsgeschäften nachgehen, bevorzugt den so genannten „kleinen Mann", ohne zu karikieren oder gar bloßzustellen. Kritische Botschaften übermittelt sie auf eine unerschöpflich positive und fröhliche Weise; sie sagt die

45
Gabriella Rosenthal als Scheherazade, ihrem Vater Erwin ein Märchen erzählend. Zeichnung von Gabriella Rosenthal.

Wahrheit lachend. Gabriella Rosenthal sprach fließend Deutsch, Englisch, Französisch, Italienisch, fast ebenso gut Hebräisch und Arabisch, beherrschte den süditalienischen Dialekt und „das reinste Bayrisch in Israel".[13] Sie hatte große autodidaktisch erworbene Kenntnisse über die Kreuzzüge, ein Wissen, das sie in Kursen an lizensierte Fremdenführer weitergab, und über die Drusen, eine arabisch sprechende islamische Volksgruppe im Norden Israels. Das verschaffte ihr vom Innenministerium den Auftrag, ethnologische Studien über die Drusen auf den Golanhöhen durchzuführen. In dem Drusendorf Daliat-el-Carmel hatte sie längere Zeit gelebt und deren Folklore studiert, Kenntnisse, die sie bei der Organisation einer Ausstellung über drusische Volkskunst in Akko einsetzte.[14] Auch wurde sie gebeten, in drusischen Dörfern die Kinder im Zeichnen zu unterrichten. Die Ergebnisse dieser Arbeit zeigte sie 1962 in Ausstellungen in Europa, u. a. in der Jugendbibliothek in München.

Schon zu Beginn der 40er Jahre trennten sich Gabriella Rosenthal und Schalom Ben-Chorin. Gabriella diente in der folgenden Zeit in der englischen Armee und war in Ägypten stationiert. Das Verhältnis beider blieb herzlich, und zum großen Erstaunen ihrer Bekannten in Jerusalem entwickelte sich eine enge Freundschaft zwischen Gabriella und Avital, der zweiten Frau Schalom Ben-Chorins. Gabriellas Sohn Tovia Ben-Chorin, der heute als Rabbiner in Zürich lebt, schildert sie als liebevolle, einfühlsame Mutter, die ihm viel Freiheit ließ, ihn stets ermutigte, es auch in schwierigen Zeiten schaffte, den Alltag in einen Festtag zu verwandeln, und mit großer Meisterschaft Limericks dichten konnte.[15]

Gabriella Rosenthal, diese warmherzige, humorvolle und liberale Künstlerin, die auch schwermütige Phasen durchleben musste, starb mit nur 61 Jahren am 27. März 1975 in Hadera. Sie wurde auf dem Har-Hamenuchoth-Friedhof in Jerusalem bestattet.

ANMERKUNGEN:

1   NL Hans Koch, Ordner 3.
2   NL Hans Koch, Ordner 1.
3   NL Hans Koch, Ordner 2. Brief von Dr. Erwin Rosenthal an Prof. Max Unold v. 19. 6. 1933: „… Sie kugelt Tag und Nacht sozusagen überall herum, kennt auch das Paris der Hallen, wie es sich zwischen zwei und sechs Uhr in der Frühe abspielt und sonstige anregende Dinge dieser Stadt, die ich niemals kennengelernt habe."
4   NL Hans Koch, Ordner 1. Brief von Jacques Rosenthal an Dr. Erwin Rosenthal v. 10. 9. 1934.
5   Soik, Helmut Maria: Akademiestraße 5, in: Bleicher, Heinz M. (Hrsg.), Der Mann der Friede heißt. Gerlingen 1983, S. 87.
6   Pers. Mitteilung von Tovia Ben-Chorin (2002).
7   Ben-Chorin, Schalom: Jugend an der Isar, München 1988, S. 171–173. Das genaue Datum ist der 10. 5. 1935.
8   Tschepe, Eberhard: Fotobegegnung, in: Bleicher (wie Anm. 5), S. 145.
9   Ben-Chorin (wie Anm. 7), S. 163 f.
10 Jerusalem Post vom 30. 3. 1975.
11 Rosenthal, Gabriella und Nicoletta: In and around Jerusalem, Seattle 1982, S. 14, sowie persönliche Mitteilung von Tovia Ben-Chorin.
12 Pers. Mitteilung von Avital Ben-Chorin (2002), s. a. Israel Nachrichten vom 2.4.1976.
13 Wimmer, Hedwig: Israel, Land ohne Beispiel, München, 1966.
14 Jerusalem Post vom 30. 3. 1975.
15 Persönliche Mitteilung (2002).

Hans Koch und die Firma Jacques Rosenthal

Die vorliegende knappe Skizze vom beruflichen Leben meines Vaters Hans Koch fußt auf verschiedenen Aufsätzen von ihm und über ihn und auf nachgelassener Korrespondenz. Persönliche Erinnerung reicht nur sehr begrenzt in die hier zu betrachtenden Jahre zurück, wird durch die vorliegenden Papiere eher erhellt, als dass sie viel zu deren Ergänzung beitragen könnte, und bleibt deswegen im Hintergrund.

Zunächst soll eine Schrift herangezogen werden, die Hans Koch anlässlich seines 50. Geburtstages (28. 3. 47) vervielfältigt und an Freunde und Bekannte verteilt hat: „gratus amicis auf fünf Jahrzehnte".[1] Sie ist seiner Mutter gewidmet, die 1947 neunzig Jahre alt geworden wäre und der es gelungen war, ihm nach dem plötzlichen Tod ihres Mannes, eines Lübecker Gastwirts, trotz beengter materieller Verhältnisse eine Ausbildung am Lübecker Johanneum zu ermöglichen, die er mit einem Abschluss beendete, den man heute als mittleren Schulabschluss bezeichnen würde. Er schreibt, er habe sich für den Beruf des Buchhändlers „aus Neigung" entschieden.[2] Das klingt untertrieben und sagt nichts aus über die beharrliche Ernsthaftigkeit, mit der er in den kommenden Jahren an seiner Weiterbildung und an seinem beruflichen Fortkommen arbeitete. Nach drei Jahren Lehrzeit in Lübeck trat er als Buchhandelsgehilfe in die Düsseldorfer Firma Ernst Ohle ein, wurde allerdings im Frühsommer 1917 eingezogen und nahm noch an einigen Schlachten in Flandern teil. 1919 fand er in der Firma Lipsius und Tischer in Kiel seinen neuen Arbeitgeber. Hier arbeitete er bereits in der Antiquariatsabteilung und konnte 1921 in das renommierte Antiquariat Joseph Baer & Co in Frankfurt a. Main wechseln, wo er im Wirkungsbereich des kenntnisreichen und äußerst angesehenen Moriz Sondheim Inkunabeln und Bucheinbände bearbeitete. Der Umgang mit dem alten Buch, der Kostbarkeit oder auch nur dem interessanten Einzelstück war ihm gemäß und er wäre gern in Frankfurt geblieben, wenn er nicht aus familiären Gründen 1923 nach Lübeck hätte zurückkehren müssen.

Bis 1924 arbeitete er in seiner Heimatstadt bei der Exportbuchhandlung Franz Hoffmann & Co., dann reiste er mit einem der Situation genau angepassten Abschiedsgeschenk der Firma, der eben erschienenen Festschrift für den Leipziger Antiquar Karl W. Hiersemann, nach Wien, wo er die rechte Hand von Dr. Ignaz Schwarz wurde. Die Zusammenarbeit mit diesem international geschätzten Antiquar verlangte ihm ein besonderes Maß an Einfühlungsvermögen ab, da Dr. Schwarz in den Bewegungsmöglichkeiten seiner rechten Hand und in seinen Gedächtnisleistungen schon beeinträchtigt war, ließ ihn aber immer tiefer in die verzweigte bibliographische

Fachliteratur eindringen. Im Jahr 1923 starb Dr. Schwarz. Hans Koch schrieb in seinem Nachruf, der Verstorbene habe seine Berufstätigkeit „wie es sein sollte, stets als eine hervorragend wissenschaftliche aufgefasst".[3] Das klingt wie ein Credo und erinnert daran, wie Hans Koch bis ins hohe Alter betonte, dass die Aufnahme von Büchern für ihn das eigentlich Anziehende an seinem Beruf sei.

In den folgenden Jahren erweiterte er seine Kenntnisse in München, das ihm von jetzt an zur Heimat wurde, zunächst bei Julius Halle. Hier blieb er einige Jahre, kam in Kontakt mit amerikanischen Kunden, vervollkommnete seine Englischkenntnisse und wurde durch Ernst Schulte-Strathaus weiter mit der Bearbeitung früher Drucke vertraut.

Im geselligen Leben Münchens zogen ihn Sammler und Buchhändler an, so der sehr unterschiedlich zusammengesetzte Stammtisch des Grafen Heinrich Waldbott von Bassenheim, wohin ihn ein Freund eines Tages mitnahm, vor allem aber auch der Kreis der Münchner Jungbuchhändler um Franz Ehrenwirth und Horst Kliemann.[4] In den krisenhaften Monaten des Jahres 1931 verlor Hans Koch seine Stellung bei der Firma Halle, konnte aber bei Jacques Rosenthal anfangen, der Firma, die ihm dann 1935 Dr. Erwin Rosenthal anvertraute, der von den Nationalsozialisten aus seinem Geschäft verdrängt wurde. Die in der Schweiz vorgenommene Übertragung der Firma ist an anderer Stelle dieses Buches dargestellt und kann deswegen hier übergangen werden.

Nach dem Umzug in die Konradstraße 16 waren zunächst umfassende Aufräumarbeiten zu bewältigen, aber danach legte Hans Koch bis 1940 noch drei Kataloge und sechs Verkaufslisten vor und versuchte trotz erschwerender Devisenbestimmungen die internationalen Kontakte zu pflegen. Dabei blieb ein intensiver Informationsaustausch mit Dr. Rosenthal erhalten[5], z. T. über den Privatanschluss Hans Kochs, dessen Loyalität noch einmal besonders gefordert war, als es nach dem Tod von Jacques Rosenthal um die Ausreise seiner Witwe ging. Mit Hilfe des Rechtsanwalts Dr. Hans Bloch[6] gelang es schließlich 1939, Emma Rosenthal die Übersiedlung nach Zürich zu ermöglichen. In denselben Monaten konnte auch dem nach seiner Entlassung aus dem KZ Dachau heimlich weiter mit der Buchhaltung betrauten Ludwig Nussbaum der Weg nach Shanghai geebnet werden.

Hans Koch hatte 1929 Ilse Kersten, die Tochter eines Lübecker Lehrers, geheiratet, mit der er inzwischen zwei Söhne hatte. Als er einige Monate nach Kriegsausbruch eingezogen und das Geschäft dann im August 1940 offiziell geschlossen wurde, blieb es die Aufgabe seiner Frau, in der Konradstraße nach dem Rechten zu sehen, soweit er es nicht auf einem seiner Urlaube selbst tun konnte.

Ein zweiter Blick auf „gratus amicis“: 34 Löschpapier ähnelnde, stark angegilbte DIN-A4-Seiten aus der Zeit, als Ofenrohre aus den Fenstern baufälliger Häuser ragten. Das Geschäftslokal, zeitweise von einer NS-Ortsgruppe belegt, die Verschiedenes mitgenommen und Chaos hinterlassen hatte, war im November 1944 von Bomben getroffen worden. Ein Teil des Lagers war in Schloss Schleißheim ausgelagert.[7] Von den Geschäftsräumen waren zwei zerstört, sechs noch benutzbar, die Bestände forderten zum wiederholten Mal nachdrücklich nach zeitraubenden Ordnungsarbeiten. So vereinbarte Ilse Koch bereits im August 1945 mit dem aus Leipzig kommenden Bernhard Wendt den Eintritt in die Firma.[8]

Hans Koch war im letzten Kriegswinter in den Ardennen in amerikanische Kriegsgefangenschaft geraten. Im Herbst 1945 entlassen, hatte er, nach Genesung von einer schweren, zeitweise im Nymphenburger Krankenhaus behandelten Anämie, am 13. März 1946 die Lizenz zur Wiederaufnahme des Geschäftsbetriebs erhalten.[9] Den materiellen Schäden stand ein hoch zu veranschlagendes Plus gegenüber: das Wohlwollen einiger Freunde und Kollegen, die ihre Gesinnung in den vergangenen Jahren nicht zu Markte getragen hatten, so etwa Helmuth Domizlaff, der Hans Koch seinerzeit bei Dr. Rosenthal empfohlen hatte, als er selbst 1931 die Firma in der Brienner Straße verlassen hatte, und der jetzt in freundschaftlicher Kollegialität Hilfe leistete. Von ihm und anderen, wie etwa Franz Ehrenwirth, Dr. Annemarie Meiner und besonders auch Horst Kliemann, gingen kräftige Impulse für den Wiederaufbau nicht nur des Münchner Buchhandels aus. Horst Kliemann übernahm übrigens 1946 die Patenschaft für den dritten Sohn von Hans und Ilse Koch.

Vor allem aber war das gute Verhältnis zur Familie Rosenthal erhalten geblieben. Zwar hatte sich Hans Koch, aus der Befürchtung heraus, er könne in einer generalisierend vereinfachenden Sichtweise von uninformierten Behörden mit den Nutznießern einer rüden Enteignungspolitik in eine Reihe gestellt werden, in einem längeren Memorandum[10] im Februar 1946 gegen den Eindruck geschützt, er habe die Firma in Zusammenarbeit mit NS-Behörden an sich gebracht, doch die Entwicklung zeigte, dass weitere Argumentationen in dieser Richtung sich erübrigten. Dr. Rosenthal, dem schon im Herbst 1945 ein langer Bericht Kochs über die Kriegsjahre zugegangen war, hatte seine Söhne beauftragt, die Verhältnisse in München zu regeln, und das Ergebnis war eine erneute Kooperation mit der Familie Rosenthal, jetzt mit den Enkeln des Firmengründers, mit dem Ziel eines „amicable agreements“ gemäß Gesetz 59, Art. 16 der amerikanischen Militärregierung.[11] Zunächst freilich musste man sich intensiv um die Beseitigung der Kriegsfolgen bemühen.

Der jüdische Eigentümer des Anwesens in der Konradstraße hatte Deutschland noch rechtzeitig verlassen können und lebte nun in New York. Er plante schon bald, in dem geschäftlich genutzten Gebäude kleine Wohnungen einzurichten, was Hans Koch und andere Hausbewohner alarmierte.[12] Es blieben aber, obwohl alle Möglichkeiten genutzt wurden, mit amtlichen Bestätigungen des Landesamtes für Denkmalpflege, des Kultusministeriums, der Staatsbibliothek u. a. den Schutz von Kulturgut einzufordern, letzten Endes alle Versuche vergeblich, die Kündigung zu verhindern. 1949 wurden Wohnung und Geschäftsräume in einer geräu-

46
Hans Koch. Aufnahme um 1957.

migen Altbauwohnung in der Tengstraße 37 zusammengelegt. Die in Schleißheim ausgelagerten Bestände hatte man zwar bereits im Frühjahr 1946 wieder zurückholen können, um sie vor Diebstahl zu bewahren – was allerdings Diebstahl in der Konradstraße nicht hatte verhindern können. Jetzt musste aber aus Platzgründen ein Teil der Bücher wieder ausgelagert werden, diesmal in einem Kloster in Wasserburg am Inn.

Ein Jahr nach der Währungsreform wurden die Vereinbarungen mit Bernard und Albi Rosenthal in schriftlicher Form knapp fixiert und dann von Dr. Rosenthal in einem längeren Schreiben bestätigt, in dem Hans Koch persönlich, nicht aber einem etwaigen Nachfolger, zugestanden wurde, den in der NS-Zeit nicht gelöschten Firmennamen weiter zu führen. Vor Abschluss dieser Vereinbarung hatte man sich in einem längeren Verfahren darüber geeinigt, wie die Bestände der Firma neu aufgeteilt werden sollten, und entsprechende Sendungen waren nach London und Berkeley abgegangen. Ein großer Einkauf von Dr. Rosenthal bei der Firma „Jacques Rosenthal, Inh. Hans Koch" bestätigte die neuen Eigentumsverhältnisse.

Zunächst ließen sich die Geschäfte nicht schlecht an, wenn auch mancher Kunde in der Erwartung kam, im Deutschland der Nachkriegszeit besonders günstig einkaufen zu können. Schwere Krankheiten brachten aber 1952/53 Rückschläge und als die Situation sich etwas stabilisierte, sah man sich am Ende des Jahrzehnts wieder vor einer Kündigung. Hans Koch wagte es trotz recht leerer Kassen in Eching, Landkreis Freising, ein Einfamilienhaus zu kaufen, an das er einen kleinen Anbau für das Geschäft anfügte. Die Bestände aus Wasserburg fanden dort Platz und hier betrieb er die Firma bis einige Monate vor seinem Tod im Jahr 1978 in bescheidenem Rahmen weiter.

Ein letzter Blick auf „gratus amicis": 16 Seiten Rückschau auf das eigene Leben, 17 Seiten Erinnerung an sieben Verstorbene, die ihn in seinem Berufsleben beeindruckt, begleitet und gefördert hatten: die oben erwähnten Moriz Sondheim, Dr. Ignaz Schwarz, Graf Heinrich Waldbott v. Bassenheim und dazu Fritz Worm, der Inhaber der Fa. Ernst Ohle, der sich auch im Rundfunk für anspruchsvolle Literatur engagierte, Ferdinand Baron v. Neuforgge, der kenntnisreiche noble Sammler bibliophiler Kostbarkeiten, der in hohem Maß verehrte Dr. Ernst Schulz und schließlich Jacques Rosenthal, „einer der maßgebenden Bewohner einer weitgespannten europäischen Bibliopolis"[13]. Hans Koch widmete ihnen, die ihn wegen ihrer „nicht zu normenden Menschlichkeit"[14] beeinflusst hätten, überlegte Worte eines dankbaren Respekts, z. T. nicht ohne Emphase, aus denen auch die Genugtuung darüber spricht, einen geachteten Platz in dieser Bibliopolis gefunden zu haben. In den Jahren nach dem Krieg nahm er, z. T. auf Initiative von Bernhard Wendt hin, verschiedentlich die Gelegenheit wahr, in ähnlichem Geist durch Geburtstagsartikel und Nachrufe Kollegen zu ehren.[15] Die Arbeit an den stilistisch gepflegten Texten nahm er sehr ernst, ebenso wie die an den sorgfältigen Buchbeschreibungen seiner Verkaufslisten. Dass der Zeitaufwand für seine bibliographische Arbeit in einem günstigen Verhältnis zum kaufmännischen Erfolg stand, mochte seine Familie nicht immer glauben, aber er konnte immerhin im Alter von über 75 Jahren in einem Gedicht an Freunde und Familie formulieren:

> „Das schartige Kriegsbeil des Soll und des Haben:
> Alljährlich noch konnt ich es nächtens begraben."

Und heute zählt nur, dass ich in dem immer wieder erfahrenen freundlichen Entgegenkommen derer, die ihn gekannt haben, einen Reflex seiner soliden Berufsauffassung und humanen Gesinnung wahrnehmen darf.

Anmerkungen:

1 Zum Folgenden vgl. auch Pressler, Karl H.: Ein Gespräch mit dem Antiquar Hans Koch, in: Börsenblatt für den Deutschen Buchhandel, Frankfurter Ausgabe, Nr. 24 v. 25. 3. 1977, S. A 122–127.

2 Gratus amicis, S. 8.

3 Koch, Hans: Dr. Ignaz Schwarz, in: Adressbuch der Antiquare Deutschlands und des gesamten Auslands, Weimar 1926, S. 36.

4 Gratus amicis, S. 23 f.; Börsenblatt des Deutschen Buchhandels, Sondernr. 51a v. 30. 6. 1966, S. 128 f.

5 NL Hans Koch, Ordner 7.

6 An Dr. Blochs „Löwenmut, mit dem er sich bis zuletzt für seine Leidensgenossen einsetzte", erinnerte im Jahr 1958 Eugen Roth. Roth, Eugen: Ein Erinnerungsblatt, in: Lamm, Hans: Von Juden in München, München 1958, S. 263.

7 Hierzu Bericht Hans Kochs an Dr. Erwin Rosenthal vom Frühherbst 1945. NL Hans Koch, Mappe 2.

8 Bernhard Wendt begann bereits kurz nach dem Krieg zielstrebig, die Belange des Antiquariats im Börsenblatt zu vertreten. Zur Mitarbeit gewann er auch Hans Koch, der gelegentlich Fachbeiträge lieferte und mit einem Vortrag in Frankfurt zu den Fragen der Aufnahmetechnik im Antiquariatskatalog Stellung nahm. Über Wendts Bedeutung für das Antiquariat siehe: Börsenblatt für den Deutschen Buchhandel, Sondernr. 27a v. 4. 4. 1962.

9 NL Hans Koch, Mappe 5.

10 NL Hans Koch, Mappe 5.

11 NL Hans Koch, Mappe 10.

12 NL Hans Koch, Mappe 4.

13 Gratus amicis, S. 29.

14 Ebd., S. 17.

15 Als Beispiele seien genannt: Nachrufe auf Lathrop C. Harper (Börsenblatt für den Deutschen Buchhandel, Nr. 73 v. 12. 9. 1950), Fritz Rosenthal (Börsenblatt, Nr. 26 v. 1. 4. 1955), Hans W. Taeuber (Börsenblatt, Nr. 15 v. 20. 2. 1970) und Horst Kliemann (Börsenblatt, Sondernr. 51a v. 30. 6. 1966: „In Memoriam Horst Kliemann").

Die Antiquariatshäuser Rosenthal nach 1945 – ein Ausblick

Die mutwilligen Menschenopfer und Zerstörungen, die die NS-Zeit und der Zweite Weltkrieg in Deutschland und Europa verursachten, haben unermessliche Spuren in den Gemütern der Überlebenden und Betroffenen hinterlassen. Nachrichten von Todesfällen und Meldungen über Verluste konfrontierten die Betroffenen nach Kriegsende erneut mit schrecklichem Leid. Der Wille zur Schaffung demokratischer Strukturen mag die für die schwere Aufgabe des Neuanfangs und Wiederaufbaus notwendige Hoffnung gegeben haben.

Ludwig Rosenthal's Antiquariaat in den Niederlanden

„Nach dem Kriege, 1945, begann Fritz Rosenthal von neuem – aus dem Nichts. Selbst die kostbare Handbibliothek war größtenteils gestohlen worden", so schrieb H. L. Gumbert im Nachruf auf den Antiquar.[1] Die mühsam aufgebaute Geschäftsbasis, die die Rosenthals 1940 aus Den Haag nach Hilversum retten konnten, war nach der dortigen Schließung 1942 durch die Gestapo weitgehend abhanden gekommen. Ohne noch weiter auf die Mithilfe des fachkundigen Bruders Paul Rosenthal rechnen zu können, nahm das Ehepaar Rosenthal noch einmal die schwierige Aufgabe des Neuanfangs in Angriff. Im Vorwort zu ihrem ersten Nachkriegskatalog von 1947 gedachten sie der Toten: „One of our partners as well as two of the former Senior Chefs have perished in German Concentration Camps but inspite of all these losses we hope that now at last we might be able to reestablish our good business relations in all the countries of a world more rational and peaceful than hitherto." Der mit „Interesting old and rare books" betitelte Katalog enthielt bereits wieder über 300 Nummern, darunter zwölf Inkunabeln.[2] Zur gleichen Zeit begann der Kampf um die Rückerstattung des gestohlenen Besitzes, der mit Hilfe von Anwälten in München aufgenommen wurde. Als Erben des früheren Geschäftsinhabers Norbert Rosenthal waren neben Fritz und seiner Familie der nach England (und später nach Australien) emigrierte Ernst Rosenthal zurückgeblieben. Zunächst mussten sie sich mit Günther Koch auseinander setzen, der 1940 den Hauptanteil des einst enormen Warenlagers zu einem minimalen Preis übernommen hatte, sich aber nun selbst auf die ihm entstandenen Verluste durch Kriegszerstörung und Verlegung seines Antiquariats nach Marquartstein berief.[3] Ein Teil des

47
Fritz und Hilde Rosenthal in ihrem Antiquariat in Hilversum, Juni 1946.

einstigen Bücherbestandes konnte mit Hilfe amerikanischer Besatzungsoffiziere in Schleißheim aufgefunden und als ehemaliger Rosenthal'scher Besitz identifiziert werden. Er lagerte dann zunächst in der zuständigen Sammelstelle der Besatzungsmacht, dem Art Collecting Point, bis im Jahr 1949 ein gerichtlicher Vergleich mit Günther Koch geschlossen war.[4] Diese Form der Rückerstattung – ein ebensolcher Vergleich wurde mit dem einstigen Ankäufer der Graphik geschlossen – konnte weder den einstigen Verlust ersetzen noch die Gräben zwischen Opfern und Begünstigten der „Arisierung" zuschütten; die teilweise Überstellung des ehemaligen Besitzes erleichterte lediglich den Wiederaufbau der Firma und das Anknüpfen an ihren einstigen Weltruhm. Fritz Rosenthal wies im März 1950 mit einer Anzeige

48
Ernst, Eve und Anneliese Rosenthal in Australien, 1958.

in einer Fachzeitschrift auf die Ankunft von 666 großen Kisten mit vielversprechendem Inhalt hin.[5]

Zeitlich sehr in die Länge zogen sich die Verfahren um die Rückerstattung des Privatbesitzes in Form von Grundstücken und Vermögen.[6] Dabei war nicht nur das ehemalige Eigentum von Norbert Rosenthal und seiner Frau zu berücksichtigen, sondern auch das seiner ebenfalls im KZ umgekommenen Geschwister Adolf und Lina. Als weiterer Anspruchsberechtigter trat hier der noch lebende Bruder Heinrich Rosenthal in der Schweiz auf. Noch bevor diese Verfahren abgeschlossen waren, starb Fritz Rosenthal am 28. Februar 1955 im Alter von nur 46 Jahren. Seine Kollegen betrauerten

den Verlust von einem „der be-
fähigsten und international angesehensten niederländischen Antiquare" und gedachten seiner
„hervorragenden menschlichen
Eigenschaften".[7] Die Leitung des
Antiquariats übernahm seine
Witwe Hilde nun alleine. Der
Familientradition folgend gab sie
1959 zum 100-jährigen Bestehen
der Firma den mit vielen Abbildungen versehenen Jubiläums-
katalog Nr. 204 heraus. Ihre
engagierte Tätigkeit würdigte
Walter Remy 1980 anlässlich
ihres 70. Geburtstages im Börsenblatt für den Deutschen Buchhandel: „Du hast dann nach dem
plötzlichen Tod Deines Mannes
[…] in ungebrochener Schaf-
fenskraft und bewunderungswür-
diger Energie Dein ganzes Leben
dem Hause Ludwig Rosenthal
gestellt und ihm durch Dein
Werk wieder die Weltgeltung
verschafft, die es bis zur Vernichtung auf deutschem Boden
fast 80 Jahre lang unangefochten
besaß."[8] Seit vielen Jahren leitet
nun schon die Tochter von Fritz
und Hilde Rosenthal, Edith
Petten-Rosenthal, die inzwischen
in Leidschendam ansässige tradi-
tionsreiche Firma.

49
Hilde Rosenthal an ihrem 70. Geburtstag, 1980. Atelier Dinge-
mans, Amsterdam.

50
Edith Petten-Rosenthal in Ludwig Rosenthal's Antiquariaat, 2001.
Aufnahme van den Bogaard.

Der Fortbestand der Münchner Firma Jacques Rosenthal nach 1945

Hans Koch, seit 1936 Inhaber der Firma Jacques Rosenthal, erhielt schon bald nach seiner Rückkehr aus Krieg und Gefangenschaft von den zuständigen Behörden die Genehmigung zur Weiterführung des Betriebes.[9] Dabei hatte er mit den Widrigkeiten eines durch Bombenschaden in Mitleidenschaft gezogenen Geschäftslokals und einer geschwächten Gesundheit zu kämpfen. Den durch die Kriegswirren unterbrochenen Briefwechsel mit seinem einstigen Chef nahm er baldmöglichst wieder auf.[10] Sehr schnell sah er sich mit den grundsätzlichen Bestrebungen der Militärregierung konfrontiert, ehemaliges jüdisches Eigentum den früheren Besitzern zurückzuerstatten. Das zwischen den Vertragspartnern von 1935 bestehende Vertrauensverhältnis ermöglichte jedoch eine intern erarbeitete gütliche Einigung, ohne dass Gerichte und andere Instanzen eingeschaltet werden mussten. Eine entsprechende Erklärung im Namen der ehemaligen Besitzer gab Bernard Rosenthal am 8. Oktober 1948[11] gegenüber der zuständigen amerikanischen Stelle in Bad Nauheim und am 15. Januar 1949 gegenüber der Wiedergutmachungsbehörde Oberbayern ab. Die nun getroffenen Vereinbarungen zwischen dem alten und dem neuen Firmeninhaber machten den Übergang des kompletten Lagers in den Besitz von Hans Koch rückgängig. Der entsprechende Passus im Vertrag von 1935, der „eine im Nazi-Deutschland erforderliche Konzession" darstellte, sollte keinen Bestand mehr haben.[12] Albi und Bernard Rosenthal als Vertreter ihres Vaters einerseits sowie Hans Koch andererseits arbeiteten einige Wochen daran, das noch vorhandene Lager neu aufzuteilen. Erwin Rosenthal kommentierte diesen Vorgang im Oktober 1950 folgendermaßen: „Es liegt mir daher am Herzen nochmals zu betonen, dass alles darauf abgezielt war, Ihnen zunächst einen normalen Lauf des Geschäftes zu sichern und auf weitere Sicht dann zu einer regeren Zusammenarbeit zu gelangen. Es war mir immer bewusst, dass Sie als Treuhänder und wahrhaft treuer Verwahrer ein moralisches Anrecht auf einen Teil der Firma besitzen, die ich auf Grund zerstörungssüchtiger Elemente verloren habe. Es war aber ein letzter Reinigungsprozess nötig, um jedes Ressentiment auf unserer Seite zu beseitigen. Dass ein solches noch bestand, ist klar. Einerseits ist es mir zwar gelungen, trotz aller Verluste mein Lebenswerk weiter zu führen, doch war eine neue Kapitalsbildung im Grösseren keineswegs mehr möglich. […] Ich kann natürlich nicht im einzelnen übersehen, ob nach Ihrer Meinung im einen oder andern Falle etwas milder hätte vorgegangen werden können – ich kann nur sagen, dass ich im Ganzen froh bin, unsere künftige Zusammenarbeit völlig unbeschattet zu wissen. […] Dass Sie sich während der jüngsten Arbeiten genau so menschlich bewährt haben wie durch alle Zeiten unserer Zusammenarbeit, dafür möchte ich Ihnen heute noch meinen tiefgefühlten Dank sagen."[13] Er gestand in diesem Schreiben seinem Nachfolger auch die Weiterführung des alten Firmennamens „Jacques Rosenthal" zu. Die Kontakte zwischen den beiden Familien beschränkten sich in den folgenden Jahrzehnten nicht nur auf geschäftliche Angelegenheiten, bei denen es immer wieder zur Zusammenarbeit kam[14], sondern blieben auch im privaten Bereich von freundschaftlicher Atmosphäre und hohem gegenseitigen Respekt gekennzeichnet.

Das Antiquariat Rosenthal-Dürr in München

Der Vollständigkeit halber sei hier das Antiquariat Rosenthal-Dürr erwähnt, das noch bis in die 1990er Jahre in München bestand. Es ging zurück auf die Gründung von Nathan Rosenthal, der ebenso wie sein Bruder Jacques bis 1895 im Antiquariat Ludwig Rosenthal tätig war und sich dann selbständig machte. Der als schüchtern und zurückhaltend beschriebene Antiquar[15] fand ein Geschäftslokal in der Schwanthalerstraße 75. Nach seinem Tod 1921 übernahm der adoptierte Sohn Ludwig Rosenthal-Dürr das Antiquariat, das jedoch nie so große Bedeutung erlangte wie die Häuser von Ludwig und Jacques Rosenthal. Im Jahr 1937 beschlagnahmte die Gestapo in allen Münchner Antiquariaten freimaurerische Schriften; von dieser Aktion war auch Ludwig Rosenthal-Dürr mit einem Bücherkonvolut im Wert von ungefähr 3.000 Reichsmark betroffen.[16] In den folgenden Jahren, vor allem dann während des Krieges, ging der Umsatz deutlich zurück.[17] Dafür mag einerseits die allgemein rückläufige Nachfrage nach antiquarischen Büchern, andererseits aber auch der jüdische Name eine Rolle gespielt haben. Das nach dem Krieg wiederbelebte Geschäft führte seit 1972 Arthur Rosenthal-Dürr in der Nachfolge seines Vaters.

Rosenthal'sche Antiquariate in der Schweiz

Heinrich Rosenthal, der jüngste Sohn von Ludwig Rosenthal, der schon frühzeitig sein Antiquariat aus München weg nach Luzern in die Schweiz verlegt hatte, führte sein Geschäft in bescheidenem, aber von einem hohen Qualitätssinn geprägten Rahmen durch die Jahrzehnte. Während des Krieges musste auch er große Verluste hinnehmen;

51
Heinrich Rosenthal, um 1950.

einerseits traf ihn persönlich der Tod seiner drei Geschwister im Konzentrationslager Theresienstadt, andererseits enthielten ihm die nationalsozialistischen Machthaber die ihm zustehenden Anteile an den Verkaufserlösen des Familienbesitzes in der Hildegardstraße und der Herrnstraße vor. Mit seiner durch die Gestapo am 22. Januar 1942 verfügten Ausbürgerung verfiel auch der ihm zustehende Erbanteil an dem Vermögen seiner kinderlosen Geschwister an das Reich.[18] Zusammen mit seinen Neffen beantragte er nach 1945 die Rückerstattung für die geraubten Vermögenswerte, die unter großem Aufwand einzeln nachzuweisen waren. Die Auszahlung der zuerkannten Wiedergutmachung erstreckte sich über viele Jahre. Seine Haltung gegenüber der Führung seines Antiquariates, die Erwin Rosenthal im Nachruf treffend charakterisierte, wurde durch die gerichtlichen Verhandlungen nicht beeinflusst: „Ihm lag alles Laute nicht. Auf äußere Ehrungen hatte er es nicht abgesehen. Er war auch kein Besucher von Kongressen und gesellschaftlichen Zusammenkünften. Er entfaltete seine Fähigkeiten in der Ruhe und bei emsigem Studium. So schuf er einen ganz persönlichen Rahmen für seine Firma, […].“[19] Sein Sohn Franz, der die Neigung seines Vaters und Großvaters geerbt hatte und als Nachfolger vorgesehen war, starb schon im Jahr 1956. Die Firma Heinrich Rosenthal erlosch deshalb mit dem Tod ihres Gründers am 31. Juli 1960.

L'Art Ancien in Zürich stand weiterhin sozusagen unter doppelter Führung. Der Gründer Erwin Rosenthal beeinflusste und dirigierte die Firmenpolitik aus dem fernen Kalifornien und bei seinen häufigen und ausgedehnten Besuchen in Europa. Alfred Frauendorfer leitete das Geschäft vor Ort. Schon während des Krieges hatte er im April 1941 die erste Auktion abhalten können.[20] Nach 1945 festigten aufsehenerregende Versteigerungen den internationalen Ruf von L'Art Ancien. So war es beispielsweise Erwin Rosenthal 1948 gelungen, in Kalifornien lebende und mit ihm befreundete Emigranten zu überzeugen, ihm ein oder mehrere Manuskripte ihrer Hauptwerke in Kommission zu geben. Die mit Autographen von Arnold Schönberg, Gustav Mahler, Thomas Mann und Igor Stravinsky bestrittene Versteigerung stellte eine Neuheit dar auf dem sich langsam wieder etablierenden internationalen Antiquariatsmarkt, denn erstmals nach dem Krieg kauften europäische Sammler aus amerikanischen Quellen.[21] Nach dem Rückzug und dem Tod von Alfred Frauendorfer übergab Erwin Rosenthal 1970 die Leitung dieser Firma seinem Sohn Felix, der nicht zuletzt aufgrund seiner bisherigen Berufstätigkeit als Architekt ein profundes kunsthistorisches Wissen mitbrachte und L'Art Ancien SA bis 1984 führte.

Erwin Rosenthal und sein Sohn Bernard in den Vereinigten Staaten

Seine während des Krieges zusammen mit Emil Offenbacher begonnene Firmentätigkeit in New York beendete Erwin Rosenthal bald wieder; er kehrte nach Kalifornien zurück und gründete unter eigenem Namen eine neue Firma, die er von seinem Haus in Berkeley aus betrieb. Hier baute er sich einen kleinen Kundenkreis anspruchsvoller Sammler auf, denen er immer wieder illustrierte Handschriften, frühe Drucke und qualitätvolle Graphikblätter anbieten konnte. So trug er beispielsweise erlesene Stücke zu der Sammlung mittelalterlicher Miniaturen bei, die der in den Vereinigten Staaten namhafte Bibliophile und Graphiksammler Lessing Rosenwald aufbaute. Die Miniaturensammlung ging später als Geschenk an die National Gallery of Art in Washington, D. C., und wurde dort 1975 ausgestellt. In seinem Vorwort zum Katalog benannte Lessing Rosenwald den unermüdlichen Antiquar als denjenigen, der die wesentlichsten Blätter aufgespürt und angeboten hatte, und bezeichnete die Ausstellung als „a testament to his taste and erudition".[22] Neben dem antiquarischen

52
Margherita Rosenthal, geb. Olschki, um 1970.

Handel nahm die wissenschaftliche Forschung einen immer breiteren Raum im beruflichen Leben von Erwin Rosenthal ein. Von seinen zahlreichen Publikationen können hier nur einige genannt, jedoch nicht ausführlich und angemessen gewürdigt werden. Folgt man den Aussagen seines Sohnes im Nachruf[23], dann enthielten „The changing concept of reality in art", erschienen 1962 in New York, und „The illuminations of the Vergilius Romanus", erschienen erst 1972 in Zürich, wichtige und ihm am Herzen liegende Forschungsergebnisse seiner in Kalifornien verbrachten Jahre. Allen seinen Publikationen, so auch dem

53
Bernard Rosenthal am Fenster seines ersten Antiquariats in New York, 1958.

Band „Contemporary Art in the Light of History"[24], ist seine hohe Wertschätzung für die Ausstattung der Bücher im Hinblick auf das Papier, die Typographie, die Illustrationen und die Titelgestaltung anzusehen. Von seiner allen künstlerischen Ausdrucksformen zugewandten Vielseitigkeit zeugen darüber hinaus etliche Thea-

54
Bernard Rosenthal, umgeben von einem Teil seiner Handbibliothek, in seinem Antiquariat in San Francisco, um 1982.

terstücke aus seiner Feder, von denen auch einige zur Aufführung kamen. Im Jahr 1958 kehrten Erwin und Margherita Rosenthal nach Europa zurück. Sie verbrachten zwei weitere gemeinsame Jahrzehnte in Lugano. Margherita Rosenthal starb 1979, Erwin zwei Jahre später im Alter von 92 Jahren am 28. August 1981.

Der jüngste Sohn Bernard verbrachte seine Studienjahre in Berkeley und reiste dann als amerikanischer GI nach Europa. In den Nachkriegsjahren arbeitete er im Auftrag des US-Wirtschaftsministeriums in Deutschland sowie als Dolmetscher beim Alliierten Kontrollrat;[25] zur gleichen Zeit regelte er als Bevollmächtigter seines Vaters die Rückerstattungsangelegenheiten seiner Familie. Anschließend wandte auch er sich dem Antiquariatsgeschäft zu. Im Jahr 1953 gründete er die Firma Bernard M. Rosenthal, Inc., in New York City[26] und gab im Jahr darauf seinen Katalog Nr. 1 heraus, dem viele weitere Kataloge und Verkaufslisten folgten. Der Familientradition gemäß galt sein großes Interesse Handschriften, Inkunabeln und frühen Drucken. So konnte er beispielsweise 1957 einen 76 Nummern umfassenden Katalog mit Inkunabeln herausgeben, die er auf ungewöhnliche Weise beschrieb: „In order to prepare these descriptions, we have committed the cardinal sin of the bookseller: we have *read* most of these books, or at least we have read *in* them, an unpardonable and economically quite ridiculous procedure which has, however, brought some surprising results [...]."[27] Pseudonyme konnten aufgelöst und falsche Zuschreibungen berichtigt werden. Dieser Katalog Nr. 6 blieb nicht der einzige, der reich illustriert war und Ankündigungen früher Drucke und Manuskripte enthielt; der Schwerpunkt von Bernard Rosenthals beruflicher Tätigkeit lag und liegt jedoch ganz generell auf dem Handel mit antiquarischen Büchern und Texten – seien es mittelalterliche oder modernere –, die nicht in aktuellen Ausgaben vorliegen und von Wissenschaftlern für ihre Forschungsarbeit benötigt werden. Im Jahr 1970 zog er mit seiner heute noch bestehenden Firma nach Berkeley in Kalifornien um.

Albi Rosenthal in Oxford

55
Albi Rosenthal (l.) mit Dr. Maurice Ettinghausen, September 1953 in Oxford.

Albi Rosenthal, dem ältesten Sohn von Erwin und Margherita Rosenthal, gelang in Oxford die Etablierung eines gefragten Antiquariates, mit dem er sich bald auf Musikautographen spezialisierte. Nicht ohne Stolz stellt er in Erinnerungen damit die Verbindung zu seinem Großvater Jacques her, dessen erster eigenständiger Katalog 1895 ganz der Musik gewidmet war.[28] In Maurice Ettinghausen fand er einen erfahrenen Kollegen als Partner, der schon in München bei Ludwig Rosenthal gearbeitet hatte und dessen Neigung vor allem spanischen und portugiesischen Büchern galt. Im Jahr 1955 erwarb Albi Rosenthal von Otto Haas dessen in London ansässiges Musikantiquariat, das ursprünglich aus dem traditionsreichen und bedeutenden Berliner Antiquariat Leo Liepmannssohn[29] hervorgegangen war. Albi Rosenthals Liebe zur Musik – er spielte jahrzehntelang Geige im Universitätsorchester von Oxford – ließ ihn nicht nur eigene Sammlungen aufbauen, sondern führte ihn auch in den Stiftungsrat der Paul-Sacher-Stiftung in Basel, eine Funktion, die er heute noch ausübt. Die Stiftung widmet sich dem Sammeln und Bewahren von Musikhandschriften und anderen Dokumenten bedeutender Musiker, die der Öffentlichkeit zu Forschungszwecken zur Verfügung gestellt werden.[30] Die Firma A. Rosenthal Ltd. wird heute von Albis Tochter Julia Rosenthal geführt.

ANMERKUNGEN:

1   Gumbert, H. L.: Fritz Rosenthal †, in: Das Antiquariat, 11. Jg. Nr. 7/8, Wien, April 1955, S. 1.
2   Privatbesitz Petten-Rosenthal, Catalogue 190, Ludwig Rosenthal's Antiquariaat, Eemenesserweg 290, Hilversum.
3   StAM, BFD 886, verschiedene Schreiben von Günther Koch.
4   Ebd.
5   Privatbesitz Petten-Rosenthal, Zeitungsausschnitt: „It gives us great pleasure to be able to inform you that, thanks chiefly to the energetic help of the U. S. Occupation Authorities at Munich, and particularly of the efforts of Mr. Munsing, Chief of the Art Collecting Point and also of Mr. Breitenbach, of the same Bureau, we have been successful in recovering a considerable part of our former very extensive stock of old books and prints."
6   OFD Nürnberg, BIII 627 Rü 2741 Erbengemeinschaft nach Norbert Nathan und Johanna Rosenthal Ia 6103; BIII 585 Aktenzeichen O 5205, Lina Rosenthal; BIII 627 Rü 3756 Erbengemeinschaft nach Adolf Rosenthal, I / N 650.
7   Gumbert, Fritz Rosenthal †, S. 1.
8   Remy, Walter: Hilde Rosenthal zum 70. Geburtstag, in: Börsenblatt für den Deutschen Buchhandel – Frankfurter Ausgabe – Nr. 63 vom 29. Juli 1980, S. A 327–329, hier: S. A 328.
9   NL Hans Koch, Mappe 5, Militärregierung Deutschland, Urkunde der Registrierung vom 11. September 1945.
10 NL Hans Koch, Mappe 2, ausführliches Schreiben von Hans Koch an Erwin Rosenthal, August/September 1945, Durchschlag.

11 NL Hans Koch, Mappe 10, Kopie.

12 NL Hans Koch, Mappe 5, Erläuterungen zum Vertrag vom 28. Dezember 1935; Erklärung vom 10. Mai 1950, unterschrieben in Zürich und bestätigt vom amerikanischen Konsulat; Vereinbarung vom 23. August 1950, unterschrieben von Hans Koch und Bernard M. Rosenthal.

13 NL Hans Koch, Mappe 5, Schreiben von Erwin Rosenthal an Hans Koch vom 5. Oktober 1950.

14 NL Hans Koch, Ordner 6, Briefwechsel aus den 1950er bis 1970er Jahren. Weiteres über die Firma Jacques Rosenthal unter Hans Koch in dem Beitrag von Jens Koch in diesem Band.

15 Rosenthal, Bernard: Cartel, Clan, or Dynasty? The Olschkis and the Rosenthals 1859–1976, in: Harvard Library Bulletin, Volume XXV No. 4, October 1977, S. 384.

16 OFD Nürnberg, A 391/741 Ludwig Rosenthal-Dürr, Schreiben an das Zentral-Anmeldeamt Bad Nauheim vom 28. Dezember 1948.

17 Bayerisches Wirtschaftsarchiv, IHK XVA 10c, 315. Akt, Fall 20; Schreiben an das Amtsgericht, Registergericht, vom 30. Juli 1941.

18 OFD Nürnberg, BIII 585, Aktenzeichen 05205, Schreiben des Oberfinanzpräsidenten München vom 1. Juni 1943; sowie Aktenzeichen O5210, Schreiben der Gestapo München an den Oberfinanzpräsidenten Berlin vom 22. Januar 1942.

19 Nachruf auf Heinrich Rosenthal, verfasst von E. R. (= Erwin Rosenthal); Kopie überlassen von Charles Rosenthal.

20 Seebaß, Adolf: Zum achtzigsten Geburtstage Dr. Erwin Rosenthals am 9. April 1969, in: Börsenblatt für den Deutschen Buchhandel, Frankfurter Ausgabe, Nr. 29 vom 11. April 1969.

21 Rosenthal, Bernard: Erwin Rosenthal, 1889–1981, masch. Manuskript, Warburg-Haus Hamburg, Materialsammlung Bernard Rosenthal, S. 6. Zu den Auktionen bei L'Art Ancien vgl. auch: Nebehay, Christian M.: Das Glück auf dieser Welt. Erinnerungen, Wien o. J. (1994), S. 205–207. Privatbesitz Albi Rosenthal: Kostbare Autographen der Neueren Musik und Literatur. Versteigerungskatalog, L'Art Ancien, Zürich 1948.

22 Rosenthal, Bernard: Erwin Rosenthal, S. 9 f. Hier auch viele weitere Beispiele von Sammlern, mit denen Erwin Rosenthal während seiner Jahre in Kalifornien in engem Kontakt stand.

23 Ebd., S. 5. Aufzählung der Publikationen bei: Seebaß, Adolf: Zum achtzigsten Geburtstange, 1969; sowie: Wendland, Ulrike: Biographisches Handbuch deutschsprachiger Kunsthistoriker im Exil. Leben und Werk der unter dem Nationalsozialismus verfolgten und vertriebenen Wissenschaftler, Teil 2, München 1999, S. 573 f.

24 Rosenthal, Erwin: Contemporary Art in the Light of History, New York 1971; Privatsammlung Bernard Rosenthal.

25 Biographisches Handbuch der deutschsprachigen Emigration nach 1933, München u. a. 1980, S. 616.

26 Rosenthal, Bernard: Cartel, Clan, or Dynasty? The Olschkis and the Rosenthals 1859–1976, in: Harvard Library Bulletin, Volume XXV, Number 4, October 1977, S. 381–398, hier S. 390.

27 StadtAM, NL Jacques Rosenthal 2, Rosenthal, Bernard: Catalogue VI. A Selection of Incunabula considered chiefly as Texts, New York 1957, Introduction.

28 Rosenthal, Albi: The ‚Music Antiquarian‘, in: ders.: Obiter Scripta. Essays, Lectures, Articles, Interviews and Reviews on Music, and other subjects, Oxford 2000, S. 6–18, hier S. 17.

29 Leo Liepmannssohn hatte 1874 das erste Fachantiquariat für Musik in Berlin gegründet, das bald internationale Bedeutung besaß. 1903 übernahm der ehemalige Angestellte Otto Haas das Antiquariat; nach seiner Emigration begründete er es 1936 neu unter eigenem Namen. Rosenthal, Albi: Die Lagerkataloge des Musikantiquariats Leo Liepmannssohn (1866–1935), in: ders.: Obiter Scripta, S. 314–332.

30 Rosenthal, Albi: Entstehung und Ziel der Paul Sacher Stiftung, in: ders.: Obiter Scripta, S. 269–272.

Anhang

Kataloge und Listen des Antiquariats Ludwig Rosenthal
(1864–1937)

1. Katholische Theologie. Anhang: Manuskripte und Marienliteratur. 3.000 Nummern. 1864.
2. Protestantische Theologie. 1864/65.
3. Titel nicht ermittelt.
4. Protestantische Theologie. Autotypen Luthers, seiner Zeitgenossen und Gegner. Geschichte der Reformation, der Religionskriege und der Mission. Satyrische Schriften, Schriften gegen das Papsttum und die Gesellschaft Jesu. Biblische Literatur und Bilderwerke. Orientalia. Geistliche Lieder, Totentänze. 1869. 210 S.
5. Unterhaltungsschriften und Anhang. 70 S.
6. Théologie Catholique. La Sainte Bible et ses parties. Figures de la Bible. Danse des morts. Heures. Livres concernant la Sainte Passion. Pologne, Russie et l'église Grecque. Histoire de l'église. Gravures et portraits. Livres concernant la Sainte Vièrge. Ouvrages relatifs à la Compagnie de Jésus Manuscrits. 1871. 256 S.
7. L'Amérique, l'Asie, l'Afrique, les Terres Australe. Algérie, Brésil. Cartes géographiques et vues, Grönlande, Missions, Portraits. Robinsonades. Terre sainte. 1.065 Nummern. 1870. 62 S.
8. Bibliotheca Slavica. Böhmen, Polen, Pommern, Preussen, Rumänien, Russland, Schlesien, Türkei, Ungarn. Autographen und Manuskripte, Städteansichten und Karten. Portraits. Meist aus dem Nachlass des Reichsrats Karl Maria von Aretin. 2.574 Nummern. 1871.
9. Genealogie, Heraldik, Diplomatik, Numismatik. Meist aus dem Nachlass des Reichsrats Karl Maria von Aretin. Abteilung I: Aufzüge. Diplome. Duelle. Fechtkunst. Festlichkeiten. Gelegenheitsschriften, weltliche und geistliche Orden. Reitkunst. Stammbücher. Turniere. Trachten Sitten. Gebräuche. Numismatik. 1.487 Nummern. 1871. 87 S.
10. Autographen und Porträts aus dem Nachlass Aretin.
11. Aeltere und neuere Ornamentbücher und Stiche aller Kunstschulen, Schreib- und Zeichenbücher, Architectur und Archäologie. 946 Nummern. 1872. 52 S.
12. Abteilung I: Neuere deutsche Bellestristik u. Jugendschriften. 1872. 72 S.

Abteilung II: Neuere Unterhaltungsliteratur und Jugendschriften aus dem Gebiete der französischen, englischen und italienischen Sprache. 1872. S. 74–92.

13. Ältere Werke aus den Gebieten der Chemie, Alchemie. 1872. 76 S.

14. Bibliotheca Britannica. England und seine Kolonien. 1872. 112 S.

15. Bibliotheca philologica. Klassische Philologie und Altertumskunde. 1873. 140 S.

16. Bibliotheca magica et pneumatica. Geheime Wissenschaften. 1873. 70 S.

17. Katholische Theologie in deutscher Sprache. 1873. 162 S.

18. Bibliotheca Jesuitica et anti-Jesuitica. Werke aus allen Wissenschaften, deren Verfasser dem Jesuitenorden angehört haben. 1873. 126 S.

19. Deutschland und Frankreich im gegenseitigen Kampfe.
Teil 1: Geschichte, Geographie und Topographie von Elsass und Lothringen. Ca. 1873. 168 S.

20. Geschichte der Französischen Revolution.
Teil 1: Autographen. 176 S.
Teil 2: Porträts. S. 178–214.

21. Neuere Belletristik und Unterhaltungsliteratur 1800–1875.
Teil 1: Neuere deutsche Belletristik. 114 S.
Teil 2: Neuere ausländische Belletristik. Ca. 1875. S. 116–156.

22. Bibliotheca catholico theologica. A–Z et Suppléments. Ca. 1874. 452 S.

23.–25. Titel nicht ermittelt.

26. Bibliotheca musica, theatralis, saltatoria. Ca. 1878. 249 S.

27. Bibliotheca Turciso–Hungarica.
Manuscrits. Livres imprímés. Feuilles volantes historiques. Ca. 1879. 118 S.

28. Bibliotheca catholico theologica.
Teil 1: A–L. 209 S.
Teil 2: M–Z. Ca. 1879. S. 210–385.

29.–30. Titel nicht ermittelt.

31. Bibliotheca scholastica, philosophica et dogmatica. Les Ouvrages. Commentateurs. Adversaires etc. Ca. 1880. 179 S.

32.–34. Titel nicht ermittelt.

35. Bibliotheca catholico theologica. Supplément de nos catalogues 22, 28, 31, 34. Ca. 1881. 134 S.

36. Supplément de nos catalogues. Ca. 1882. 170 S.

37. Katholische Theologie in deutscher Sprache. Ca. 1882. 258 S.

38. Bibliotheca lutherana. 1883. 146 S.

39. Seltene und wichtige Werke aus allen Fächern. Mit fünf Tafeln. Ca. 1884. 130 S.
40. Bibliotheca carthusiana. 1884. 88 S.
41. Bibliotheca catholico theologica. Ca. 1885. 548 S.
42. Seltene und wichtige Werke aus allen Fächern. Mit 15 Tafeln. 1886. 194 S.
43. Medizin seit dem Jahre 1800. Ca. 1886. 50 S.
44. Alte Medizin bis 1799. Ca. 1886. 70 S.
45. Geheime Wissenschaften. Bibliotheca magica et pneumatica. Ca. 1886. 148 S.
46. L'Amerique, l'Asie, l'Afrique, les Terres Australes. Histoire et geographie. Ca. 1886. 241 S.
47. Genealogie und Heraldik. Abt. 1: Allgemeine Genealogie und Heraldik. Ca. 1887. 234 S.
48. Genealogie und Heraldik. Abt. 2: Geburts-, Krönungs- und Leichenfeierlichkeiten. Ca. 1887. 122 S.
49. Bibliotheca catholico theologica. Ca. 1888. 447 S.
    Bibliotheca slavica III. Polen. Ca. 1888. S. 267–436.
50. Astronomie und Astrologie. Ca. 1888. 57 S.
    Bibliotheca slavica:
51. Partie 1: Les pays Slaves en général. Ca. 1888. 41 S.
52. Partie 2: La Boheme et la Moravie. Ca. 1888. 81 S.
53. Partie 3: La Pologne et la Lithuarie. Ca. 1888. 129 S.
54. Partie 4: La Russie. Ca. 1888. 41 S.
55. Partie 5: Les pays Slaves du sud. Ca. 1888. 42 S.
56. Titel nicht ermittelt.
57. Partie 7: Iconographie de la Pologne. Ca. 1888. 41 S.
58. Partie 8: Iconographie de la Russie. Ca. 1888. 58 S.
59. Beaux arts. Ornements. Livres à figures. Ca. 1889. 208 S.
60. Bibliotheca catholico theologica. Ca. 1889. 319 S.
61. Katholische Theologie in deutscher Sprache.
62. Bibliotheca catholico theologica. II. Nouvelles acquisitions. Ca. 1889. 186 S.
63. Alte Medizin bis 1799. Ca. 1890. 74 S.
64. Bibliotheca catholico theologica. Ca. 1890. 122 S.
65. Auswahl seltener Werke aus der älteren deutschen Sprache und Literatur. Ca. 1889. 146 S.
66. Alsace, Amerique, Afrique etc. Ca. 1890. 66 S.
67. Beaux arts equitation. Chasse. Ca. 1891. 78 S.

68. Ouvrages rares et curieux en tous genres. Ca. 1891. 98 S.

69. Ornamentik Kunstgewerbe. Mit 60 Illustrationen. 1918 Nummern. Ca. 1892. 186 S.

70. Bibliotheca evangelico theologica. Protestantische Theologie. Pars 1–3, Pars 5. Ca. 1891. Nummer 1–2.022.

71. Bibliotheca catholico theologica. Ca. 1891. 111 S.

72. Erasmus von Rotterdam. Schriften von ihm und über ihn. Ca. 1892. 32 S.

73. Ullrich von Hutten. Ca. 1892. 18 S.

74. Bibliotheca janseniana. Ouvrages des Jansenistes. Ouvrages sin le Jansenisme. Jansenismus. 547 Nummern. Ca. 1892. 38 S.

75. Indices, librorum prohibitorum et expurgatorum. Inquisitio. Ca. 1892. 16 S.

76. Kirchenordnungen, Agenden etc. 157 Nummern. Ca. 1892, 16 S.

77. Luthers Schriften. 608 Nummern. Ca. 1892. 41 S.

78. Bibliotheca melanchthoniana. Schriften von und über Melanchthon. 621 Nummern. Ca. 1892. 44 S.

79. Reformation française. Ca. 1892. 98 S.

80. Bibliotheca catholico theologica. Ca. 1892. 113 S.

81. Imitation Christi. Ca. 1892. 48 S.

82. Schriften von und über Ignatius Loyola. Saint Ignatius Loyola. Exercitia spiritualia. 840 Nummern. Ca. 1892. 42 S.

83. Geheime Wissenschaften. Bibliotheca magica et pneumatica. Abt. 1. Ca.1892. 114 S. Occult Sciences. Ca. 1892. 236 S.

84. Titel nicht ermittelt.

85. Choix de portraits rares et precieux. Ca. 1892. 113 S.

86. Bibliotheca Mariana. Marienliteratur. Ca. 1893. 128 S.

87. Flugblätter des 16. Jahrhunderts. Historischer Bilderatlas. Verzeichnis einer Sammlung von Einzelblättern zur Kultur- und Staatengeschichte. Abt. 1 bis 2. Jahr: 1600. 1894. S. 1–52.

88. Astronomie et Astrologie. Astronomie und Astrologie. Zugleich Nachtrag zu Katalog Nummer 50. Ca. 1894. 82 S.

89. Bibliotheca catholico theologica. Ca. 1894. 112 S.

90. Incunabula xylographica et chalcographica. Mit 112 Illustrationen. 233 Nummern. Ca. 1892. 61 S.
    I. Bilderhandschriften
    II. Reiberdrucke und Holzschnitte
    III. Blockbücher

IV. Schrotblätter

 V. Teigdrucke

 VI. Niellen

 VII. Metallschnitte und Kupferstiche

 VIII. Bücher mit Illustrationen

91. Titel nicht ermittelt.

92. Bibliotheca catholico theologica. Katholische Theologie in allen Sprachen mit Ausnahme der deutschen. Ca. 1895. 50 S.

93. Alte Medizin. Zugleich Nachtrag zu Katalog XLIV. Ca. 1896. 102 S.

94. Medizin seit dem Jahre 1800. Supp. zu Kat. XLIII. Ca. 1897. 18 S.

95. Bibliotheca catholico theologica. Katholische Theologie in allen Sprachen mit Ausnahme der deutschen. Ca. 1899. 121 S.

96. Genealogie und Heraldik. 2.155 Nummern. Ca. 1900. 97 S.

97. Verzeichnis einer reichhaltigen und wertvollen Sammlung von Joh. El. Ridinger Stichen. Jagd. Sport. Ca. 1900. 17 S.

98. Bibliotheca catholico theologica. 21 nouvelles acquisitions. Katholische Theologie in allen Sprachen mit Ausnahme der deutschen. Ca. 1900. 168 S.

99. Titel nicht ermittelt.

100. Seltene und kostbare Werke aus allen Fächern: Manuscripte, Incunabeln, Holz- und Metallschnittwerke, Liturgie, Ornamentik, Musik, Americana, Bibliothekswerke (dreisprachig). Mit 126 Illustrationen und Faksimiles. 2.027 Nummern. [1900]. 384 S.

101. Ungarn, Transsylvanien. Die südslawischen Länder. Die Türkenkriege. 2.525 Nummern. Ca. 1900. 194 S.

102. Bibliotheca catholico theologica. Ca. 1900. 256 S.

103. Böhmen und Mähren. 1.591 Nummern. Ca. 1900. 124 S.

104. Frühe Zeitungen. Relationen u. Flugblätter des 15.–18. Jahrhunderts. 618 Nummern. Ca. 1901. 72 S.

105. Inkunabeln. Wiegendrucke und Bibliographie der vor 1501 gedruckten Bücher. Incunabula typographica. Mit 48 Illustrationen. 2.002 Nummern. 1903. 272 S.

106. Bibliotheca catholico theologica. Katholische Theologie in allen Sprachen mit Ausnahme der deutschen.

 1. Teil: Ca. 1904. 82 S.

 2. Teil: Ca. 1904. S. 83–164.

 3. Teil: Hemertius – Maraon. S. 166–246.

4. Teil: Marca – Rosellis. S. 248–328.

5. Teil: Rosellis – Zweissig, et supplément. S. 330–410.

107. Polen und Litauen. 2.042 Nummern. Ca. 1904. 154 S.

108. Russland. 1.343 Nummern. Ca. 1905. 98 S.

109. Orientalische Kirche. 236 Nummern. Ca. 1905. 18 S.

110. Dänemark. Schweden. Norwegen. Schleswig-Holstein bis 1864. 2.944 Nummern. Ca. 1905. 178 S.

111. Seltene und kostbare Bücher. Mit 33 Illustrationen. 2.043 Nummern. Ca. 1905. 256 S.

112. Adels-Portraits. 3.022 Nummern. Ca. 1905. 98 S.

113. Deutsche Sprachdenkmäler und deutsche Literatur bis 1750. 2.588 Nummern. Ca. 1905. 210 S.

114. Deutsche Literatur und Übersetzungen von der Mitte des 18. Jahrhunderts bis zur Gegenwart. 3.017 Nummern.

115. Americana. North-, Central- and Southamerica. Ca. 1906. 116 S.

116. Incunables espagnols. Ca. 1907. 15 S.

117. Titel nicht ermittelt.

118. Shakespeare. His works, his time, his influence. Totentänze. Emblemenbücher. 603 Nummern. Ca. 1908. 45 S.

119. Genealogie und Heraldik. 3.323 Nummern. Ca. 1908. 291 S.

120. Manuscripts. Handschriften. (800–1500). 344 Nummern. 1909. 41 S.

121. Musik. Kirchengesang. Weltliche Musik. Alte seltene Musikwerke. Autographen. Manuskripte: Mozart, Wagner, List. 1916. 146 S.

122. Alte Medizin bis 1799. 3.010 Nummern. Ca. 1909. 178 S.

123. Titel nicht ermittelt.

124. Portrait-Katalog: Dichter. Musiker. Komponisten. Schauspieler. 2.025 Nummern. Ca. 1909. 84 S.

125. Spanische Literatur und Geschichte. (15. und 16. Jahrhundert). Spanish literature and history. 400 Nummern. Ca. 1909. 34 S.

126. Bücher in spanischer Sprache. (15. bis 19. Jahrhundert). Livres en langue espagnole. 499 Nummern. Ca. 1909. 41 S.

127. Bäderschriften. Anhang: Ansichten von Kurorten und Bädern. 509 Nummern. Ca. 1909. 24 S.

128. Medizin des 19. Jahrhunderts. 1.854 Nummern. Ca. 1909. 79 S.

129. Ärzte-Porträts. Autographen. Karikaturen. Stiche. 1.005 Nummern. Ca. 1909. 53 S.

130a. – Seltene Wiegendrucke. Handschriften. Musiker-Autographen. Erd- und Himmelsgloben. Herausgegeben anlässlich des 50jährigen Bestehens der Firma Ludwig Rosenthal's Antiquariat. 160 Nummern. 1909. 48 S.

130b. – A Collection of Choice Manuskripts, Incunables, Books of Hours, Maps, Music Autographs, Woodcut Books. In commemoration of the 50th anniversary of Ludwig Rosenthal's Antiquarian Book store. 160 Nummern. Mit 40 Illustrationen. München 1909. 48 S.

131. Incunables espagnols. 56 und 1 Nummer. Ca. 1909. 12 S.

132. Almanache. Kalender. Taschenbücher. Anhang: Kalenderkupfer. 1.190 Nummern. Ca. 1909. 72 S.

133. Bavarica. Bücher. Autographen und Urkunden zur bayerischen Volks- und Landeskunde. Ansichten, Karten und Flugblätter. Porträts. Handzeichnungen bayerischer Künstler. 7.603 Nummern. 1909. 446 S.

134. Österreichisch-Ungarische Ansichten. Pläne, Karten und Flugblätter. 1.332 Nummern. Ca. 1910. 64 S.

135. Manuskripte. Inkunabeln. Holzschnitt- und Kupferwerke und andere Kostbarkeiten. Mit 135 Illustrationen. 2.595 Nummern.
Teil 1: A–L. Mit 91 Abbildungen und 15 Tafeln. 1910. 252 S.
Teil 2: M–Z. Mit 44 Abbildungen und 10 Tafeln. 1914. S. 253–456.

136. Bibliographie. 1910. 176 S.

137. Spanische Inkunabeln. Incunables espagnols. Mit 12 Illustrationen. 58 Nummern. Ca. 1914. 18 S.

138. Genuss- und Nahrungsmittel. Bier. Wein. Branntwein. Kaffee. Tee. Kakao. Schokolade. Kochbücher. Tabak. Zucker. 787 Nummern. Ca. 1914. 52 S.

139.–140. Titel nicht ermittelt.

141. Katholische Theologie in deutscher Sprache. 3.698 Nummern. Ca. 1911. 223 S.

142. Deutsche Literatur ab 1750 bis zur Gegenwart. 4.170 Nummern. 1910. 206 S.

143. Preussische Ansichten. Karten. Schlachtenpläne. Flugblätter. Allgemeine topographische Werke und Atlanten. 2.109 Nummern. 1910. 118 S.

144. Deutsche Länder- und Städtegeschichte mit Ausschluß von Bayern. 3.652 Nummern. 1911. 230 S.

145. Zur Geschichte der Kunst. 3.308 Nummern. Ca. 1911. 213 S.

146. Napoleon und seine Zeit. Die französische Revolution. Freiheitskriege. 3.215 Nummern. 1912. 144 S.

147. A catalogue of rare and old books in the English language. Ca. 1912. 175 S.

148. Deutsche Literatur seit Gottsched bis zur Gegenwart. 2.094 Nummern. Ca. 1912. 104 S.
149. Catalogue raisonné de livres anciens francais. 5.800 Nummern. 1913. 468 S.
150. Bibliotheca liturgica catholica. 4.311 Nummern.
Pars I. 1912, 76 S.
Pars II. 1913, S. 77–318.
151. Hebräische Inkunabeln 1475–1496. Mit 33 Faksimiles. 68 Nummern. 1912. 45 S.
152. Luftschifffahrt. Aeronautics. L'Aeronautique. 1503–1913. Mit 8 Faksimiles. 1.233 Nummern. Ca. 1914. 95 S.
153. Alte und neue Musik. 2791 Nummern. 1914. 208 S.
154. Nicht erschienen.
155. Handschriften und Miniaturen aus Europa, Asien und Afrika. 8.–19. Jahrhundert (auch mit französischen und englischen Titeln). Mit 43 Faksimiles. 596 Nummern. 1914. 99 S.
156. – 159. Nicht erschienen.
160. Plantin-Drucke. 290 Nummern. Ca. 1924. 16 S.
161. Helvetica. Teil 1: Bücher die Schweiz betreffend. 856 Nummern. Ca. 1924. 58 S.
162. Katechismen und Literatur über den Katechismus. 378 Nummern. Ca. 1924. 27 S.
163. Geographie. Kartographie. Reisewerke. Ansichten. 1.250 Nummern. Ca. 1924. 105 S.
164. Inkunabeln. Wiegendrucke bis 1500. Mit zwei Faksimiles. 419 Nummern. Ca. 1925. 68 S.
165. Americana. 399 Nummern. Ca. 1926. 32 S.
166. Americana. (Fortsetzung). 1647 Nummern. Ca. 1926. 128 S.
167. Seltene und kostbare Werke, Manuskripte, Inkunabeln, illustrierte Werke. Reformationszeitalter. Kunst. Holzschnitte. Kupferstiche. Handzeichnungen. Mit neun Tafeln. 1.812 Nummern. 1927. 250 S.
168. Mathematik. Astronomie. Astrologie. Porträts von Mathematikern und Astronomen. 1.466 Nummern. 1928. 106 S.
169. Inkunabeln. (Nachtrag zu Katalog 164: Inkunabeln). 137 Nummern. 1928. 34 S.
170. Die Niederlande, Belgien und Luxemburg. Les Pays-Bas, la Belgique, le Luxembourg. The Netherlands, Belgium and Luxembourg.
Pars 1: A–K. 1928, 88 S.
Pars 2: L–Z. 2.435 Nummern. 1928. S. 89–190.
171. Die Niederlande, Belgien und Luxemburg. Ansichten. Pläne. Karten. Mit vier Tafeln. 1.075 Nummern. 1929. 56 S.

172. Die Niederlande, Belgien und Luxemburg. Porträts. Mit drei Tafeln. 688 Nummern. 1929. 31 S.

173. Nicht erschienen.

174. Böhmen und Mähren. Geschichte und Geographie. Mit sechs Tafeln. 1.217 Nummern. Ca. 1930. 90 S.

175. Alte Medizin bis zum Jahre 1800. 2.433 Nummern. Ca. 1930. 134 S.

176. Alte und neue Medizin. Enthält u. a. die Bibliothek des Prof. Dr. med. Sam. Christ. Lucae (1787–1821). 3.367 Nummern. 1930. 167 S.

177. Alte geographische Atlanten, mit einem Anhang: topographische Werke. Old geopraphical atlases, with appendix: topographical works. Mit vier Illustrationen. 268 Nummern. 1931. 50 S.

178. Alte und neue Medizin. Neuerwerbungen. Old and modern medicine. Recent acquisitions. 1931. 46 S.

179. Nicht erschienen.

180. Bibliographie. 1.930 Nummern. Ca. 1933. 122 S.

181. Nicht erschienen.

182. Seltene Kartographie, mit einem Anhang: Alte geographische Atlanten. Rare maps and charts. (Neuerwerbungen). Nachtrag zu Katalog 177. Mit drei Tafeln. 272 Nummern. 1933. 46 S.

183. Katholische Theologie in allen Sprachen mit Ausnahme der deutschen. Pars 1: A–L. 1934. 107 S.
Pars 2: M–Z. (Nachtrag). 2.411 Nummern. 1934. 208 S.

184. Bayerische Ansichten, Karten, Pläne und Flugblätter. 1935. 102 S.

185. Bavarica. Bücher. Handschriften. Autographen. Urkunden. Flugblätter. Supplement zu Katalog 133. Mit drei Tafeln. 1937. 146 S.

186. Interesting old books. 1937. 63 S.

Kataloge und Listen des Antiquariats Jacques Rosenthal (1895–1940)

1. Musik. Theorie und Praxis, Kirchen- und Hausmusik vom 15.–18. Jahrhundert. 758 Nummern. 1895. 54 S.
2. Scriptores mathematici. Index librorum a saeculo XV. usque ad saeculum XVIII. conscriptorum. 418 Nummern. 1895. 22 S.
3. Japan und China vom 16.–18. Jahrhundert. 333 Nummern. 1895. 24 S.
4. Porträts von Musikern und Schauspielern. Nicht erschienen.
5. Adels-Porträts. Nicht erschienen.
6. Bibliotheca Americana. Nicht erschienen.
7. Bulletin annuel. Literatur. Literarische Seltenheiten, Bibliothekswerke. 1.559 Nummern. 1896. 193 S.
8. Theater. Nicht erschienen.
9. Graphik. Nicht erschienen.
10. Bibliotheca biblica. Editiones bibliorum et eorum commentarii. 644 Nummern. 1896. 44 S. (= Bibliotheca catholico-theologica. Pars prima).
11. Protestantische Theologie. Nicht erschienen.
12. Bibliotheca scholastico-philosophico-dogmatica. 1.505 Nummern. 1895. 86 S. (= Bibliotheca catholico-theologica. Pars secunda).
13. Nicht erschienen.
14. Bibliotheca liturgica. 1.161 Nummern. 1896. 96 S. (= Bibliotheca catholico-theologica. Pars tertia).
15. Bibliotheca homiletica. 1.098 Nummern. 1896 (= Bibliotheca catholico-theologica. Pars quarta).
16. Bibliotheca mystico-ascetia. 1.556 Nummern. 1897. 98 S. (= Bibliotheca catholico-theologica. Pars quinta)
17. Bibliotheca historico-ecclesiastica I. 2.604 Nummern. 1899. 179 S. (= Bibliotheca catholico-theologica. Pars sexta/1).
18. Seltene und wertvolle Bücher, Manuskripte und Einbände. 1.739 Nummern. 1899. 217 S. (davon erschien eine Sonderausgabe mit sieben Tafeln).
19. Acquisitiones novae, Theologia scholastica et mystica. Libri liturgi. 1.299 Nummern. 1898. 90 S. (= Bibliotheca catholico-theologica. Pars septima).

20. Bibliotheca historico-ecclesiastica II. (Historia missionum. Palaestina, Ecclesia graeca et orientaliis). 703 Nummern. 1899. 56 S.

21. Porträts. 2.232 Nummern. 1899. 130 S.

22. Alte Medizin – Médecine ancienne – Old Medecine. 1.001 Nummern. 1899. 66 S.

23. Genealogie und Heraldik. 1.320 Nummern. 1899. 114 S.

24. Incunabula typographica (Pars 1). Catalogue d'une collection d'incunables décrits et offerts aux amateurs à l'occasion du 5 centenaire de Guttenberg. Mit drei Tafeln und 77 Abbildungen. Nummern 1–1.500. 1900. 232 S.

25. Ungarn, Türkenkrieg und Türkennot in Europa. 970 Nummern. 1901. 70 S.

26. Bibliotheca astronomica et mathematica. 1.242 Nummern. 1901. 98 S.

27. Bilderhandschriften und illustrierte Bücher. L'art du livre au moyen-âge et dans les temps modernes jusqu'au siècle. Manuscrits à miniatures et livres illustrés. Orné de 97 facss. Dont 13 tirés hors texte. 1.000 Nummern. 1901. 192 S.

28. China, Japan und die Philippinen vom 16. bis 18. Jahrhundert. 304 Nummern. 1901. 26 S.

29. Literarische Seltenheiten aus allen Gebieten – Livres rares et précieux en tous genres. 1.242 Nummern. 1902. 145 S.

30. Adels-Porträts. Deutschland, Österreich, Ungarn, Polen, Russland, Skandinavien. Mit elf Tafeln. 3.811 Nummern. 1901. 166 S.

31.–35. Geheime Wissenschaften. Bibliotheca magica et pneumatica. Sciences occultes. Occult sciences. 8.875 Nummern. 1903/04. 680 S.

36. Auswahl seltener und wertvoller Bücher. Bilderhandschriften, Inkunabeln und Autographen. Mit drei Tafeln und 54 Abbildungen. 600 Nummern. 1905. 153 S.

37. Nicht erschienen.

38. De imitatione Christi. Cat. 38 bibliothecae complectentis codices manuscriptos, editiones, traductiones que … Adjecta sunt opera Thomae a Kempis et Johannis Gerson. Mit Randleisten und einer Abbildung. 420 Nummern. 1905. 51 Blatt.

39. China, Japan und die Philippinen vom 16. bis 18. Jahrhundert. 452 Nummern. 1905. 40 S.

40. Incunabula typographica (Pars 2). Catalogue d'une collection d'incunables. Mit zwei Tafeln und 284 Abbildungen. Nummern 1.501–3.500. 1905. S. 234–599.

41. Stammbücher vom 16.–18. Jahrhundert. Mit 41 Abbildungen. 64 Nummern. 1905. 39 Blatt.

42. Bibliotheca Paedagogica (Pars 1). Nummern 1–3.804. 1906. 312 S.

43. Bibliotheca Paedagogica (Pars 2). Nummern 3.805–6.218. 1907. S. 313–480.

44. Bibliotheca Paedagogica (Pars 3). 1908. S. 479 (!)–590

45. Ex-Libris. Mit 35 Abbildungen. 1.035 Nummern. 1908. 156 S.

46. Reformationsliteratur. Enthaltend das Verzeichnis einer reichhaltigen Sammlung von Flugschriften Luthers und seiner Zeitgenossen, kostbaren und seltenen Bibeln. Mit 40 Abbildungen. 1.225 Nummern. 1908. 136 S.

47. Bibliotheca Slavica I. Die slawischen Länder im allgemeinen, die südslawischen Länder. 1.528 Nummern. 1909. 138 S.

48. Bibliotheca Slavica II. Russland. La Russic. Nummern 1.529–3.169. 1910. S. 139–266.

49. Bibliotheca Slavica III. Polen. La Pologne. Nummern 3.170–5.232. 1910. S. 267–437.

50. Bibliotheca Slavica IV. Böhmen. Dreißigjähriger Krieg. Nummern 5.233–8.961. 1911. S. 438–669.

51. Zeitungen, Flugblätter und Einblattdrucke. Nicht erschienen.

52. Italien. Nicht erschienen.

53. Katholische Theologie. Nicht erschienen

54. Alte Ansichten von Süddeutschland. 1. Folge. 1.546 Nummern. 1910. 80 S.

55. Alte Ansichten. 2. Folge: Hessen, Rheinprovinz. 743 Nummern. 1910. 40 S.

56. Alte Ansichten. 3. Folge: Anhalt, Braunschweig, Thüringen, Waldeck. 514 Nummern. 1910. 29 S.

57. Alte Ansichten. 4. Folge: Brandenburg, Hannover, Westpreußen, Karten von Deutschland. 545 Nummern. 1910. 29 S.

58. Alte Ansichten. 5. Folge: Österreich, Ungarn. 1.529 Nummern. 1912. 80 S.

59. Alte Ansichten. 6. Folge: Helvetia. Mit elf Abbildungen. 1.280 Nummern. 1911. 121 S.

60. Vues anciennes. 7e Série: La France. 1.083 Nummern. 1912. 66 S.

61. Vues anciennes. 8e Série: La Belgique, Le Luxembourg, La Hollande. 1.564 Nummern. 1913. 88 S.

62. Vues anciennes. 9e Série: L'Italie. 1.264 Nummern. 1913. 82 S.

63. Vues anciennes. 10e Série: La Péninsule des Balkans. La Péninsule Ibérique. 645 Nummern. 1913. 42 S.

64. Vues anciennes. 11e Série: Les Iles Britanniques et ses Colonies. La Scandinavie, Danemark, Norvège, Suede. 657 Nummern. 1914. 46 S.

65. Vues anciennes 12e Série: Afrique, Amérique, Asie, Australie. 1.294 Nummern. 1914. 93 S.

66. Illustrierte Bücher des 15. bis 19. Jahrhunderts. Insbesondere Holzschnittwerke des 15. und 16. Jahrhunderts. Teil 1: A – Boccaccio. Mit 93 Abbildungen. 1914. 80 S.

67. Illustrierte Bücher des 15. bis 19. Jahrhunderts. Teil 2: Boccaccio – Fischart. Mit 93 Abbildungen. 1914. S. 81–160.

68. Illustrierte Bücher des 15. bis 19. Jahrhunderts. Teil 3: Fleur – Lullus. Mit 89 Abbildungen. 1914. S. 161–240.

69. Illustrierte Bücher des 15. bis 19. Jahrhunderts. Teil 4: Lullus – Passio. Mit 86 Abbildungen. 1914. S. 241–320.

70. Illustrierte Bücher des 15. bis 19. Jahrhunderts. Teil 5: Passio – Z. Mit 127 Abbildungen. 1914. S. 321–436.

    Kataloge 66–70: 1.251 Nummern

71. Graphik des 15., 16., 17. Jahrhunderts. Mit 33 Tafeln. 533 Nummern. 1915. 60 S.

72. Porträts zur Geschichte der Musik, des Theaters und des Tanzes. Abt. 1: A – Gellert. 2.057 Nummern. 1915. 80 S.

73.–75. Nicht erschienen.

76. Pergamentminiaturen des 12.–16. Jahrhunderts. Handzeichnungen des 15.–18. Jahrhunderts. Mit 16 Tafeln und einer Einführung von Erwin Rosenthal. 70 Nummern. 1917, 27 S.

77.–79. Nicht erschienen.

80. Inkunabeln in gotischen Einbänden. Mit elf Tafeln und neun Abbildungen. 150 Nummern. 1924. 59 S.

81. Illustrierte Bücher. Inkunabeln, Humanismus, Liturgie, Reformation, Kupferstichwerke des 17. und 18. Jahrhunderts. Mit sechs Tafeln und 55 Abbildungen. 300 Nummern. 1925. 122 S.

82. Naturwissenschaft und Technik. Mit 2 Tafeln. 130 Nummern. 1925. 46 S.

83. Bibliotheca medii aevi, manuscripta. Pars Prima: Einhundert Handschriften des abendländischen Mittelalters vom 9. bis zum 15. Jahrhundert. Mit 21 Tafeln und neun Abbildungen. Einleitung von Ernst Schulz. 100 Nummern. 1925. 106 S.

84. Literatur der Reformation. Mit einem Anhang: Papstbullen des Reformationszeitalters. Mit einer Tafel und sechs Abbildungen. 459 Nummern. 1926. 93 S.

85. Ältere deutsche Literatur und Unterhaltungsschriften. 387 Nummern. 1926. 70 S.

86. Alte Musik 1500–1850. 640 Nummern. 1926. 81 S.

87. Seltene Drucke des 15. u. 16. Jahrhunderts. Frühe Inkunabeln, Holzschnittbücher, schöne Einbände, kleine Pressen. Mit drei Tafeln und 90 Abbildungen. Mit einem Beitrag von Konrad Haebler: Neues vom Registrum. 300 Nummern. 1927. 177 S.

88. Kunst und verwandte Gebiete. Mit einer Tafel und sechs Abbildungen. 399 Nummern. 1927. 88 S.

89. Zeitungen und Relationen des 15. bis 18. Jahrhunderts. Mit einer Einleitung von Karl d'Ester. 850 Nummern. 1928. 146 S.

90. Bibliotheca medii aevi, manuscripta. Pars altera: 100 Handschriften des Mittelalters vom 10. bis zum 15. Jahrhundert. Mit 21 Tafeln und 13 Abbildungen. Mit einer Einleitung von Ernst Schulz. 1928. 128 S.

91. Handschriften und Frühdrucke in deutscher Sprache. Mit 25 Tafeln und 20 Abbildungen. Mit einer Einleitung von Erwin Rosenthal. 70 Nummern. 1929. 33 Blätter.

92. Einblattdrucke von den Anfängen der Druckkunst bis zum Tode Maximilians I. 1455–1519. Mit zwei Tafeln und zwölf Abbildungen. Mit einem Vorwort von Konrad Haebler. 124 Nummern. 1929. 84 S.
Dazu: Einblattdrucke. Das Zeitalter Karls V. 1519–1550. 1929. 15 S.

93. Frühe Holzschnittbücher. Druckwerke des 16. Jahrhunderts. Spanische Bücher vor 1650. Schöne Einbände. Mit 78 Abbildungen. 632 Nummern. 1930. 277 S.

94. Nicht erschienen.

95. Humanismus. Mit einem Beitrag von Ernst Schulz: Ein ehemaliger Amplonianus mit Randnoten des Nikolaus von Kues. 752 Nummern. 1934. 199 S.

96. Alte Atlanten. Landkarten, Ansichten, Flugblätter. 876 Nummern. 1938. 75 S.

97. Deutschland. Heimatkunde, Heimatgeschichte, Kulturgeschichte. 1.100 Nummern. 1939. 130 S.

98. Forschen, Finden, Schildern. 733 Nummern. 1939. 84 S.

Liste 121. Old Maps and Views of German Towns and Cities. 348 Nummern. 1937.

Liste 122. Old Maps and Views of Bavarian Towns and Cities. 158 Nummern. 1937.

Liste 123. Americana. One Hundred Old Books. 16th–19th centuries. Nummer 901–1.000. 1938.

Liste 124. Americana. Historical Prints and Portraits. 1938.

Liste 125. Allerlei alte Graphik. 456 Nummern. 1940. 25 S.

Liste 126: Johann Elias Ridinger. Radierungen, Schabkunstblätter. 444 Nummern. 1940. 16 S.

Literaturverzeichnis

Adelung, Johann Christoph: Grammatisch-kritisches Wörterbuch der Hochdeutschen Mundart, mit beständiger Vergleichung der übrigen Mundarten, besonders aber der Oberdeutschen …, Wien 1811, Bd. 1.

Adressbuch der Antiquare Deutschlands und des gesamten Auslands. Mit selbstbiographischen Beiträgen bedeutender Antiquare, Weimar 1926.

Allgemeine deutsche Real-Encyclopädie für die gebildeten Stände (Conversations-Lexicon) in zehn Bänden, Erster Band A bis Boy, Sechste Original-Aufl., Leipzig (F. A. Brockhaus) 1824.

Allgemeine Encyclopädie der Wissenschaften und Künste in alphabetischer Folge von genannten Schriftstellern bearb. und hg. von J. S. Ersch u. J. G. Gruber, Vierter Theil mit Kupfern und Charten, Leipzig 1820.

Aretin, Karl Otmar von: Karl Maria von Aretin, in: NDB, 1. Band, 1953, S. 349.

Armbrüster, Georg / Kohlstruck, Michael / Mühlberger, Sonja (Hrsg.): Exil Shanghai. Jüdisches Leben in der Emigration (1938–1947), Teetz 2000.

Armbrüster, Georg: Das Ende des Exils in Shanghai, in: Armbrüster u. a.: Exil Shanghai, S. 184–200.

Aus der Werkstatt. Ein Tätigkeitsbericht des Verlags Hugo Schmidt München, 1912–1924/25, München 1925.

Bauer, Richard (Hrsg.): Geschichte der Stadt München, München 1992.

Bauer, Richard: Stadt und Stadtverfassung im Umbruch. Niedergang, Ende und Neubegründung kommunaler Eigenständigkeit 1767 bis 1818, in: Bauer (Hrsg.): Geschichte der Stadt München, S. 244–273.

Beiträge zur Forschung. Studien und Mitteilungen aus dem Antiquariat Jacques Rosenthal, München, Heft 1 (1913) bis Heft 6 (1915).

Beiträge zur Forschung. Studien und Mitteilungen aus dem Antiquariat Jacques Rosenthal, München, Neue Folge, Heft 1 (1927) bis Heft 4 (1932).

Ben-Chorin, Schalom: Jugend an der Isar, München 1988.

Binder, Franz: Erinnerungen an Marie Görres, in: Historisch-Politische Blätter, 70. Band (1872), S. 397–419, 497–524.

Biographisches Handbuch der deutschsprachigen Emigration nach 1933, hg. v. Institut für Zeitgeschichte München und von der Research Foundation für Jewish Immigration, Inc. New York, unter der Gesamtleitung von Werner Röder und Herbert A. Strauss, München u. a. 1980.

Blanckertz, Klaus (Bearb.): Otto Hupp. Das Werk eines deutschen Künstlers zu seinem achtzigsten Geburtstag, Ausstellung und Katalog, Berlin 1939.

Bleicher, Heinz M. (Hrsg.): Der Mann der Friede heißt, Gerlingen 1983.

Bock, Claus Viktor: Nachwort, in: Ruben, Margot / Bock, Claus Viktor (Hrsg.): Karl Wolfskehl. Gesammelte Werke, 2. Band, Hamburg 1960, S. 595–609.

Böhm, Laetitia: Der Weg der Ludwig-Maximilians-Universität durch die letzten zwei Jahrhunderte, in: vom Bruch, Rüdiger / Müller, Rainer A. (Hrsg.): Erlebte und gelebte Universität. Die Universität München im 19. und 20. Jahrhundert, Pfaffenhofen 1986.

Bosls Bayerische Biographie, hg. von Karl Bosl, Regensburg 1983.

Breslauer, Martin: Erinnerungen, Aufsätze. Widmungen, Frankfurt/Main 1966.

Brockhoff, Evamaria: Karl Wolfskehl (1869–1948), im Zeichen des „doppelten Antlitzes", in: Geschichte und Kultur der Juden in Bayern. Lebensläufe, hg. von Manfred Treml u. a. (Veröffentlichungen zur Bayerischen Geschichte und Kultur, Nr. 18), München 1988, S. 263–268.

Bücher, Sammler, Antiquare. Aus deutschen Auktionskatalogen, ausgewählt und eingeleitet von Rudolf Adolph, Gesellschaft der Bibliophilen 1971.

Bücher–Bücher–Bücher–Bücher. Elemente der Bücherliebekunst von Karl Wolfskehl, München 1931.

Bühler, Curt F.: Last words on watermarks, in: The Papers of the Bibliographical Society of America, vol. 67, 1973, p. 1–16.

Bürger, Paul: Der Begründer der Firma Ludwig Rosenthals Antiquariat in München, in: Sonderdruck aus dem Börsenblatt für den Deutschen Buchhandel, Nr. 119 v. 24. 5. 1905.

Corsten, Severin: Das Missale speciale, in: Der gegenwärtige Stand der Gutenberg-Forschung, hg. von Hans Widmann (Bibliothek des Buchwesens 1), Stuttgart 1972, S. 185–199.

Das Rathaus zu Regensburg, Regensburg 1910.

Daum, Constanze: Lebensgeschichten ehemaliger jüdischer Schüler des Wilhelmsgymnasiums von 1932 bis 1938, in: Landeshauptstadt München (Hrsg.): Jüdisches Leben in München. Lesebuch zur Geschichte des Münchner Alltags, München 1995, S. 84–103.

Der Buchhändler aus Fellheim, in: Der Spiegelschwab 1952, Nr. 12.

Der Große Brockhaus, Leipzig 1928.

Die bayerische Staatsbibliothek in historischen Beschreibungen, München u. a. 1992.

Dirr, Pius: Buchwesen und Schriftwesen im alten München, München 1929.

Döllinger, Georg: Sammlung der im Gebiete der innern Staatsverwaltung des Königreichs Bayern bestehenden Verordnungen, Bd. 6, München 1838.

Eggers, Gisinda: Die legendäre Insel-Wohnung, in: Schwabing. Kunst und Leben um 1900, Essayband zur gleichnamigen Ausstellung im Münchner Stadtmuseum, München 1998, S. 175–187.

Fassl, Peter: Wirtschaftsgeschichte 1800–1914, in: Geschichte der Stadt Augsburg, hg. von Gunter Gottlieb u. a., Stuttgart 1984, S. 592–607.

Fifty Years of Bookselling. An Interview with Herr Ludwig Rosenthal of Munich, in: Daily Mail. Continental Edition, Munich Art Supplement, 29. 8. 1907.

Filser, Karl: „… weil es gefährlich wäre, die Kette des groß gewachsenen Sklaven zu lösen." Lokalstudie zur Effektivität bayerischer Judenpolitik in der ersten Hälfte des 19. Jahrhunderts (Judengemeinden in Schwaben im Kontext des alten Reiches, hg. von Rolf Kießling; Institut für Europäische Kulturgeschichte der Universität Augsburg, Colloquia Augustana, Band 2), Berlin 1995.

Fischer, Ernst: „Eine glückliche Vermischung …" Zum Verhältnis von Bibliophilie und Antiquariat im ersten Drittel des 20. Jahrhunderts, in: Aus dem Antiquariat. Beilage zum Börsenblatt für den Deutschen Buchhandel, Nr. 1 v. 29. 1. 2002, S. A 18–26.

Flemmer, Walter: Verlage in Bayern, Pullach 1974.

Fünfzig Jahre antiquarischer Tätigkeit, in: Antiquitäten-Rundschau, Nr. 18 v. 21. 6. 1905.

Gedenkbuch. Opfer der Verfolgung der Juden unter der nationalsozialistischen Gewaltherrschaft in Deutschland 1933–1945, bearb. v. Bundesarchiv, Koblenz, und dem Internationalen Suchdienst, Arolsen, Band 1 und 2, Koblenz 1986.

Geschichte der Juden in Heidelberg, Heidelberg 1996.

Gleibs, Yvonne: Juden im kulturellen und wissenschaftlichen Leben Münchens in der zweiten Hälfte des 19. Jahrhunderts (Miscellanea Bavarica Monacensia, Heft 76), München 1981.

Goethe, August von: Auf einer Reise nach Süden. Tagebuch 1830, hg. von Andreas Beyer und Gabriele Radecke, München/Wien 1999.

Goethe, Johann Wolfgang von: Werke, Kommentare und Register, Hamburger Ausgabe in 14 Bänden, Bd. 11 (= Autobiographische Schriften III) [Italienische Reise], München 1981.

Gregorovius, Ferdinand: Wanderjahre in Italien, Wien/Leipzig 1939 (= Neudruck der Ausgabe 1856–1877).

Gumbert, H. L.: Fritz Rosenthal †, in: Das Antiquariat, 11. Jg., Heft 7/8, Wien, April 1955, S. 1.

Haebler, Konrad: Das Missale speciale Constantiense, in: Gutenberg-Jahrbuch 1930, S. 67–72.

Handbuch der Bayerischen Geschichte, IV/2, verbesserter Nachdruck, München 1979.

Haerendel, Ulrike: Kommunale Wohnungspolitik im Dritten Reich. Siedlungsideologie, Kleinhausbau und „Wohnraumarisierung" am Beispiel Münchens (Studien zur Zeitgeschichte, Bd. 57), München 1999.

Häuserbuch der Stadt München, hg. v. Stadtarchiv München, München 1962.

Hanke, Peter: Zur Geschichte der Juden in München zwischen 1933 und 1945 (Miscellanea Bavarica Monacensia, Heft 3), München 1967.

Hess, Isaak (Bearb.): Stunde der Andacht für Israeliten zur Beförderung religiösen Lebens und häuslicher Gottesverehrung. Neue Ausgabe, Ellwangen 1867.

Heusler, Andreas/Weger, Tobias: Kristallnacht. Gewalt gegen die Münchner Juden im November 1938, München 1998.

Hirschberg, Max: Jude und Demokrat. Erinnerungen eines Münchener Rechtsanwalts 1883 bis 1939, bearb. von Reinhard Weber (Biographische Quellen zur Zeitgeschichte, Bd. 20), München 1998.

Hochstadt, Steve: Flucht ins Ungewisse. Die jüdische Emigration nach Shanghai, in: Armbrüster u. a.: Exil Shanghai, S. 27–32.

Holland, Hyacinth: Marie Görres, in: ADB, 9. Band, 1879, S. 389.

Holland, Hyacinth: Georg Kaspar Nagler, in: ADB, 23. Band, 1886, S. 228–233.

Homeyer, Fritz: Deutsche Juden als Bibliophile und Antiquare, zweite erweiterte und verbesserte Aufl., Tübingen 1966.

Hoser, Paul: Die Geschichte der Stadt Memmingen, Band 2, Memmingen 2001.

Hupp, Otto: Das Bild Gutenbergs, in: Gutenberg-Jahrbuch, Jahrgang 1935, S. 18–64.

Hupp, Otto: Ein Zahlenbeweis für Gutenberg; in: Gutenberg-Jahrbuch 1931, S. 9–27.

Hupp, Otto: Gutenberg und die Nacherfinder, in: Gutenberg-Jahrbuch 1929, S. 31–100.

Hupp, Otto: Gutenberg! – wer sonst? Eine Erwiderung, in: Gutenberg-Jahrbuch 1939, S. 87–101.

Hupp, Otto: Gutenbergs erste Drucke, München 1902.

Hupp, Otto: Selbstbiographie, in: Taschenbuch für Büchersammler, 1927, S. 25–66.

Hupp, Otto: Zum Streit um das Missale speciale Constantiense, Straßburg 1917.

Institut Theresienstädter Initiative (Hrsg.): Theresienstädter Gedenkbuch. Die Opfer der Judentransporte aus Deutschland nach Theresienstadt 1942–1945, Prag 2000.

Jüdisches Lexikon, Band IV, Berlin 1930.

Kahn, Julius: Münchens Großindustrie und Großhandel, 2. Aufl., München 1913.

Kaltwasser, Franz Georg: Die Bibliothek als Museum, Wiesbaden 1999.

Keller, Johann: Der Kunsthandel, in: 800 Jahre München. Ein deutsches Städtebild im Wandel der Zeit, München 1958, S. 99–111.

Koch, Boris: Das Antiquariat Jacques Rosenthal in München unter der NS-Diktatur. Seminararbeit, masch. Manuskript, München 2000.

Koch, Hans: Dr. Ignaz Schwarz, in: Adressbuch der Antiquare Deutschlands und des gesamten Auslands. Mit selbstbiographischen Beiträgen bedeutender Antiquare, Weimar 1926, S. 34–39.

Koch, Hans: Ernst Schulz, in: Hodeige, Fritz (Hrsg.): das werck der bucher. Von der Wirksamkeit des Buches in Vergangenheit und Gegenwart. Eine Festschrift für Horst Kliemann zu seinem 60. Geburtstag. Freiburg 1956, S. 242–253.

Koch, Hans: Gratus Amicis. Rückschau auf fünf Jahrzehnte 1897–1947, masch. Manuskript, München 1947, 32 Seiten.

Krohn, Claus Dieter / von zur Mühlen, Patrick / Paul, Gerhard / Winckler, Lutz (Hrsg.): Handbuch der deutschsprachigen Emigration 1933–1945, Darmstadt 1998.

Krohn, Claus-Dieter: Vereinigte Staaten von Amerika, in: ders. u. a. (Hrsg.): Handbuch der deutschsprachigen Emigration 1933–1945, Darmstadt 1998, Sp. 446–466.

Löffler, Bernhard: Die bayerische Kammer der Reichsräte 1848 bis 1918 (Schriftenreihe zur bayerischen Landesgeschichte, Band 108), München 1996.

Ludwig Rosenthal's Antiquariat: Incunabula and Postincunabula. Ludwig Rosenthal's Antiquariaat, 1859–1959 (Catalogue 204), Hilversum 1959.

Lülfing, Hans: Konrad Haebler, in: NDB, 7. Band, 1966, S. 422–423.

Marggraff, Rudolf: Georg Kaspar Nagler, Verfasser des Neuen allgemeinen Künstlerlexikons und der Monogrammisten, in: 29. Jahresbericht des historischen Vereines von und für Oberbayern für das Jahr 1866, München 1867, S. 118–146.

Meiner, Annemarie: 100 Jahre Theodor Ackermann, München 1965.

Meyers Großes Konversations-Lexikon. Ein Nachschlagewerk des allgemeinen Wissens, Sechste gänzlich neubearb. und vermehrte Aufl. Erster Band A bis Astigmatismus, Leipzig und Wien (Bibliographisches Institut) 1903.

Mirabilia Romae. Faksimiledruck, hg. von der Gesellschaft der Bibliophilen. Gotha, o. J.

München – „Hauptstadt der Bewegung", Ausstellungskatalog des Münchner Stadtmuseums, München 1993.

Nagler, Georg Kaspar: Acht Tage in München. Für Fremde und Einheimische. Kurze Beschreibung der in dieser Hauptstadt befindlichen Sehenswürdigkeiten nebst Angabe von Ausflügen in die Umgebung, München 1862.

Nagler, Georg Kaspar: Neues allgemeines Künstler-Lexikon oder Nachrichten von dem Leben und den Werken der Maler, Bildhauer, Baumeister, Kupferstecher, Formschneider, Lithographen, Zeichner, Medailleure, Elfenbeinarbeiter, etc., München 1835–1852, Bd. 1–25.

Nebehay, Christian M.: Die goldenen Sessel meines Vaters. Gustav Nebehay (1881–1935). Antiquar und Kunsthändler in Leipzig, Wien und Berlin, Wien 1983.

Nebehay, Christian M.: Das Glück auf dieser Welt. Erinnerungen, Wien o. J. (1994).

Neumann, Peter: Hundert Jahre Gesellschaft der Bibliophilen 1899–1999, München 1999.

Olbrich, Wilhelm: Lebensbilder deutscher Antiquare. Ludwig Rosenthal, in: Aus dem Antiquariat. Beilage zum Börsenblatt für den Deutschen Buchhandel, Frankfurter Ausgabe, 1950, Nr. 17.

Olschki, Leo S.: Selbstbiographie, in: Adressbuch der Antiquare Deutschlands und des gesamten Auslandes. Mit selbstbiographischen Beiträgen bedeutender Antiquare, Weimar 1926, S. 29–34.

Otto Hupp, 1859–1949. Wappenkunst, Schriftgestaltung, Gebrauchsgraphik, Kunsthandwerk, Exlibris (Ausstellung des Hessischen Staatsarchivs Marburg, Katalog), Marburg 1975.

Otto Hupp. Meister der Wappenkunst, 1859–1949 (Ausstellungskataloge der Staatlichen Archive Bayerns, hg. von der Generaldirektion der Staatlichen Archive Bayerns – Nr. 19), München 1984.

Pierers Konversations-Lexikon, hg. von Joseph Kürschner, Bd. 1, Berlin und Stuttgart 1888.

Pressler, Karl H.: Ein Gespräch mit dem Antiquar Hans Koch, in: Börsenblatt für den Deutschen Buchhandel, Frankfurter Ausgabe, Nr. 24 v. 25. 3. 1977, S. A 122–127.

Rapp, Wilhelm: Geschichte des Dorfes Fellheim, Fellheim 1960.

Rappl, Marian: Die „Arisierung" jüdischer Gewerbe in München 1933–1939, Magisterarbeit, München 1997.

Remy, Walter: Hilde Rosenthal zum 70. Geburtstag, in: Börsenblatt für den Deutschen Buchhandel, Frankfurter Ausgabe, Nr. 63 v. 29. Juli 1980, S. A 327–329.

Roeck, Bernd: Florenz 1900. Die Suche nach Arkadien, München 2001.

Rosenthal, Albi: Obiter Scripta. Essays, Lectures, Articles, Interviews and Reviews on Music, and other subjects, Oxford 2000.

Rosenthal, Bernard M.: Cartel, Clan or Dynasty? The Olschkis and the Rosenthals 1859–1976, in: Harvard Library Bulletin, vol. XXV, Nr. 4, p. 381–398.

Rosenthal, Bernard M.: Erwin Rosenthal, 1889–1981, masch. Manuskript, o. J. (1981), Warburg-Haus Hamburg, Materialsammlung Bernard Rosenthal.

Rosenthal, Bernard M.: Die sanfte Invasion. Aus dem kontinentalen Europa emigrierte Buchhändler der 30er und 40er Jahre und ihr Einfluß auf den antiquarischen Buchhandel in den USA, in: Aus dem Antiquariat. Beilage zum Börsenblatt für den Deutschen Buchhandel, Frankfurter Ausgabe, Nr. 87 v. 30. 10. 1987, S. A 389–397.

Rosenthal, Erwin: Die Anfänge der Holzschnitt-Illustration in Ulm. Inaugural-Dissertation zur Erlangung der Doktorwürde, Friedrichs-Universität Halle-Wittenberg, Halle 1912.

Rosenthal, Erwin: Giotto in der mittelalterlichen Geistesentwicklung, Augsburg 1924.

Rosenthal, Erwin: The changing concept of reality in art, New York 1962.

Rosenthal, Erwin: Contemporary Art in the Light of History, New York 1971.

Rosenthal, Erwin: The illuminations of the Vergilius Romanus (Cod. Bat. Lat. 3867). A stylistic and iconographical analysis, Zürich 1972.

Rosenthal, Gabriella und Nicoletta: In and around Jerusalem, Seattle 1982.

Rosenthal, Jacques: Autobiographical Notes, Bibliothek der University of San Francisco.

Rosenthal, Ludwig: Hans Sebald Beham's alttestamentarische Holzschnitte und deren Verwendung zur Bücher-Illustration 1529–1612, in: Repertorium für Kunstwissenschaft, Band 5, Stuttgart 1882, S. 379–405.

Roth, Eugen: Ein Erinnerungsblatt, in: Lamm, Hans: Von Juden in München, München 1958, S. 262–264.

Ruben, Margot (Hrsg.): Karl Wolfskehl. Zehn Jahre Exil. Briefe aus Neuseeland. 1938–1948 (Veröffentlichungen der deutschen Akademie für Sprache und Dichtung Darmstadt, 13), Heidelberg/Darmstadt 1959.

Schärl, Walter: Die Zusammensetzung der bayerischen Beamtenschaft von 1806 bis 1918 (München historische Studien, Abt. Bayerische Geschichte, Band 1), Kallmünz 1955.

Schaich, Michael: Staat und Öffentlichkeit im Kurfürstentum Bayern der Spätaufklärung, München 2001.

Schinnerer, Johannes: Otto Hupp, in: Kunst und Handwerk, 59. Jg. (1908/09), S. 217–244.

Schlichthörle, Anton: Die Gewerbsbefugnisse in der K. Haupt- und Residenzstadt München …, 2 Bde., Erlangen 1844–45.

Schulz, O. A.: Allgemeines Adressbuch für den Deutschen Buchhandel, 50. Jg. (1888), Leipzig 1888.

Schwabing. Kunst und Leben um 1900 (Essayband zur gleichnamigen Ausstellung im Münchner Stadtmuseum), München 1998.

Schwarz, Stefan: Die Juden in Bayern im Wandel der Zeiten, München 1963.

Seebaß, Adolf: Zum achtzigsten Geburtstage Dr. Erwin Rosenthals am 9. April 1969, in: Börsenblatt für den Deutschen Buchhandel, Frankfurter Ausgabe, Nr. 29 v. 11. 4. 1969.

Seebaß, Adolf: Brienner Straße 47. Kleine Erinnerungen an das Jahr 1923. Herrn Dr. Erwin Rosenthal zum 9. April 1979 dankbar überreicht, o. O. [1979], 31 Seiten.

Sigilla veri (Semi-Kürschner), Lexikon der Juden, -genossen und -gegner aller Zeiten und Zonen …, Zweite vermehrte und verbesserte Aufl., 2. und 4. Band, 1929.

Stadtarchiv München (Hrsg.): Beth ha-Knesseth. Ort der Zusammenkunft. Zur Geschichte der Münchner Synagogen, ihrer Rabbiner und Kantoren, München 1999.

Stadtarchiv München (Hrsg.): „… verzogen, unbekannt wohin". Die erste Deportation von Münchner Juden im November 1941, München 2000.

Strickhausen, Waltraud: Großbritannien, in: Krohn, Claus-Dieter u. a. (Hrsg.): Handbuch der deutschsprachigen Emigration 1933–1945, Darmstadt 1998, Sp. 251–270.

Taschenbuch für Bücherfreunde, hg. von Prof. Dr. Albert Schramm, 1. Jahrgang (1925), München 1924.

Taschenbuch für Büchersammler, 1927.

Walk, Joseph (Hrsg.): Das Sonderrecht für die Juden im NS-Staat. Eine Sammlung der gesetzlichen Maßnahmen und Richtlinien – Inhalt und Bedeutung, 2. Aufl., Heidelberg 1996.

Wallach, Hellmuth: Die Münchener Antiquare von einst, aus dem Nachlaß hg. von Karl Hartung, Privatdruck Hartung & Hartung, München 1994.

Wendland, Ulrike: Biographisches Handbuch deutschsprachiger Kunsthistoriker im Exil. Leben und Werk der unter dem Nationalsozialismus verfolgten und vertriebenen Wissenschaftler, Teil 2, München 1999.

Wendt, Bernhard: Isaak Hess, in: NDB, 9. Band, 1972, S. 7.

Wichers, Hermann: Schweiz, in: Krohn, Claus-Dieter u. a. (Hrsg.): Handbuch der deutschsprachigen Emigration 1933–1945, Darmstadt 1998, Sp. 375–383.

Wimmer, Hedwig: Israel. Land ohne Beispiel. München 1966.

Wittmann, Reinhard: Geschichte des deutschen Buchhandels. Ein Überblick, München 1991.

Wittmann, Reinhard: Hundert Jahre Buchkultur in München, München 1993.

Wittmann, Reinhard: Verlage in Schwabing (1892–1914), in: Schwabing. Kunst und Leben um 1900 (Essayband zur gleichnamigen Ausstellung im Münchner Stadtmuseum), München 1998, S. 159–173.

Zedler, Johann Heinrich: Grosses Vollständiges Universal-Lexikon Bd. 2 (An –Az), Halle und Leipzig 1732 (Nachdruck Graz 1961).

Zerback, Ralf: München und sein Stadtbürgertum. Eine Residenzstadt als Bürgergemeinde 1780–1870, München 1997.

Zerback, Ralf: Unter der Kuratel des Staates. Die Stadt zwischen dem Gemeindeedikt von 1918 und der Gemeindeordnung von 1869, in: Bauer, Geschichte der Stadt München, S. 274–306.

Ziegert, Max: Ludwig Rosenthal, der Gründer von Ludwig Rosenthal's Antiquariat in München, in: Börsenblatt für den Deutschen Buchhandel, Nr. 8 v. 9. 4. 1923.

Quellen- und Abkürzungsverzeichnis

Bayerisches Hauptstaatsarchiv (BayHStA):
　　Nachlass (NL) Hupp,
　　Staatsministerium des Handels und der öffentlichen Arbeiten (MH),
　　Staatsministerium des Innern (MInn).

Bayerisches Wirtschaftsarchiv:
　　Industrie- und Handelskammer von München und Oberbayern (IHK)

KZ-Gedenkstätte Dachau, Archiv

Monacensia-Literaturarchiv und Bibliothek, München (Mon)

Oberfinanzdirektion Nürnberg (OFD), Rückerstattungsakten

Staatsarchiv Augsburg (StAAu):
　　Bezirksamt (BA) Memmingen,
　　Israelitische Personenstandsregister,
　　Kataster (Kat.) Memmingen,
　　Kontraktenprotokolle Fellheim, Adel von Reichlin-Meldegg,
　　Landgericht älterer Ordnung (LG äO) Babenhausen,
　　LG äO Illertissen,
　　NL Friedrich Ludwig Waldbott-Bassenheim,
　　Regierung,
　　Schlossarchiv Fellheim,
　　Waldbott-Bassenheim: Rentamt Buxheim.

Staatsarchiv München (StAM):
　　Bezirksfinanzdirektion (BFD),
　　Finanzamt,
　　Polizeidirektion.

Stadtarchiv Donauwörth (StadtAD):
　　Matrikel

Stadtarchiv München (StadtAM):
　　Alte Hausbögen,

Einbürgerungsakten (EBA),
Einwohneramt,
Einwohnerkartei (EWK),
Einwohnerkartei NS (EWK NS),
Gewerbeamt (GA),
Jahrbuch der Stadt München,
Lokalbaukommission (LBK),
NL Binder,
NL Jacques Rosenthal,
Polizeidirektion,
Polizeikartenregister (PKR),
Polizeimeldebögen (PMB).

Warburg-Haus Hamburg, Materialsammlung Bernard Rosenthal.

Private Nachlässe und Sammlungen:
    NL Hans Koch.

ADB   Allgemeine Deutsche Biographie
MNN   Münchener Neueste Nachrichten
MPZ   Münchner Politische Zeitung,
        ab 1. Juli 1848: Neue Münchner Zeitung (NMZ)
NDB   Neue Deutsche Biographie

Abbildungsnachweis

Stadtarchiv München, Nr. 1 (PMB N 7); 2 (Einwohneramt 136); 17 und 18 (LBK 1624); 30, 36 (Historisches Bildarchiv); 42 und 43 (Sammlung Kennkarten-Doppel).

Stadtarchiv München, Bibliothek des Historischen Vereins von Oberbayern, Nr. 7

Staatsarchiv München, Nr. 28 (Polizeidirektion 13951).

Bayerische Staatsbibliothek, Nr. 26, 29.

Börsenverein des Deutschen Buchhandels (Archiv), Nr. 9.

Kreisarchiv Ostalbkreis, Aalen, Nr. 3.

Privatbesitz Michael Finkenstaedt, Nr. 25, 27.

Privatbesitz Jens Koch, Nr. 24 (Nachlass Hans Koch, Ordner 1); 47.

Privatbesitz Edith Petten-Rosenthal, Nr. 6, 8, 11, 12, 14, 35, 40, 41, 48, 49, 50, 51.

Privatbesitz Albi Rosenthal, Nr. 16, 22, 31, 32, 33, 39.

Privatbesitz Bernard Rosenthal, Nr. 15, 19, 20, 21, 54, 55, 56.

Privatbesitz Albi und Bernard Rosenthal, Nr. 23

Privatbesitz Charles Rosenthal, Nr. 13, 52.

Privatbesitz Avital Ben-Chorin, Nr. 37, 38, 44.

Privatbesitz Tovia Ben-Chorin, Nr. 46, 53.

Rapp, Wilhelm: Geschichte des Dorfes Fellheim. Fellheim 1960, Nr. 4, 5.

The Morgan Library, Archives, Early Acquisitions Files – Rosenthal, Ludwig: Nr. 10.

In and around Jerusalem. Drawings and Articles by Gabriella Rosenthal, hg. von Nicoletta Rosenthal-Misch, Seattle (USA) 1982: Nr. 45.

Personenregister

Ortsregister

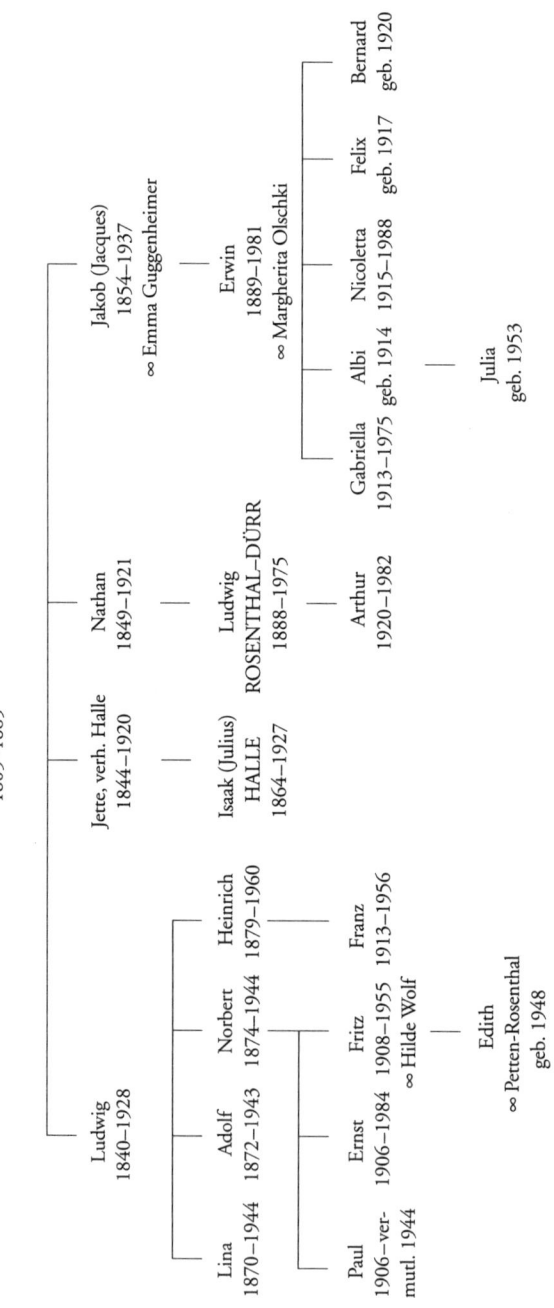

In diese genealogische Übersicht sind alle diejenigen Mitglieder der Familie Rosenthal aufgenommen, die im Antiquariatsgeschäft tätig waren oder noch sind, sowie diejenigen, deren Schicksal darüber hinaus in der vorliegenden Publikation beschrieben wird.

Böhlau Verlag Ges.m.b.H. & Co.KG
Sachsenplatz 4–6. A-1201 Wien.
http://www.boehlau.at
http://www.boehlau.de

böhlau

Lobmeyr 1823
Helles Glas und klares Licht
1998. 17 x 24 cm. 352 Seiten. 40 SW- und 226 Farbabb. Geb.
ISBN 3-205-98812-4

Lobmeyr wurde im 19. Jahrhundert zum Reformator der
österreichisch-böhmischen Glasindustrie und prägte in den
Jahren nach 1910 die von Josef Hoffmann initiierte Bewegung
der Wiener Werkstätten mit. In diesem reich illustrierten Band
wird die Geschichte und Erzeugung kostbaren Glases, vor allem
Werden und Bedeutung des österreichischen Kristallusters,
nachgezeichnet.

Johannes Jetschgo
Skoda, Gablonz, Budweiser & Co.
Neuer Glanz auf alten Marken
2001. 17 x 24 cm. 312 Seiten. 50 SW-Abb. Geb.
ISBN 3-205-99385-3

Firmen- und Markennamen stiften ihre eigenen Legenden,
prägen nationales Selbstverständnis, überleben politische
Wechselbäder. Wer „Skoda" liest, denkt an die mächtige
Waffenschmiede der Donaumonarchie gleichermaßen wie an
das fulminante Comeback eines Autos, an das vor der Wende
keiner mehr glaubte. Die „böhmischen" Länder erwirtschafteten
dem Habsburgerreich einst ein beträchtliches Steuereinkommen,
allein die Glasstadt Gablonz lieferte soviel wie das gesamte
Kronland Dalmatien. Böhmen erschien „für den Continent als
ein England im kleinen". Innovation in Textil- und Stahlindustrie
ging oft Hand in Hand mit Immigration, Bier-Marken formten
sich aus nationaler Konkurrenz, Aussig überholte als Hafenstadt
Triest. „Ceres", „Elida", „Kunert", „Mattoni", „Bata" oder
„Hardmuth-Koh-i-Noor" bieten Geschichten über Gründer-
patriarchen und Krisen, vergessene Verwandtschaften,
Marketingpioniere und wiedergewonnene Märkte.

Das Buch setzt sich auf die Spuren der prominentesten
Firmennamen, beleuchtet die spannungsvolle Wirtschafts-
geschichte ohne falsche Nostalgie, sammelt Erfahrungen und
Einschätzungen heutiger Manager auf dem Weg über die
Grenze. Eine gerade durch die historische Perspektive aktuelle
Bestandsaufnahme über einstige Nähe und ambitionierten
Neubeginn.

Erhältlich in Ihrer Buchhandlung!